近代日本演劇の記憶と文化 7

# 興行とパトロン

神山 彰［編］

森話社

［カバー図版］
右上より、白木屋少女音楽隊（本書一一一頁）、日比谷の劇場街（『演劇界』二〇〇三年九月号）、左上より、浅草公園六区（本書二〇一頁）、「クラブ白粉」絵葉書、小林一三（左）と大谷竹次郎（本書一二二頁）

興行とパトロン　［目次］

〔凡例〕引用文等の旧字は、原則として現行の字体に改めた。ただし、一部の固有名詞や役者の代数、年号などの表記は、各論者の判断にまかせている。また、引用文中の〔 〕は引用者による注記である。

I 総論

# 第1章 「夜」の演劇史

興行とパトロンの世界

神山 彰

## 一　「屈辱」と「崇高」の間

演劇は「興行」なくして成り立たない。それは、近代化の問題と結びついている。自明のように受け入れている、開演期間、開演時間、切符制度等々、いずれも近代化のなかで作られた制度であり、概念である。それは、「演劇」がともかく成立し、「専門化」していく過程で忘れられ、不思議に軽視されていく。

もちろん、興行制度は近代以前からあり、その時代の社会的・経済的制度と切り離せない。演劇に伴う様々な幸福感や快楽は、芝居の興行制度と分ち難く結びついている。近代以前の興行の美質でもあり、愚劣でもあった幸福な芝居体験を、いかにして捨て去り、その習慣から脱却し、代償として何を得たのか。

演劇は自立した作品や劇作家、演出家、俳優等々を対象に論じられがちだが、実際には、興行師やパトロンなどの様々な横断的な人的交流のなかで、影響しあい、あるいは相互補完的な関係のなかで作られる。この従来見逃されがちな「近代演劇」の大きな側面を網羅することは到底できないが、その一面に少しでも迫りたい。

浅利慶太が好んで引く、ルイ・ジュヴェが言う「〝当たり〟なくして演劇はない〔略〕偉大なる屈辱、恥ずべき崇高さこそ、我々の職業の秘密を解く唯一の鍵」[1]という、その「屈辱」と「崇高」の間に、本書の主旨は潜んでいる。それは、作品や上演の意義やテーマを論じる「昼」の演劇史に対する、いわば、「夜」の演劇史でもある。

演劇の周辺領域を見ても、「作品」はかつてのように自立した存在ではなく、読者や出版社、パトロンや金の流れという「関係性」や経済的「構造」の中で生じた成果でもあり、それを読み解く研究や批評が一般化している。それにより、「孤独な才能の所産」のように従来「聖典化《カノン》」された作品を揺さぶる評価が生まれる。ただ、演劇は「集団制作」だから、その範囲は広く、人脈も複雑である。本書で触れるのは氷山の一角であろう。かつて私は国立劇場で歌舞伎や新派の短期公演も含め二百本ほど「興行」に関わったが、記憶の濃淡、思い出の欠落を別にして、制作の現場にいても、公演の形態、配役、スタッフの人脈等々には不明の部分がある。松竹・東宝等との現実的制約を別にしても、伝聞、噂というこれも現場では結構重要な要素のなかで決まる、魑魅魍魎の世界の苦く暗い「屈辱」と「崇高」が「興行」の醍醐味だった。

「パトロン」は、私の育った一九六〇年代には、否定・敵視すべき語感だった。パトロネージされた芸術なんかは封建時代の遺物、芸術はそんな「ヒモ付き」でない自立した立派なものという訳だ。そこには、興行資本、商売、金という実際的な価値への蔑視がある。しかし、多くの商業演劇や映画を見て育ち、美術史やオペラやバレエの入門書など少し読んだ人間にしてみれば、パトロンなしの芸術史など考えられない。六〇年代に威勢よき物言いで日生劇場を否定した人たちも、西武パルコ文化には吸収されていき、やがて、国その他の公的予算を求めて各種申請をするに至る時代になる。

演劇のパトロンの問題を少しは纏めたいと思ったのは、高階秀爾『芸術のパトロンたち』を読んでからである。高階は「ここで言う「パトロン」とは、単に芸術作品の経済的、物質的担い手というだけでなく、芸術家を理解し、作品を評価して、芸術家に支援を与える人びとのこと」[2]としている。その前提には芸術家の自負に呼応して、「芸術を受け入れる社会」[3]の成熟が必要であり、その関係を見ることが重要なのだ。美術と演劇は規模も性質も異なる。ただ、後で簡単に触れるが、明治中期までの興行の「金主《きんしゅ》」という存在はやはりパトロンとは異質である。もちろん、逆に「芸術への理解」という綺麗ごとだけでパトロンが成り立つかといえば、もっと生々しい利害関係や危ない場面も関わる。だからこそ、それはまさに「夜」の演劇史なのだ。そういう意味を踏まえ、日本近代演劇の事情も加味して「興行とパトロン」の関係性を見ていきたい。

しかし、興行界・実業界・政界の「三界」は複雑に繋がり、明治以来の近代産業の盛衰とも結びつく。この醍醐味は、味わい尽くせないと同時に、調べ尽くせない性質を持っている。貴顕諸氏の「華冑界《かちゅう》」（華族社会）から侠客の世界まで、豪商から花柳界まで、明治初期から松竹、東宝の時代へ——。ただし、本書は「演劇」に限定したため、遺憾ながら「吉本興業」の吉本せいや林正之助、浪曲界の永田貞雄らは直接取り上げていない。また、興行史や演劇史に登場しない、別個に扱うべき「文化の仲介者」「コーディネーター」ともいうべき、重要な存在もある。

益田孝、安田善次郎、朝吹常吉《あさぶきつねきち》、高橋箒庵《そうあん》（義雄）、今里広記《いまざとひろき》らの財閥・財界系の人々、柳澤健《けん》、鳴海完造《なるみかんぞう》のような外交官や文学者など、東西の梨園の贔屓筋の豪商から好事家たち。それ以外に私の知見の及ばず、脳裏に浮かばぬ、主に俳優との個人的関係、「噂」の人脈も含めれば、その底には複雑な太洋があり、到底たどり着くことはできない。

戦後の東急の五島昇、西武の堤清二、日本生命の弘世現《ひろせげん》、パルコの増田通二《つうじ》、ＡＴＧの葛井欣士郎《くずいきんしろう》まで加えれば、これはまた、美術、映画・音楽産業、スポーツとも絡んで、一冊どころか別のシリーズとして成り立つほどの広がりがあり、「大物」「悪役」「名優」揃いの人物群を形成している。しかし、それら妖怪のような存在にまで至ることは、本書だけでは難しい。さらに、能楽こそパトロンの近代前後を考えるには最も相応しいジャンルなのだが、それも「興行」との関連で考える本書の性質上、触れていない。

## 二　「興行師」と「インプレッサリオ」

三浦雅士はこう書いている。

興行が成功するかどうかは賭けである。興行師にはどこか賭博師に通じるものがあって、日本では世間的に必ずしも通りのよい職業とは言えない。だが世界では違う。インプレッサリオといえば違うのである。二十世紀文化史でいえば、世紀初頭、ロシア・バレエ団を組織して一世を風靡し、バレエのみならず、音楽、美術にもきわめて重大な寄与をなしたディアギレフという人物がいるが、彼はインプレッサリオである。芸術に寄与するところ、インプレッサリオは他の芸術家の比ではないとさえ思われている。(4)

「インプレッサリオ」という言葉は、以前、秦豊吉《はたとよきち》の書で知った。(5) 秦自身「興行師」だから、彼の言う「インプレサリオ」には、金の動きに敏感な悪役っぽい響きがある。昭和三年（一九二八）、歌舞伎の西洋での評価の高まった頃、在独の商社マンで欧州の興行の実態を知る秦は、劇団の往来に辛辣で醒めた見方をしている。欧州では劇団の往来は「決して文化の紹介でもなければ国粋美の発揮でもない、興行としての金まうけが目的である、もし、ラインハルトに何のために海を渡つてニューヨークまで行くのかと聞いたら〔略〕ドルのためだと率直に答えるであらう」と書く。(6) マックス・ラインハルトは、偉大な興行師でもあったから、その答えは当然であろう。

東宝のいわば「興行師」として、育ちも好みも秦の対極にあった菊田一夫は、自ら「故小林一三先生のご命令で、それまで蛇蝎の如くに嫌っていた興行師というものにされて(7)」と書いている。周辺の言でも「菊田は自らを卑しめて興行師と称した[8]」と言い、「根っからの興行師なんだ[9]」とも言ったようだ。「興行師」についての秦のイメージが、インプレッサリオの面々やラインハルトなのに対して、菊田のそれは自分の育った浅草六区の親分・親方という実感だろう。

しかし、菊田の連想の方が一般に流通している。興行師とは「縁日の小屋掛けの見世ものなどを扱う際物師、または香具師」をいい、「一定の劇場を持ち、そこで定打ちの興行をするものは、興行師といわれることを嫌った[10]」のである。

しかも、「資本」批判の盛んな昭和期には、「興行」は「悪徳資本」と結びつけてとらえられた。近藤春雄（同名の中国文学者とは別人）は「演劇運動の諸階層」に「古典歌舞伎、新歌舞伎、創作劇に属するものは、所謂、松竹トラストの、資本主義的企業形態の下に統一せられ得てゐ」て、それが「芸術運動としての、新鮮味を失ひ、惰性的に、沈滞的に状勢を固持してゐる[11]」とある。近藤は戦時中には、「営利本位の商業主義機構[12]」と書く。「興行師は悪徳商人」という文脈である。

しかし、実際に近代日本の劇場経営を見ると、演劇中心に発展し、継続している大手の「興行会社」は、松竹系を別にすれば、明治座、御園座など意外に少ない。

演劇はある時期までは、企業イメージを高める文化戦略の役割を担った。その線で見ると、最も多いのは、以下の系列であろう（いずれも主要都市部に限る）。

(1)鉄道系　　阪急（東宝）、東急（東横）、西武（パルコ）、近鉄、名鉄など
(2)百貨店系　三越、高島屋、白木屋、松坂屋、松屋、大丸、そごうなど
(3)保険会社系　仁寿《じんじゅ》生命、第一生命、日本生命など
(4)新聞社系　毎日、読売、朝日、産経、中日、国民、時事など

劇場が少ない一九七〇年代まで、各企業のホールは演劇公演の大きな担い手だった。また、近年復刻された雑誌『會舘芸術』などを見ると、そこでの重要な企画もある。新聞社は明治からタイアップ公演が多く、明治期の新聞小説の劇化は新派に多大な影響を与え、その演目、傾向にまで関連したし、歌舞伎までもがそれを競って上演していた。新聞もまた、新派の黄金時代には、劇化興行のお蔭で売り上げを伸ばすという、強固な相互関係、繋がりがあったのである。戦後も外貨制限があった時代、外国劇団や俳優の招聘には、外貨割り当てが優先される新聞社と組んで、「後援」とする必要があった。「演劇賞」も大手の新聞社は出してきた。新聞に関する問題は本シリーズの別の巻で扱う予定で、本巻では一章を設けていない。

## 三　演劇改良運動と十二世守田勘弥

幕末の興行については、守屋毅『近世芸能興行史の研究』（弘文堂、一九八五年）、神田由築『近世の芸能興行と地域社会』（東京大学出版会、一九九九年）などの著書があるので参照されたい。近世興行は、江戸と上方の座元制を巡る差異や法制、複雑な事情などがあり、難しい。実感として掴めるのは、挿話の積み重ねではあるが木村錦花《きんか》『興行師の世界』や『三角の雪』のような一般書である。

ここでは、紙幅や構成の問題上、明治初期の「興行」の一端に触れる程度にしたい。「興行師といふ名称が芝居道へ入つてきたのは明治の中期」(13)という。興行元は、座元、太夫元、あるいは仕打《しうち》といったが、結局資金源である金主（出資者）の方が偉くなるのは当然で、それが金主も多い芝居茶屋との関係の深さに繋がるのである。「興行の近代化」の功績では、本書でも一章を立てるべき存在が、十二世守田勘弥である〔図①〕。江戸・森田座（守田座）の帳元（支配人）の息子に生まれ、十一世勘弥（四世坂東三津五郎）の養子になり、「座元」となる。

図①　十二世守田勘弥

維新期に二十二歳である勘弥は、まさに興行の「一身二世」を生きた存在だった。帳元の仕事は、金主から金を集めるのが主な仕事で、勘弥は少年期に借金証文の書き方を教わったという。

勘弥の興行師としての業績は、演劇史が語るところで、ここで扱う余裕がない。ただ、金主集めに汲々とする帳元の息子が、時代の趨勢に乗り、「改良運動」の先端を生き、政府の中枢に近づき短い栄華を極め、利用価値がなくなるとたちまち時代に捨て去られ、「古河新水《ふるかわしんすい》」というしがない狂言作者として終わるという、ジェットコースター・メロドラマ的人生に、私は共感を禁じ得ない。

大槻如電《じょでん》によると、福地桜痴《ふくちおうち》らと親しく、後の新劇俳優東屋《あずまや》三郎の父である、フランス帰りの光明寺三郎に、欧米では劇場は帝室の補助を受けている、日本もそうなるから用意をしておけと言われた勘弥は、「極端から極端へ走る〔略〕感情を抑制する工夫」がない人で、いずれ「宮内省中に劇場寮でも置かれ」「其時さしづめ劇場頭《げきじようのかみ》はおれが任ぜられるわけ」[14]という妄想に憑かれた。それから勘弥が官公界への接待で乱費を続ける。

勘弥は、明治十一年（一八七八）新富座を、外国人居留地に近く、鉄道の駅にも近い、築地で新開場した。ここで勘弥は、座席料以外の観客の負担を減らすべく、心づけ不要で使える便所を建物内に設け、それ以前は新富座の前身森田座だけでも、大小合わせ三十軒以上あった芝居茶屋を十六軒に減らした。それでも利害のある魚河岸連中の抵抗は大きかった。著名劇場の有力な茶屋は、それなりの格式を持ち、興行の「金主」となる習慣が続いたから、簡単にそのシステムを排除することもできなかったのだ。

幕末から勘弥の時代には、興行師は金主から資金を集め、出演者と年間契約を行い、演目を決めるが、劇場運営面での予約、見物の対処は芝居茶屋が行う分業体制である。その状況で、勘弥の決断は、欧米使節の人たちの伝聞に即したにせよ、大きかった。勘弥は新富座を持ち、観客の利便を考え、興行の改善に奮闘した立派な開拓者である。

だが、その後の明治十九年（一八八六）の演劇改良会の時期には、勘弥は既に中心人物でなくなる。その会員は貴顕・資本家が並び、所詮芝居者の息子の入る場所ではなかった。翌年の天覧劇で「幕内主任」の名目を担ったのが、勘弥の短い全盛の終期である。明治二十二年（一八八九）開場の歌舞伎座は、七年後に株式会社組織になる。勘弥の野望も理想も、そこで潰える。勘弥は裏切られたと思っただろうが、裏切りと権謀術策は、興行の属性である。

歌舞伎座で「相談役」の名目で辣腕を振った田村成義《なりよし》については、第3章で触れる。

「将軍」と称された田村の写真の顔を見ると、彼こそ「興行師」という語感に伴う、陰惨で狡猾で無惨な、裏表ある人生を体現していると思える［図②］。しかし、田村は、幕内の実際や役者・作者間の事情に通じており、代言人（後の法律家）でもあるから、契約業務や訴訟への対応を必要とする新時代の劇場に必要な人材であり、後に貴重な著作も残す文才もあった。田村の利点は、勘弥のような「理想」などというものを一切持たない資質にあり、功利と背信の世渡りの才は、「旧幕臣系の江戸っ子」というさっぱりしたイメージから遠く、かえって気持ちよいほどだ。田村の理想のなさがその位置の安定を保証したが、勘弥とは全く別種の理想と野望を持つ新世代の白井松次郎・大谷竹次郎にやがて駆逐される。田村の松竹兄弟への嫌がらせや背信、度量の狭さはちょっとしたもので、ここでも田村は見事に「江戸っ子」の虚像を裏切るのである。しかし、松竹兄弟も関西の興

図②　田村成義

行師に苛め抜かれた練磨の強者《つわもの》で、やがて旧世代の田村は約二十年「将軍」と呼ばれた覇権を譲る。このあたりの役者や周辺人物も絡む「物語」はまさに、「芸道物」のスリリングな世界である。

## 四　京阪の演劇改良会と川上音二郎

この時期、一章を割くべきもう一人の重要な存在が、川上音二郎である。川上の興行改革への意欲は、大阪・京都の演劇改良会と関わる。京阪の演劇改良会は、小櫃万津男が早くから論じていたが、近年、後藤隆基、法月敏彦、日置貴之らの関連書が刊行された。川上の興行改革は井上理恵が解りやすく論じている(15)。興行改革と関連する当時の劇場・興行取締規則の推移は京阪神各地でも差異があり、ここではそこまでは精査できない。

脚本、演技、俳優、装置照明と共に、興行に直接関わる「劇場構造」や「興行時間」「入場料以外の撤廃」「飲食衛生」などで東京での「改良」を踏襲している。

京都演劇改良会には松竹の白井・大谷兄弟も参加し、新演劇の福井茂兵衛、静間小次郎、藤沢浅次郎が関係し、その間の離反もある。川上は貞奴のパトロンとして伊藤博文が後ろ盾におり、さらに複雑である。福井が改革の八ヶ条、川上が五ヶ条を明確化し、両者とも「慈善興行」を行う。そこに、高安月郊《たかやすげっこう》らの劇作も関わる。関西の改良も興行改革も、歌舞伎より新演劇・新派の動向が重要なのだ。

秋庭太郎が指摘したように、川上の動きは「福井一派」の「刺戟」も大きい(16)。ただ、川上の凄さは実行力と裏付けになる資金調達力で、東京では本郷座を買い切って興行する。後の大阪の「帝国座」建設でも、川上は、改良会の意見を実行に移し、興行改革や運営は建築形態と深く関係することを意識していた。つまり東京有楽座のように客席を椅子席化し、茶屋の出方《でかた》が客席に出入りできない構造にして、観客と茶屋が直接関わり、茶屋が興行に口出しするという従来の関係を断つのである。数ヶ所で上演し経費削減する「聯合循環興行法」を打ち出し、興行師、演者、脚本を「鼎立して事を計る」と言いつつ、脚本の場割や台詞など実際に合わせて平然と変更してしまうのも、実に現場の演劇人川上ならではの発想である。

川上案は、明治四十三年（一九一〇）大阪・北浜の帝国座開場で実現するが、東京の帝国劇場の陰に隠れてしまい、川上自身が翌年没してしまう。川上と縁深い二世左団次が松居松葉《しょうよう》と組み挫折した明治座の興行改革も、帝国劇場の成功したそれも、福井や川上の改革案なしにはあり得ないだろう。

帝国座の発起人として川上に金を貸し付けた北浜銀行の岩下清周《きよちか》は、銀行員時代の小林一三《いちぞう》の上司で後にも深い関わりがあった。帝国座の時期は既に退職しているが、小林の興行運営の合理性にも、川上の影を感じるほどである。貞奴の関係で川上の後援的存在でもあった伊藤博文を明治四十二年（一九〇九）暗殺で失うと、もう川上がいくら実績あっても、帝劇などに関わる余地はなかった。川上の功績に、勘弥と似た命運を感じる。川上の渡欧送別会には列席していた小山内薫も、伊藤という後ろ盾を失った川上のような壮士役者上りの胡散臭い存在の名はもう出さない。「演劇史を振り返る時、川上の存在を消した小山内薫(17)」と井上が指摘するのも、もっともである。

ただ、成功者であっても、エリートとほど遠い出自である松竹は、川上の死に際して、白井松次郎が葬儀委員長を務め、大谷竹次郎や新派各優も名を連ねる。左団次も自伝で、川上への恩義を語る。

帝劇も、明治末に経営陣交替の歌舞伎座も、後に登場する阪急の小林一三も、慶應義塾のエリート人脈で占められ、興行界で大きな位置を占めるに至る。ただ、小林を除くと彼らは、いつ寝首をかかれるか判らぬ芝居の世界で、汚れ役や悪役を引き受けない。田村成義の力が衰えた後は、松竹兄弟が、役者との力学のなかで、それを引き受けつつ、理想や野望を実現して吸収していく。

なお、明治・大正期の数々の劇場の興行師の魅惑的な横顔に関心のある方は、木村錦花、伊原青々園《せいせいえん》、田村成義らの書を一読されたい。[18]

## 五　社交場としての興行――「花柳界」と「華冑界」

舞台は客席と別個の自立した空間であり、切符を持ち、決まった開演時間に鉄道や自動車で劇場に赴き、観客は固定された椅子に座った姿勢で舞台を終演迄見詰め続け、幕間には劇場内の水洗トイレを使うというのは、現在では自明の習慣である。だが、その条件が全てない明治前期までは、「芝居茶屋」は「前近代的悪習」でなく、絶対に必要な機能だった。

それは、茶屋での遊戯や密会を目的に通う客筋だけでなく、例えば、「近代劇評の先駆者」というようなつまらない紋切型でとらえられがちな、三木竹二（森篤次郎）の芝居への接し方を見れば、解ることである。

篤次郎は相変らず、芝居見物に廻りいつも上機嫌なり　（明治三十七年六月十三日）
酒宴中にて芸者の五六人も居りて篤次郎を取持処大騒きゆへ止めたり[19]　（明治三十七年九月七日）

この、森鷗外と竹二兄弟の母・森峰子の日記にあるように、竹二は、あくまでも機嫌のいい芝居茶屋の客でもあった。もちろん、鷗外はこういう享楽的な時間を無駄と考える近代人であったし、「芝居ヲモ好メド木戸銭ニテ入ルコトデキル様ナレバ便利ナレド茶屋ニ掛ル手数ナレバ延引シテ行カズ[20]」と言う、竹二の妹・小金井貴美子の夫・小金井良精《よしきよ》も同様だった。

しかし、そういう茶屋や花柳界との繋がりとは別の領域でも、劇場には広義の社交と切り離し難い要素がある。

飯沢匡《ただす》は、こう書いている。

私は演劇というものは社交と共に発達して来たものと固く信じている。〔略〕ところが今の日本は、まことに変則的な状態になっている〔略〕社交界の支持がないのだ。いや、なくなりつつあるのだ。〔略〕例えば歌舞伎のひいきというのが私のいう社交界であり、主として花柳界がその中心であった。興行はこれらの人の好みや選択によって大きく影響を受けたので、これらの人の意向や、実際的な力（つまり政治力）を無視する事が出来なかった。こういう世界には醜聞や弊害が生じることも、また当然のことなのである。そのためか明治以来の文明開化に根底を置く合理化運動は、これを整理してしまった。今の歌舞伎の衰微を花柳界の影響と関連させて論ずる人がいないのは私にとっては片手落のように思える。弊害はあったが一方花柳界の洗練された感覚が歌舞伎にどれ位よい影響を与えたか判らないであろう。花柳界の全盛時代はそれはとりも直さず日本のトップ階級の趣味の反映で、日本文化の最高水準を現していたといってよい。本当は花柳界とは別に華冑界というもう一つ上の貴族社会が明治の日本にもあったが、この世界は日本の演劇には殆ど無関係(21)

飯沢はその当時の「アメリカで当ったミュージカルとは且つての花柳界盛況なりしころの歌舞伎と同じような相関作用の上に立って、アメリカの社交界の規制を受けたものと考えていい」と続ける。この当否を判断できないが、「面白くなくても、たとえ眠っていても、それを観て置かないことには自分の社会的地位を保全できないというところまで、ミュージカルはアメリカの中産階級以上の社交界に滲透してしまっている」と書く。

確かに、日本でも華冑界は、帝劇から日劇、松竹楽劇団に至るまで、日本のグランドレヴューやジャズ、そして新劇の世界まで、人材を輩出しており、パトロンとしても機能してきた。

だが、多くの人が「興行師」という語感や通念から連想するように、興行は任俠の世界とも密接に絡んで展開した。まさに、裏社会の人知れぬ闇から、眼を欺くような壮麗な華冑界の輝きまで——それこそが本書で扱う「興行とパトロン」の世界の広く、奥深い魅力なのだ。

例えば、七世澤村宗十郎は、東本願寺派の大谷光瑩《こうえい》の子とされるが、その最初の妻は「相政《あいまさ》」と通称される幕末・明治期最大の俠客の一人、相模屋政五郎の娘だった。その相政の姓・山中は、澤村田之助家に継承された。貴顕と俠客と。まさに七世宗十郎は、演劇の二大パトロンの恩恵をその身体で生きたのである。三島由紀夫のような気質が、宗十郎に惹かれた魅力は、単に「濃厚で古風な味わい」だけでなく、そこに関連する「今は滅びた暗い情熱」(22)に直感的に反応したのではないかとさえ思われる。

## 六　俠客と土地

佐藤力《りき》は「プロデューサー列伝」連載の第一回を「ダヴィッド・メリックの悪業の数々」というタイトルから始める。(23)これは悪名高い、同時に多くの業績を残した名代の興行師について書かれたものである。

松竹の白井松次郎・大谷竹次郎兄弟の評伝類を、木村錦花の諸書と併読すると、話半分に差し引いても、いかに「興行」が「土地」と結びつき、その土地を仕切る存在である俠客の世界と分かちがたいものだったかが実感される。

五味康祐《やすすけ》は、松竹が制覇する以前の道頓堀の興行師の息子であり、自分の家をモデルにした小説『興行師一代』（新潮社）は、若き日の白井・大谷兄弟も登場し、芝居から横田商会が登場する映画に移っていく時代の動静が、詳細に描かれている。「小説」である点は考慮すべきだが、その一家が興行の中枢にいると同時に、役者や演者たちを様々な面で援助してきたことも描かれる。

また、七世市川中車《ちゅうしゃ》『中車芸話』（築地書店、一九四三年）は、彼が中京地区の俠客の倅だから、様々な視点から読むことの出来る芸談の傑作である。満員の村芝居で、この地域の人はこんなに芝居が好きなのかと感激したが、客席後部の仕切り幕の中を覗くとそこが賭場になっていて、客はそれを目当てに来ていたのだったというオチなどは、芝居の興行主のスジを実感させられる。

演劇興行のまさに一流である、松竹も東宝も土地との関わりは当然強い。東宝の小林は、鉄道の出身だから、鉄道の属性である土地への執着は格別であった。小林の『逸翁自叙伝』は「土地と金」の話で成り立っている。

興行と俠客についての関連書は、眼に付きにくいが、結構あるものだ。その代表が、役者にして興行師、代議士にして俠客という身分を、おめず臆せず書いた保良《ほら》浅之助である。保良は通称「篭寅《かごとら》」として知られ、その著書『俠花録』は、山口県選出で二度当選の代議士でもあるから〔図③〕、題字、序文が大野伴睦《ばんぼく》、著者名が「勲四等篭寅保良浅之助」というのも凄い。当選同期は松岡洋右《ようすけ》、犬養健《たけし》、船田中《ふなだなか》、大野という豪華さで、政治家では田中義一《ぎいち》を信奉し、「田中大将から、兄弟分の盃を貰った」[24]という。

同書の構成は、国立劇場で舞踊公演を一時期担当し、女剣劇の作者でもあった長田《おさだ》午狂《ごきょう》で、「青雲篇」「軍隊篇」「任俠篇」「事業篇」「道楽篇」「政治篇」「興行篇」と血湧き肉躍るという感じである。小見出しの「浅草の血闘」「敵討」「篭寅二十八人衆」など「閲覧注意」としたくなるような修羅場描写も含め、一気に読ませる迫力で、これは、綺麗事や自己正当化抜きの、代議士にして俠客の自伝として、見事で鮮烈な渡世という感ある名著

図③　代議士当選時の浅之助（『俠花録』桃園書房、1963年）

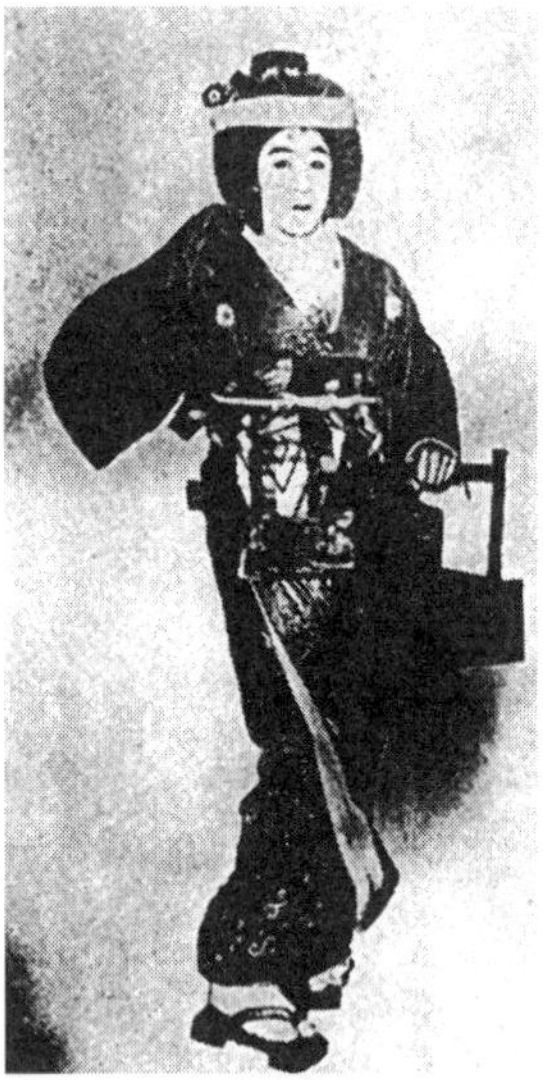

図④　役者・保良鈴鳳時代に女方（『妹背山』の豆腐買い）に扮した浅之助（同）

である。

篭寅は女剣劇、わけても大江美智子の名と共に想起される。大江が「女剣劇」の名称を避け名乗った「鈴鳳《れいほう》劇」も、篭寅の役者としての芸名に因む〔図④〕。篭寅が扱ったジャンルの広範さはさすがで、歌舞伎、新派、新国劇、剣劇から映画俳優実演、寄席芸はともかく、「前進座ファン」で「約六年間巡業の世話をした[25]」というのが意外である。戦前の外地の時に危険を伴う巡業など、こういう俠客筋の世話なくして困難だった。これだけの手広さだから「篭寅興行部という名称で行われた」が、「篭寅演劇株式会社が組織されていたとしたら〔略〕松竹、東宝と日本の演劇界を三分して、篭寅王国を誇っていたに違いない[26]」という。

ただ、彼自身、芝居には「道楽気分」が抜けず、「私自身が過去の体験で会得したカン」でやっていた仕事で、「個人経営なればこそ」「ワンマン主義」で「会社組織ではとても求め得られない自由さがあった」。現に「太平洋戦争の初期に、私は松竹と合同で、昭和演劇株式会社を設立したが、これは劇場を持つていても大衆劇団を持つていない松竹が劇場を提供する代りに」その逆の篭寅との「約定のもとに発足した興業会社[27]」だった。しかし、組織嫌いの「私の独裁運営」になってしまい、戦争激化の劇場焼失、劇団解散などで存続不可能になったという。

とにかく、初世鴈治郎、二世延若、六世菊五郎、初世吉右衛門、嵐寛寿郎、阪東妻三郎、長谷川一夫らの有名な役者から、忘れられた新派の役者群まで登場し、生動感に充ちた筆致で読ませる。これは芸道物としても興味深く、篭寅が、その世界で「一流」の人物だった事実を実感させる一冊である。

もう一冊、私が目を通したのは『快俠山田喜久次郎君』（中央新聞社、一九二九年）である〔図⑤〕。こちらは、根岸興行の根岸浜吉と共に、浅草六区の振興に力あった人で、新国劇の澤田正二郎を助力したことも同書にある。映画の横田商会などが刊行祝の広告を寄せ、「文部政務官」の肩書で、時の衆議院議員が序文を書く。こういう俠客と政治家が、別にその親密度を隠そうとしなかったのは、一九六〇年代まで続く「美風」であった。まさにそれは、興行の機微ともいうものだ。二〇一六年に『浅草・筑波の喜久次郎』のタイトルで映画化（長沼誠監督）された際には、松平健が山田に、北島三郎が根岸に扮した。

浅草の根岸興行については、第7章を参照されたい。ただ、浅草ほどの繁華地では、劇場数も格もあり、劇場名も興行主により変わるので、複雑で実相はなかなか摑めない。開盛座クラスの小芝居では、小林喜三郎の小林興行部、森興行部、大日本興行部、地元の顔役から千住の大地主などが関わったようだ(28)。

戦後は、「闇市」の時代であるから、別の意味で、土地の盛衰は、生活が掛っている。

猪瀬直樹の『土地の神話』（新潮文庫、一九九三年）は、小林一三が深く絡む東急の土地と、堤康次郎家の西武の土地への執念を描き、興味深い。渋谷の土地と興行との関わりは、第11章でも触れられる。

図⑤　山田喜久次郎（『快俠山田喜久次郎君』中央新聞社、1929年）

どの世界にも一流から五流、六流迄あり、村松駿吉『旅芝居の生活』（雄山閣、一九七二年）など読むと、また格別である。戦後の、演劇の枠を超えた歌手やスポーツ興行についてのいきさつは、かなりの本で実に生動感溢れる筆致で描かれている(29)。

それらの書でよく名の出る岡村吾一は、東宝と密接に結びついた著名な存在であり、一方、松竹と杉山茂丸《しげまる》（其日庵《そのひあん》）との関わり、それらの人脈は第4章で触れる。

## 七　新田新作（明治座）と松尾國三（新歌舞伎座）

早く没したため、自伝類がないのが残念だが、興行師らしい面影を感じさせる、一流の劇場の人物がいた。歴史ある明治座の社長として、戦後辣腕を奮った新田新作である。新田は、立志伝中の人物として知られる。特に占領下の混乱期、GHQとの関係を築きつつ、新田建設を興し、戦災で焼失した明治座の「復興期成会」を組織した。その際、建物の所有者だった松竹から劇場を譲り受け、一九五〇年に再建して社長となる。そういう混乱期を治めるには、良心や良識だけではできない。俠客や多くの興行師やその関連の人々が、活躍し、地歩を築いたのである。

しかし、一般には、新田は力道山やプロレスとの関係で知られている。それについては関連書を参照されたいが、「経営者」というよりは、まさに「興行師」らしい人物に相応しいスケールの大きな存在だった。

明治座の劇場としての魅力は、本叢書『商業演劇の光芒』で触れた。

戦後の大劇場演劇の公演で興行師という呼称に相応しいのは、松尾國三《くにぞう》だろう［図⑥⑦］。佐賀県伊万里に生れ、旅役者として若き日を送り、まさに「土地の親分」との関わりの中で育った。

図⑥　役者・実川延十郎時代に『本蔵下屋敷』の桃井若狭助に扮する松尾國三（『けたはずれ人生』1976年）

図⑦　慰問公演での前列左から十五世市村羽左衛門、十二世片岡仁左衛門、後列右端が松尾國三（同）

松尾も当然「土地」との関係深く、大成して「千土地株式会社」社長となり、「ドリーム観光」社長となる。大阪千日前の「新歌舞伎座」では「観光歌舞伎」という標語を立て顰蹙を買った。松尾はインテリに批判される趣味を貫き通した点でも、見事な興行師といえる。同じ「大衆」といっても、小山内薫や小林一三のようなエリートが言うと頷き、松尾が言えば蔑視する、それが「演劇人」の習性である。

東京の歌舞伎座、京都の南座、パリのオペラ座、ロンドンのグローブ座はじめ、主要な歴史ある劇場は「観光名所」として成り立っており、金丸座や地方の劇場もそうである。それ抜きに、自立した劇場空間と考えるのは欺瞞か錯覚に過ぎない。

松尾は東宝と関わり薄いが、松竹とは千日前の土地の件もあり関係深く、その強烈な個性故か、白井松次郎は自分を嫌っていたと松尾自身が述べている。ただ、大谷竹次郎は度量も打算もあって、松竹相談役として遇した。松尾は面倒見がよく、後に「松尾育英会」や「松尾芸能財団」を立ち上げた。その魅惑と活力に溢れた起伏に富んだ半生は、自伝『けたはずれ人生』（私家版、一九七六年）に詳しい。

夫人は著名な女役者、中山（市松）延見子《えみこ》（本名・松尾波儔江《はずえ》）で、その半生記『女役者』（『西日本新聞』連載、一九八六年二月―三月）と併読すると、時代の気配と実態が濃厚に漂う。

松尾の功績とたくましさは、芸道物や出世譚の面白さで、新歌舞伎座については拙稿「「近代化遺産」としての「大劇場」」（本シリーズ『商業演劇の光芒』）で、海外公演の先駆的役割については、「演劇のジャポニスム」（同『演劇のジャポニスム』）で述べたので一読されたい。

新田や松尾が扱った複合的な「盛り込み的領域」にこそ、小林一三のようなエリートの考えた「大衆」と通底する、「純粋」を求めない「モダニズム」の真髄があると思う。

## 八　新劇と興行・土地

「新劇」は、「興行資本」という極悪な勢力に対峙し、「興行」という語感に伴うダーティなイメージと無縁な正義や無謬な良心の方向性を、ある時期まで護持していたように見える。

しかし、明治末から大正の勃興期の新劇を小山内薫中心に考えるから、そう見えるのであり、一方の坪内逍遙の文芸協会から島村抱月の芸術座の流れを中心に見れば、観客動員に懸命になり、興行の成功に腐心する、立派な演劇人の姿が浮ぶ。

文芸協会はクラブ化粧品と組んで、クラブデーを設けた。内田魯庵《ろあん》は「新しい芝居の見物としては甚だクロウト臭い「オシバヤ」連が多勢だった」とし、「余の如き芝居のシロウトが恁ういふクロウトの「オシバヤ」連に共鳴を強いられる苦痛を文芸協会で経験しようとは思はなかった」(30)と厭味を述べている。

一方、そういう企業との結託を嫌った自由劇場では、若きインテリが集ったが、それは「芝居好き」から見れば「顔色の蒼白いどんよりした眼付きが時々物凄く光らうと云ふ神経質の人達」が「大いに気分を漂わせ」「さも深い考へ事でもして居るやうな恰好」[31]と揶揄されるものだった。

また、自由劇場の公演では、会場の有楽座を提供した代議士で、雑誌『演芸画報』社主でもあった菊地武徳と支配人の新免《しんめん》弥継《やつぐ》の存在が大きい。わけても新免の犠牲的な忍耐なくして、自由劇場の公演は継続できなかったことは、田中栄三『新劇・その昔』（文芸春秋社、一九五八年）を参照されたい。そういう文化の仲介者的な立場の功績が等閑視され、小山内の功と喧伝するのは、興行とパトロンという現実的側面からすると実態に即さない。新劇を「興行」という側面からも触れているのが、松本克平『日本新劇史――新劇貧乏物語』（筑摩書房、一九六六年）である。

特に「芸術座の巡業」の章では、興行などに全く無縁だった抱月が、地方や外地巡業の経験を通し、「紳士的」な運用で次第に興行の世界に馴染んでいく様子が描かれ、実に興味深い。それ以前に、「近代劇協会」での外地の巡業に際して苦労し、最後には土地の親分に逆に称賛されたというのが、刃物三昧に慣れていたという上《かみ》山草人《やまそうじん》だった。幾つかの挿話を挙げ、興行の土俵際での上山の図太さや度胸を、松本は称揚する。

抱月は、英国留学時の動向でも、インテリが見ない芝居、足を向けない地域の小芝居まで赴き、そこの座長と楽屋で会い、話を聴いている。当時彼はまだ、自分が地方の小屋回りをする運命になると予測していたはずもないが、小山内薫のようなエリートの出身でパトロンに恵まれた存在と違い、地方の寒村から出郷、上京し、下働きと金の苦労を重ねて、ようやく早大教授の身分に至った抱月に対しては、土地の親分衆も彼ら特有の勘で、どこか近しい体質を感じ取ったのかもしれない。坂本紅蓮洞《ぐれんどう》がその筋との苦労を尋ねた際に、抱月は「こちらが正直にしていけば先方もまた正直にしてくれるものだよ」と答えたという[32]。抱月は巡業先の土地の交通、気候、気質等までマメに調べている。

芸術座の抱月は、もはや早大を追放された身で、親分衆や土地の贔屓筋への挨拶をはじめ、人力車で松井須磨子と町回りや動員の運動を惜しまず行い、現場ではモギリもやったことを松本も指摘する。抱月に迫害を与えたのは、興行師や親分衆ではなかった。松本の指摘で実に重要なのは、「迫害は無数にあった。それも教え子や早稲田の校友からであった[33]」という点である。各地の庶民の心性に直に近づく地方巡業や旅回りのことを「都落ち」と揶揄しまくる東京の某大新聞に対して抱月は抗議したが、その抗議すら、大学や文学・新劇のインテリの大多数は非難した。抱月を助け、切符を大量に買ってくれたのは、阪急の小林一三と無名の毛布商人の小林政治だったという。

松本は、こう書く。

〔芸術座の芝居は〕前受けばかり狙う傾向が露骨になり、二元の道はいつの間にか金儲けという一元の道に陥ってしまったと、小山内は非難する。だが、何事も一元の道だけで進めるものでないことを知って、当初から興行劇と研究劇のバランスの上に運動を押し進めようとした抱月の達見に私は改めて敬意を表せざるを得ない[34]。

松本の同書は、「新劇史」には珍しく「金」の問題を終始採り上げ、文芸協会派の「実行力」を評価し、小山内がいかに金を出さなかったかに言及し、「いつも特等席に坐ったままで、泥にまみれたことは一度もなかった[35]」と非難する。新興宗教に通い詰める小山内の私生活を思うと一概に断言し難いが、小山内が「民衆のための演劇」を唱える一方、芸術座の浅草公演を「堕落」とする矛盾に想到もせず、その言説を真に受け、抱月を批判する同伴者や著名評論家への鈍感さの指摘は当を得ている。

しかし、こういう抱月の芸術座へと同様に、「興行」の成功への熱意に対する演劇人からの批判は、戦後も、浅利慶太らの日生劇場への参入に関して繰り返された。これについては、第8章で、触れたい。数井《かずい》政吉《まさきち》という深川のパトロンから離れて以後の小山内は「必要なのは金だ」(36)と公開の席でも発言するようになるが、その「金の苦労」を救ったのは、彼が口を極めて罵倒していた松竹資本だった。

僕等は松竹の手にかかつてから、寧ろ多大な便宜を得てゐるのだ。例へば帝劇を借りるにしても松竹から話してくれるから、直ぐに纏まる。財政なども、足りない場合には、喜んで貸してくれる。現に、有楽座で『星の世界』をやつた時なども、五百円ばかりの損失を見たが、大谷氏はいまだにそれを僕等に貸してくれてゐる。(37)

『土方梅子自伝』でも、築地小劇場の「土地紛争」に一章が割かれている。劇場の地主・籾山《もみやま》半三郎が土地返却の訴えを起こしたこと、籾山は溜池の演伎座を作り、新国劇に貸して成功したから劇場事業に関心を持ったが、「演劇運動への理解や共鳴から」(38)貸したのでなく、地代滞納三ヶ月を理由に返却を訴えた。この章は、小山内との金のやりとり、大本教との関連などにも触れられ、興味深い。

戦後の新劇については、戸板康二『対談戦後演劇史』で随分多く「金と土地」について語られており、この種の話題を忌避し、嫌った戸板にしては珍しい。戦後直ぐの「新演劇人協会」は土方与志《よし》幹事長、山田肇《はじめ》事務局長で出発し、後に山田が幹事長となった。そこから発案された「築地小劇場」再建の「代表取締役」となったのも山田であり、後に松田粂太郎《くめたろう》が引き継いだ。そこでの「金と土地」の動きの顛末を、松田が語っている。山田は私の恩師であり、数度この話を土方からの直話と「目撃証言」として伺ったが、資金の出どころも規模も松田の話と違う。戸板も同書で「松田さん一人にすべてさせたのも解せないのですが、お仲間はいないんですか」と当然の疑問を投げかける。松田の答えは「それぞれが忙しかったから(39)」と言うのだが、松田の誠実さを疑う訳でなく、今となっては真偽不明である。

俳優座の拠点である六本木の土地についても、戸板が千田是也に尋ねている。「区画整理で、割合大きな土地が手に入った」「区画整理の時に、もう少しくれといったら、もらえたわけです(40)」というのが千田の話である。六本木の俳優座近辺は旧陸軍麻布第三聯隊、戦後も防衛庁の所在地であり、ロナード・ホワイティング『東京アンダーワールド』(角川書店、二〇〇〇年)にあるように、占領下の六本木は「アンダーワールド」や「ダークサイド」の筋の激烈な抗争地だから、「左翼勢力」が「くれといったら、もらえた」のは不思議な気はする。倉林誠一郎によると、当初の稽古場は演出部員の「友人の建築屋からの耳よりの話」があり、後に「都市計画による麻布第一復興土地整理組合ができて」、組合長が「土地取得に協力してくれた」という(41)。倉林は具体的金額の経緯も細かく書いている。

劇場自体は、俳優や座員諸氏が映画やラジオなどで必死に稼いだ賜物であるが、倉林によると、一九五三年当時で「結局総工費八千万円近くかかった(42)」のは補いきれない。伊藤熹朔《きさく》が倉林と、「絵画方面に援助されているという林彦三郎に」頼んだ。林は、久保田万太郎の後援者として知られる、三井系の要人(三信ビル社長など)である。文壇、画壇や映画、出版社、新派の主要俳優たちも援助し、株主となってくれた(43)。また、戦前の新派(特に初世喜多村緑郎《ろくろう》)のパトロンだった屋井《やい》先蔵も俳優座には経済的支援をしている。そんなことは「下司の勘繰り」と言われようが、本書で扱う興行の側面から見る、「土地と金」という、事を起こす根柢の部分が重要なのだ。私的回想で、一九七〇年頃、旧俳優座劇場の急勾配の二階客席から、画壇、文壇の著名人の姿を見かけたのを思い出す。そういう文化を支えた文壇、画壇も、それを支えるパトロンも、まだあった時代だったのだ。

世界の芸術史を見れば、偉大なる発展の要因だったパトロナイズされた芸術から離脱し、「特権階級」や「興行資本」を否定し、「民衆」や「市民」の「良心」によって観客を動員していくのが、新劇の理想の一つだっただろう。その文脈で、戦後の新劇の「興行」を支えていたのは、労演（勤労者演劇協会）になる。

尾崎信『運動族の発言――大阪労演とともに40年』（編集刊行・尾崎信遺稿集刊行委員会、一九九九年）は、敗戦直後、占領下の文化状況の一側面を知る上では興味深いが、同書に目を通し、武井昭夫の序文を読むと、その「特権」意識に、フツーの観客はついていけないと思える。少なくとも、観劇に必然的に伴う欲求や娯楽感への視点がない。実にきめ細かく観客の欲求を掬いとる、エリートの小林一三の方が、余程「大衆的」である。また、土方や千田、福田恆存《つねあり》、浅利という立場両極の人たちが、現場で「土地と金」のために苦心した視点からしても違和感あるのではなかろうか。

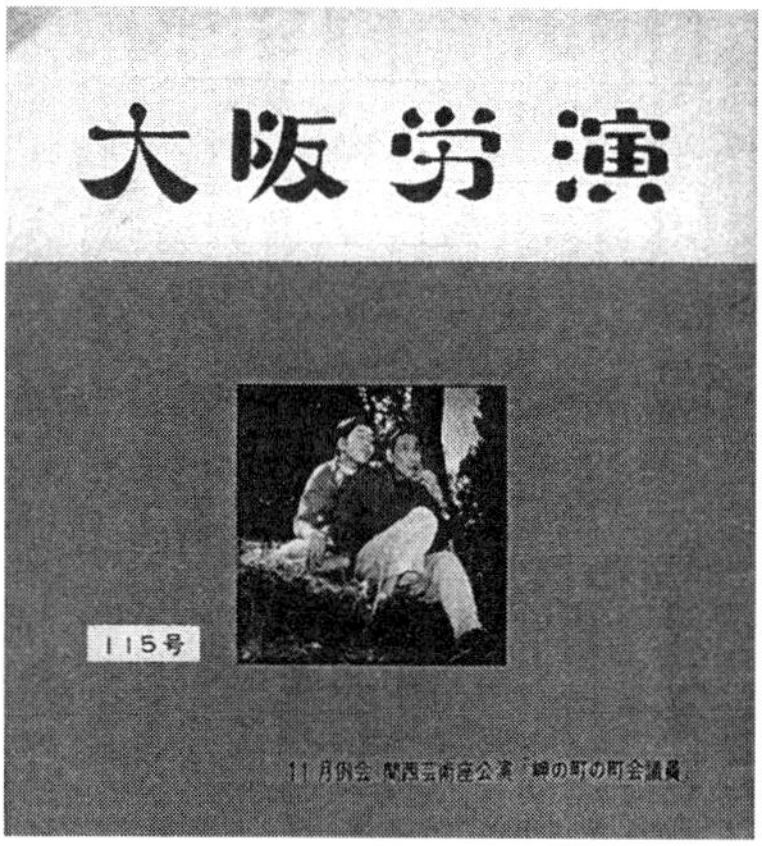


図⑧　大阪勤労者演劇協会機関誌『大阪労演』（『戦後演劇の世界　大阪労演とその時代　1949-1959』関西学院大学博物館開設準備室、2011年）

労演発祥の地である大阪で、戦後、関西歌舞伎と関西新派が衰退していったのは、財界の構造が変わったこと以外に、それが労演の観劇対象にならなかったことも、大きな要因と言う人がいるのも実感できる。大阪労演については近年、高岡裕之が具体的数字も挙げわかり易く解説している(44)。

労演から外された劇団運営が、いかに困難だったかは、文学座から分裂後の福田恆存の「現代演劇協会」、浅利慶太の「四季」について書かれたものでも推察できる(45)。

一九七〇年ごろに見た文学座のアーノルド・ウェスカー『友よ』は、舞台の記憶は消失しているが、あの広い新宿の朝日生命ホールに十数人ほどしかいなかった客席だけは憶えている。恐らく労演の団体が手違いか事故かで来られないのだろうと直感できた。もちろん、商業演劇の劇場は、団体客が七割以上だろう。だが、商業演劇の団体はダメ、新劇の団体はイイという図式は、労演のような「運動」とは違う鑑賞組織である「都民劇場」にも存在していた。

南江治郎（当時の歌舞伎サークル企画委員長）は、『都民劇場の30年』で「歌舞伎サークル」について「特殊な一部の団体組織」と「都民劇場のサークルによる団体とを、混合されたり、同一視されたり」するのは「甚だ残念」「迷惑」で、「都民劇場の会員は、すべて歌舞伎のほんとうに好きな、選ばれた方々」であり、「熱心な意欲や、目的や行動を持っている」(46)と言う。確かに戦後も一九七〇年代までの観客、団体客は「柄」も「筋」もマナーも悪かった。だが、個人客である私には、団体客の区別などつかず、ジャンルに関係なく、さほどの「目的や行動を持って」劇場に行った訳ではない。

もちろん、都民劇場は東宝の芸術座との共同企画公演なども行った興行上の功績は大きい。矢野誠一によると「閑古鳥の鳴いていた芸術座の客席」が『人間の条件』で満員、ロングランとなったのは、「都民劇場の一万八〇〇〇人を数える会員が、三ヶ月ロングランを支えたとも言える」。矢野は「商業演劇の団体観客、新劇の労演に見る観客組織に依存した、演劇興行を指摘した匿名のコラムも目にしている」(47)と続ける。

新関良三は「都民劇場存在の意味」は「社会教育の一つの場」で「高い価値ある芸能に触れて自己を磨きあげ、より良き社会を作ろうとする会員の文化組合」(48)と言う。北田暁大《あきひろ》は「左派は経済を、卑しいものと見ているのではないか」(49)と言うが、左右関係なく、インテリは商売を賤しいと見ている。「商売」や「金儲け」を卑しむ、よくいえば禁欲主義は、新劇の精神構造に大きな力のあった小山内も岸田も軍人の息子という少年時の家庭環境に関係するのか、それは即断できないし、ここでの課題を超えている。

現在では、雑誌『悲劇喜劇』でも実際的な「演劇経済学」の特集がされ、『演劇は仕事になるのか?』(米屋尚子、彩流社、二〇一一年)という「金」の問題が語られるようになってきたのは、現実的側面から好ましく思える。

本書では触れられなかったコンピューターによるチケットシステム以前の切符入手や観客動員に、労演や都民劇場の恩恵は私も蒙っており、興行面での実績は多大だった。

戦後の新劇を支える観客組織を考える上で、「労演」は一章を設けるべき対象だが、「商業資本」の「興行とパトロン」を排撃するという建前であり、本書では、この程度の扱いしかできなかった。戦後の観客組織の動向については、大笹吉雄『日本現代演劇史 昭和戦後篇I』(白水社、一九九八年)に分かり易く述べられている。

## 九 名古屋から博多まで——産業構造の変化

本書で扱う地域が、東京以外では京阪神や地方の芝居に限られるので、東京中心の構成と思えるかもしれない。しかし、近代演劇興行の最大の存在である松竹・東宝はいずれも関西資本である。

ただ、名古屋・中京や博多のような大都市に一章を設けなかったことは、遺憾である。

『近代歌舞伎年表 名古屋篇』の編集に携わった際にも、明治前期の中京の興行の習慣には関心を持ち、当時の新聞記事より抜粋した。専門的すぎてここでは触れないが、同書第一、二巻の記事を参照されたい。

明治期開場の数多くの大劇場が次第に衰退して映画館になり、やがて廃館になるのは全国共通のプロセスだが、ともかく名古屋は「芸どころ」といわれた都市である。近代の歌舞伎だけでも、初世中村宗十郎、七世市川中車、六世尾上梅幸、七世澤村訥子《とっし》、二世坂東秀調《しゅうちょう》、六世中村伝九郎、二世市川左升《さしょう》、三世河原崎権十郎らを輩出した。中車、訥子は名古屋の名優・中山喜楽《きらく》に教えを受け、新派の初世喜多村緑郎も喜楽に心酔し、『平家女護島』の俊寛は喜楽型を前進座の中村翫《かん》右衛《え》門《もん》に伝えたという。それ以外も、舞踊の西川鯉三郎《こいさぶろう》、女義太夫の豊竹呂昇《ろしょう》など含めて、実に多くの名人を世に送った。それは、その興行や彼らの才能を支えるパトロンとなる財界もあったからである。

関山和夫『中京芸能風土記』（青蛙房、一九七〇年）には、近世以来の流れが叙述されている。元来、尾張は徳川の地縁であるから、『尾陽戯場事始《びょうぎじょうことはじめ》』『鸚鵡籠中記《おうむろうじゅうき》』などに、諸芸能の記載多いという。

明治前期は大須、若宮、橘町、本重町、熱田などに大芝居があったが、明治二十四年（一八九一）の濃尾大震災での被害に、演劇改良運動の影響もあって、大転換を余儀なくされたと関山は書く。そこから立ち上がったのが、御園座創業者の長谷川太兵衛《たひょうえ》であり、従来の興行と違う「株式会社」組織として、明治二十九年（一八九六）に洋風劇場として開場する。以後の展開は、『御園座七〇年史』、長谷川栄一『抱きとんぼ』（御園座、一九八〇年）などを参照していただきたい。

戦後は、一九五七年に名古屋鉄道の名鉄百貨店内に「名鉄ホール」が開館し、火災焼失した御園座が六三年に復興、再開場、六八年に「中日劇場」が開場した。これらは東海道新幹線の開通で、名古屋の立地条件と人的移動が変化したことも関わる。ここでも「鉄道と土地」が興行と関係する。しかし、東京、大阪でさえも大劇場が閉場する時代、名鉄ホールは二〇一五年、中日劇場は二〇一八年に閉館、御園座も一時閉館したが、中京地区大企業などの後援もあり、二〇一八年に再開場した。

「芸どころ」といわれた土地の特質と地理的条件と絡めて、藤井康生《やすなり》はこう書いている。

〈芸どころ〉という言葉の由来については諸説ある。もっとも有力なのは、尾張藩徳川家七代当主宗春が将軍吉宗に対抗して推進した開放政策に起因するものである。〔略〕宗春は「吉宗の倹約政策に対抗するかのように、遊郭の開設と芝居小屋の増設を積極的に進めたため、全国の遊女や芝居者が一斉に集まり、〈芸どころ〉になったというのである。(50)

藤井はこの説に疑問を呈し、古来、江戸と上方往来の途中に役者が名古屋で興行を打ち、観客の反応を確かめたので、東西の役者を見ることで観客の目が養われたという説を挙げるが、元来〈芸どころ〉とは、「鑑賞より実践のイメージが強い」として、名古屋の稽古事の隆盛に目を向ける。踊りの西川流や和泉流中心の「名古屋狂言共同社」などの例を挙げている。

坪内逍遙は名古屋に近い美濃国の加茂の出身であり、その『少年時に観た歌舞伎の追憶』などを読むと、名古屋は「関東、関西の諸演芸の湊集所」で中央では上演不許可、不能となっていた演目、凄惨な演出を生動感溢れる筆致で描く。先述の『中車芸話』にある中京の興行師の挿話なども実に興味深い。近くは、愛知県一宮出身の舟木一夫の父も興行師であり、彼も自伝的エッセイで戦後の地方興行の雰囲気にも実感的に触れている。

『近代歌舞伎年表　名古屋篇』では、当地の新聞記事から、名古屋の興行特有の初日の風習なども引用して、抜粋してある。なお、『歌舞伎　研究と批評』第三四号（二〇〇五年）では、「芸どころ名古屋」を特集して、主に近世の当地の興行、西川流の由来等の論考も収められている。いずれも、関心ある方は、是非参照してほしい。

九州最大の「芸どころ」博多については、同誌の第三〇号から第四三号まで断続的に、武田政子・狩野啓子・岩井眞實「博多興行史　明治篇」が連載されている。これは、当地の劇場経営にも携わった武田政子一家の資料やノート、聞書きを纏めた、類のない誠に貴重な論考である。様々な劇場、芝居茶屋、演劇、演芸、映画等々、時代の推移と共に描かれる。武田政子著、狩野・岩井編『芝居小屋から——武田政子の博多演劇史』（海鳥社、二〇一八年）も、是非参照されたい。近代の劇場が「社」から「座」「劇場」と移行する過程のほか、炭鉱の盛衰との関連など、社会の変遷との関わりが実感される。

昭和五十六年（一九八一）九月、東京宝塚劇場で上演された小幡欣治作『舞台はまわる　にっぽん女剣劇物語』には、筑豊炭鉱の慰安所を回る旅一座の興行師役が出ていた。今も残る嘉穂《かほ》劇場をはじめ、五十以上の小屋があったというから驚きであるが、それを切り回す興行師も活躍・暗躍していたのである。

なお、明治四十三年（一九一〇）開館の、初代博多座を中心に描いた、川添末子『博多座――明治・大正・昭和の歴史』（文芸社、二〇〇一年）もまた、貴重な資料といえる。

土地には、それぞれの気風と作法の違いがあり、さらに視野を広げれば、かつては「外地」の興行があった訳で、到底今回の企画の範囲に収まらない。木村錦花『三角の雪』に各地の興行師の横顔が実に興味深く描かれている。

名古屋の興行では、名鉄、中日両劇場の閉館は、鉄道と新聞社という、興行と関連し支えてきた産業構造の変化が実感される。現在の博多座開場までは、当地での歌舞伎公演を後援していた岩田屋のような地元の百貨店の状況も、その変化には含まれるだろう。鉄道の存在も視野に入れると、「東京」や「都会」との距離が時間的にも情報面でも近くなってしまったことが、多種多様だった地方文化をかえって衰退させたことを実感する。

## 十　「公共団体」というパトロン――「公平」と「公正」

明治から昭和戦前期まで、芸術を支えていた財閥系のパトロンの力が、戦後は弱まり、失われる。図式的にいえば、それに代わるのは、「市民団体」や「公共団体」ということになる。「市民団体」の一端、労演や都民劇場については既に触れた。

また、ある時期まで公演会場として大きな機能を持った「公会堂」も重要である。大阪の中之島公会堂（中央公会堂）は、「義侠の相場師」岩本栄之助の財力とアメリカの富豪の寄付行為や慈善の習慣に影響を受けた強い意志によって作られたパトロンの産物である。東京の日比谷公会堂は演劇に縁薄いが、安田善次郎の資金による。各地の近代化遺産的な公会堂も、同様であろう。新藤浩伸『公会堂と民衆の時代――歴史が演出された舞台空間』（東京大学出版会、二〇一四年）は演劇周辺文化と公的施設の関連を考える好者である。

所謂バブル景気の時代、一九八〇年代まで、企業のトップに強い個性と趣味を持つ人材がいて、多彩な演劇・芸術活動を企画し支援していた。一方、その時期までは「労演」のような「市民団体」が、限定された劇団や特定の公演を支持していた。

だが、そのいずれもが衰退した二十一世紀、余力のあるのは「公共団体」ということになる。「公共団体」の特徴、条件は、端的にいえば「公平」と「公正」ということになるだろう。しかし、これほど、芸術表現に相応しくない属性はない。「公平な芸術」「公正な演劇」は文法的には成立するが、実体ない言葉である。バブル期に各地に作られた「複合文化施設」が、それを体現している。そこには「公平」はあるが「趣味」がない。あってはいけないのだ。

芸術は、強度の「趣味」の産物である。度を越した対象への没入、理性を失わせるような危険な誘惑、独断と偏愛に充ちた浪費――それが、長い封建制の時代から、近代以降も、芸術の妖しく、危ない魅惑を彩ってきた。ところが、それらを捨て去り、公平・公正が前提なのが、公共団体の役割である。趣味や好みで判断してはいけない。「意義」や「目的」がなくてはいけない。とってつけたようなアリキタリの「意義」が述べられ、それが立派で、金銭の使途が合理的で明確でなくてはいけない。

公的資金を使う以上、当然の判断基準であるが、それは複数の選考者が、異論はあっても、反対できない類の凡庸な意義や目的になってしまいがちである。つまりセールス・トークの巧い演劇人の新聞記事の談話を読むようなものである。

また「芸術監督」の存在も、自分で出資するわけでないから、ワンマン社長の理屈に合わない偏愛や計算を超えた強烈な心意気の領域は入りこめない。

なお、「メセナ」といわれる、企業の文化活動については、専門書や研究もあり、また範囲も課題も広く大きすぎるので、本書では触れていないことをご了解いただきたい。

(1) 浅利慶太「第二国立劇場を潰すのはだれだ」、『浅利慶太の四季』著述集3、慶應義塾大学出版会、一九九九年、二〇八頁。
(2) 高階秀爾『芸術のパトロンたち』岩波新書、一九九七年、八頁。
(3) 高階、三頁。
(4) 三浦雅士「佐々木忠次さんを悼む　バレエの首都東京興す」、『日本経済新聞』二〇一六年五月二十日。
(5) 秦豊吉『日劇ショウより帝劇ミュージカルスまで』私家版、一九五八年、七六頁。
(6) 秦豊吉「歌舞伎劇の欧州侵出（三）」、『大阪朝日新聞（京都版）』一九二八年五月八日。
(7) 菊田一夫『芝居つくり四十年』オリオン出版社、一九六八年、一六頁。
(8) 小幡欣治『評伝菊田一夫』岩波書店、二〇〇八年、二三〇頁。
(9) 道江達夫『昭和芸能秘録――東宝宣伝マンの歩んだ道』中公文庫、二〇〇一年、二八五頁。
(10) 田中純一郎『新版大谷竹次郎』時事通信社、一九九六年、一五頁。
(11) 近藤春雄「演劇運動の諸階層」、『演劇クオータリー』第一冊、一九三三年二月。
(12) 近藤春雄『芸能文化』昭和書房、一九四一年、八頁。
(13) 城戸四郎編・脇屋光伸著『大谷竹次郎演劇六十年』講談社、一九五一年、一二頁。
(14) 大槻如電『第十二世守田勘弥』守田寿作・守田好作、一九〇六年、三〇頁、六八頁。

(15) 小櫃万津男「大阪演劇改良会とその周辺」、『日本演劇学会紀要』第八号、一九六六年、同「『京都演劇改良会』の研究」、同第一八号、一九七九年。後藤隆基『高安月郊研究――明治期京阪演劇の革新者』晃洋書房、二〇一八年。法月敏彦『演劇研究の核心』八木書店、二〇一七年。日置貴之『変貌する時代のなかの歌舞伎』笠間書院、二〇一六年。井上理恵『川上音二郎と貞奴Ⅲ　ストレートプレイ登場する』社会評論社、二〇一八年など。
(16) 秋庭太郎『日本新劇史』上巻、理想社、一九五六年、四二二頁。
(17) 井上、前掲書、一八八頁。
(18) 木村錦花『興行師の世界』青蛙房、一九五八年、同『三角の雪』三笠書房、一九三七年、同『近世劇壇史　歌舞伎座篇』中央公論社、一九三六年。伊原青々園『團菊以後』復刻版、青蛙房、一九七三年。田村成義『芸界通信無線電話』復刻版、青蛙房、一九七五年。
(19) 山崎國紀編『増補版　森鷗外・母の日記』三一書房、一九九八年。
(20) 森篤次郎、鷗外宛書簡・明治二十一年五月九日、『日本からの手紙』、近代文学研究資料叢書(8)、日本近代文学館、一九八三年。
(21) 飯沢匡「ミュージカルの本質」、『東宝』第二号、一九六六年十一月。
(22) 三島由紀夫「六世中村歌右衛門序説」、『六世中村歌右衛門』講談社、一九五九年。
(23) 佐藤力「プロデューサー列伝」1、『東宝』第四七号、一九七〇年九月。
(24) 篭寅・保良浅之助『俠花録』桃園書房、一九六三年、一二一頁。
(25) 保良、一六四頁。
(26) 保良、一六〇頁。
(27) 保良、一六〇頁。
(28) 伊藤経一『大正・昭和初期の浅草芸能』文芸社、二〇〇二年、二八頁。
(29) 猪野健治『興行界の顔役』ちくま文庫、二〇〇四年、同『三代目山口組――田岡一雄ノート』ちくま文庫、二〇〇〇年。佐賀純一『浅草博徒一代』新潮文庫、二〇〇四年。山平重樹『神戸芸能社――山口組・田岡一雄三代目と戦後芸能界』双葉文庫、二〇一二年など。
(30) 内田魯庵『気まぐれ日記』リキエスタの会、二〇〇一年(初出『太陽』一九一二年十二月)。

(31) 吉岡鳥平「当世見物気質」、『新演芸』一九一八年六月。
(32) 松本克平『日本新劇史——新劇貧乏物語』筑摩書房、一九六六年、八五頁。
(33) 松本、八八頁。
(34) 松本、九四頁。
(35) 松本、一八九頁。
(36) 秋庭、前掲書、下巻、一八五頁。
(37) 「AとBの第二対話」、『小山内薫全集』第六巻。なお、菅井幸雄編『小山内薫演劇論全集』(未来社)は編者の意向だろうが、松竹や商業演劇関連、新興宗教と演劇論及び金銭に関する論考は排除されており、初出と違うものもある。
(38) 『土方梅子自伝』早川書房、一九八六年、一三三頁。
(39) 戸板康二・松田粂太郎「築地小劇場再建運動」、戸板『対談戦後演劇史』早川書房、一九八一年。
(40) 戸板・千田是也「俳優座の結成」、戸板前掲書。
(41) 倉林誠一郎『劇団は生きている』芸団協出版部、一九九六年、三三頁、四六頁。
(42) 倉林誠一郎『戦後新劇を考える——新劇制作者の手記』レクラム社、一九八三年、九五頁。
(43) 堀尾幸男「伊藤熹朔から受け継ぐものそして未来へ……」、俳優座劇場編『伊藤熹朔——舞台美術の巨人』NHK出版,二〇一四年、一三頁。
(44) 高岡裕之「大阪労演の歩み——創立から1950年代まで」、『戦後演劇の世界　大阪労演とその時代　1949—1959』(関西学院大学博物館開設準備室、二〇一一年)、同「大阪労演の1960年代——全盛期から斜陽化へ」、『新劇、輝きの60年代　大阪労演とその時代Ⅱ』(同、二〇一二年)。
(45) 向坂隆一郎追悼集編集会『回想の向坂隆一郎』私家版、一九八四年。『浅利慶太の四季』著述集1。
(46) 『都民劇場の30年』財団法人都民劇場、一九七六年、九頁。
(47) 矢野誠一『小幡欣治の歳月』二〇一四年、二二頁。
(48) 新関良三「都民劇場の存在の意味」、『都民劇場の30年』四頁。
(49) 北田暁大『現代ニッポン論断事情——社会批評の30年史』イースト新書、二〇一七年。
(50) 藤井康生『名古屋を読む』風媒社、一九九二年、九六頁。

第2章　鳥熊芝居と小芝居と

Ⅱ「開化」と「改良」の時代

佐藤かつら

## はじめに

江戸時代以来、歌舞伎芝居の興行は、常に危険な、投機的なものであった。猿若町の江戸三座（中村・市村・森〔守〕田座）はいずれも莫大な借金を背負ったまま興行を続けていた。

維新後、明治五年（一八七二）九月に東京府は府令を発し、課税と引き換えに江戸三座という興行権の制限を解いた。その結果、東京には従来の三座に加え、七座が設立を許可された。しかし依然として各座が経営に苦しんだことは、伊原敏郎『明治演劇史』（早稲田大学出版部、一九三三年）に詳しく述べられている。寺田詩麻氏の新富座（守田座改称）の経営などについての諸論考においても、借金の始末に苦心しながら興行を行ったことが詳細に明らかにされている。[1]

伊原氏の指摘によると、各座の財政難は、まず役者の給金が暴騰したことによる。たとえば明治六年（一八七三）三月、村山座（市村座改称）で河原崎権之助（九代目市川団十郎）は一興行に四百七十両を得たという。旧幕時代には千両という給金はあったが、それは年間の定めであった。明治六年九月の村山座では、団十郎（当時三升）は八百五十円をとり、全体の仕込みには六千九百円を要したという（以上『明治演劇史』二二〇頁）。給金暴騰は、劇場が増え役者の奪い合いになったことと、格下の劇場が大芝居の役者を歓迎したためと伊原氏は分析する。金額の現代の価値への換算は大変難しい問題だが、明治二十年（一八八七）以前に東京で巡査を勤め、六円の月給でぎりぎりの生活を送ったという談話を参考にするなら、(2)その六円は現在の十二万円くらいの感覚であろうか。(3)すると、一円は二万円となり、六千九百円は一億三千八百万円にもなる。

その他、衣裳や道具に幕政下のような制限が無くなり費用がかかったことなどの理由も加わり、観劇料も高くなった。経営上の欠損に加えて頻繁に起こる火事による損失も大きく、各座は積み重なる負債のなかで興行を続けたと伊原氏は述べる（同書二二七頁）。

各座が借金を逃れるための改称や休業を繰り返す中で、新富座に主な役者が集中する現象が起きたが、同座も内実としては大きな負債を抱えた(4)（同書二二八頁）。伊原氏は、新富座の座主十二代目守田勘弥が各方面から借金をして、連帯保証人として九代目団十郎や五代目尾上菊五郎などの役者を立てたこと、役者たちが保証人として取り立ての憂き目にあったことを記す（同書四二〇、四三三―四三四頁）。主立った役者は高給も得たが、一方で苦しんでもいた。

明治二十二年（一八八九）に歌舞伎座が開場し東京の演劇界が新たな状況に入るため、そこまでで区切って考えてみると、明治二十年代初めまでの東京では、こうした経営方法により各座も役者も疲弊していた。ただし興行が成功していた座もある。江戸の小芝居から官許の劇場となった中島座である。そして明治十八年（一八八五）五月から、期間は短いが、明治の演劇史に残る成功を収めた春木座での「鳥熊《とりくま》芝居」である。

他座が苦難の興行を続ける中、中島座、そして鳥熊芝居の成功の要因は、どこにあったのだろうか。本章では経営をめぐる人の動きから、主に鳥熊芝居を中心に、小芝居も視野に入れて考えてみたい。

なお、小芝居とは公には歌舞伎を上演する許可を得ていない芝居小屋である。江戸時代には寺社境内や両国橋東西橋詰の広場などにあり、「宮地芝居」「オデデコ芝居」などと呼ばれた。明治期東京では明治十一年（一八七八）頃から「道化踊」という見世物が許可されたが、これが小芝居にあたる。道化踊は江戸の小芝居同様、櫓・

花道・引幕・廻り舞台・セリなどの設備を許可されず、緞帳を用いたことから、「緞帳芝居」とも呼ばれた。

## 一　明治六年の「新芝居」

明治六年（一八七三）以降、新しく設立された劇場は以下の通りである。最初許可を受けた土地と設立場所が異なる劇場もあるが、実際に開場した場所を示す。

中島座（日本橋蛎殻町）喜昇座（日本橋浜町）奥田座（本郷春木町）河原崎座（芝新堀町）沢村座（南鞘町）桐座（四谷荒木町）常盤座（本所緑町）

このうち中島座と喜昇座は、両国橋詰にあった小芝居から官許劇場となった座である(5)。

新しい劇場では、役者が座元となった河原崎座・沢村座、そして市村座の控櫓の流れを汲む桐座以外は格が低いとみなされていた。幕末・明治初期からの東京の劇場に関する詳細な記録である田村成義《なりよし》『続々歌舞伎年代記 乾』（市村座、一九二二年、以下、『続々』とする）では、特に明治二十年代初めまで、田村が歌舞伎芝居と認めていない劇場については記録が載らない。中島座・喜昇座は時折言及されるが、詳細な興行記録は記載されない。

中島座は常に格下の劇場とみなされながら、独自の興行を行った。中島座の方法は、座元の石渡（中島）吉蔵が役者より優位に立ち、権力を掌握し、給金を安く抑え、観劇料も低く設定するというものであった。石渡吉蔵は金主《きんしゅ》も衣装も中売りも兼帯して他人の力を借りず、役者に文句は言わせなかったという（『歌舞伎新報』第三八九号、明治十七年二月二十七日）。座頭中村寿三郎の給金は四十二日間（一興行）で二百円くらいであった（牧野五郎三郎「中島座時代を語る」、『演劇界』一九四六年八月）。石渡はかつて、奥山の小芝居のいか蔵に衣装を貸していたが、のち両国垢離場《こりば》の芝居の座主となり大もうけをしたという。(6) 石渡の幕末以来の小芝居での経験が、座の格は低いながらも中島座の安定的な興行を導いたのではないかと考える。ただ、中島座は明治二十年十二月に焼失し、その頃すでに石渡吉蔵が亡くなっていたことなどもあり、再建できずに終わった。

一方で喜昇座は、明治十一年頃までは中島座と同格の芝居であったが、旧佐倉藩主の堀田家の財力を借り、十二年に劇場を改築して久松座と改称した。そして大芝居の役者を招聘して華々しく開場し、劇場の格を上げた。喜昇座の初期座元は鈴木吉兵衛と高木秀吉であった。鈴木の商売は不明だが、下総国相馬郡藤ヶ谷村（現・千葉県柏市）の出身で、高木秀吉は両国垢離場の芝居の金主をしていたという。(7) 鈴木は明治九年まで座を退き、明治十年からは高浜敷勲《のぶより》が高木と共に以後長く座元となった。高浜は越後村松藩出身で当時は東京府士族であった。喜昇座が久松座となるにあたっては、同座の帳元（興行担当者）の紀岡権兵衛が、堀田家の家令依田柴甫《さいほ》（依田学海の兄）に出資話を持ち掛けたと推測される。

久松座は確かに大芝居並みになった。しかし大芝居の役者を出演させるために莫大な給金が必要になった。たとえば大阪から招聘した尾上多見蔵の給金は、八十日間で四千円だったという。(8) 一方で興行は損失が続いた。紀岡は明治十五年十月に借金を苦にして愛妾と心中した。

劇場としての格を上げるために大損失を蒙ったのは、久松座だけではなく、本所にあった寿座（常盤座改称）も同じだった。明治十四年六月に劇場を新築して、助高屋高助ら大芝居の役者たちを出演させたが、仕込みには九千円余りもかかり、芝居は不入りに終わったという。(9) 伊原氏が述べるように、大芝居の役者を出演させるための無理な出費が、久松座・寿座の経営に大きな痛手を与えたのである。

これら苦境にある座と中村座・市村座は新富座の守田勘弥と手を結び、役者たちは各座に派遣されて出演した。しかし、中島座のみはこの動きから疎外されていた。やがて鳥熊芝居が行われることになる本郷の春木座（奥田座改称）も、ある時期は新富座を頂点とする大芝居の体制に入っていた。以下、奥田座・春木座の興行経緯を見ていきたい。

## 二　奥田座の成り立ち

現・文京区本郷三丁目十四番付近が、奥田座〔図①〕のあった場所である。明治八年十月に春木座と改称後、明治三十五年に本郷座と改称した。奥田座の所在地は、早稲田大学演劇博物館所蔵「明治十二年各座書上」（イ13-145-c）には春木町一丁目十〜十二番地とある。

春木町で代々建具師を営んでいた「足立屋」の五代目鈴志野《すずしの》勤氏が著した『細工師　足立屋五代物語』（初代篇〜四代篇、建具工芸社、一九六二〜六六年）という書物がある。これは、鈴志野氏の実父で春木町にあった足立屋の三代目今村政吉氏が書き残した記録を元に、物語風に代々の出来事を書いたものという（初代篇まえがき）。この本に奥田座や奥田家のことが登場する。

『細工師』二代篇（一九六三年）によれば、春木町三丁目に和泉屋富蔵という味噌問屋があった。[10]和泉屋は表向き味噌問屋であったが、「横浜の商館へ出入して日本の金と外国の銀との交換をしたり、書画骨董類を外人に売りつけたりしてかなりの巨利を博していたようである」という（以下の記述は同書六三頁―六五頁、一四六―一七〇頁）。この和泉屋富蔵に、長女お松、長男登一郎がいた。お松は踊りを習っており、安政七年（一八六〇）に芝居の振付をしていた西川美之蔵（巳之蔵か）へ弟子入りしたという。[11]富蔵は美之蔵のすすめで、お松のために蔵前に踊り舞台を作らせたという。

その当時、春木町三丁目に同じ味噌問屋の「大ミツ」があり、四代目市川小団次の芝居の金主をして、『桜荘

図①　四代豊国画「東京名所之図　春木町奥田座」明治６年頃（文京ふるさと歴史館蔵）

子後日文談』（文久元年八月守田座上演）にて大もうけをしたという。「大みつ」（「大三」）というと市村座の金主として有名で、酒屋を営んでいたという浅草馬道五丁目の比企新三郎のこととして文献にみえる[12]。味噌問屋の大ミツについては不明だが、和泉屋富蔵は大ミツを見て芝居の金主の仲間入りをしたいと思ったが叶わず、最終手段として自分で芝居小屋を建てて金主になることを実行したという。明治三年（一八七〇）には神田五軒町（現・千代田区外神田六丁目）に「和泉座」を建てようとしたが、七月以降の建前の日に嵐で潰れ叶わなかったという[13]。

明治五年、守田座が猿若町から新富町に進出し十月に開場した。和泉屋富蔵は素早く守田座の古い小屋を買い取り本郷へ運び、原っぱになっていた春木町一丁目一番地から五番地へかけての土地に芝居小屋を建てたという。五年十一月から普請にかかり、翌六年五月に完成した。和泉座と称していた五軒町の小屋が潰れたため、屋号ではなく苗字の奥田をとって座名とし、長男の登一郎を座主として設立許可の願いを出したのだという。ただし「春木町辺の人たちには一般にもとの呼び名、和泉座の方が通りがよかった」という。

富蔵が金を惜しまずつぎ込んだので奥田座は意外に早く落成したが、出演する役者がいなかった。『細工師』二代篇は、富蔵が万策つきて、上方から役者を迎え入れたとする。

以上は『細工師』による奥田座の成り立ちである。開場時の主な顔ぶれのうち（伊原『明治演劇史』二二六頁）、座頭の山崎河蔵と書き出し（二枚目）の奥田登美三郎は、もともと江戸の役者である。山崎河蔵は、のちに市川団升、市川扇遊、松本錦升ともいった人で、もと九代目団十郎の弟子であった（生没年未詳）[14]。奥田登美三郎はのちの五代目市川寿美蔵である（一八四五—一九〇六）。最初坂東兼三郎と名乗り初代坂東しうかの門弟であったが、のち、垢離場の芝居に出て坂東佳根三郎といった。「垢離場の権之助」と呼ばれるほど九代目団十郎（当時河崎権之助）に似ていたらしい（伊原『明治演劇史』二二五頁）。それが奥田登一郎の養子となったという[15]。登一郎と同じく「登」の字をつけ、奥田登美三郎を名乗って奥田座に出演することになったのである。登美三郎が垢離場の芝居に出ていたことが、奥田座と垢離場の芝居を結び付けた要因かもしれない[16]。

江戸三座や河原崎座・沢村座は座元の苗字を名乗った。奥田座もそれに倣ったものだろう。開場時の絵本番付裏面にみえる作者連名もすべて奥田姓である。和泉屋奥田富蔵の、自らの芝居にかける熱意がうかがい知れる。

再び『細工師』二代篇による。奥田座は半年くらいで客足が減り、「春木町切っての百万長者」であった和泉屋の蔵も空になったという（以下、同書一七〇—一七一頁）。今村政吉の残した書き物では、春木町の骨董屋木屋惣助に、質入れしたのか売ったのか、和泉屋の若衆が六枚折りの金屏風などを幾度も運び込むのを見かけたとあるという。富蔵は全財産をつぎ込んだが足りず、娘お松に、千住の天王様（現・荒川区南千住、素戔雄神社）の前の鰻屋の息子利兵衛を持参金付きで聟にもらったという。それでもまた二、三年で家も蔵も人手に渡り、どうしようもなくなった。鈴志野氏は「芝居興行はくろうとでも大変むずかしい仕事である。素人の富蔵には無理なことは当然であった」と書いている。小屋の建設中に材木を盗まれたり、役者を迎える費用を、千円のところ千五百円と奥役（「専務」）に掛け値をされたり、「底なしの盥に水を入れるように」金は流れていってしまったという。「素人」ながら富蔵は芝居興行に情熱をかけた。富蔵はもともと小芝居に関わっていた石渡吉蔵や高木秀吉らとは異なっていた。それゆえに、そこに大芝居の関係者が入り込む素地があった。

## 三　春木座と鳥熊芝居

前掲「明治十二年各座書上」によれば、奥田座（春木座）の最初の座元が登一郎で、明治八年三月二十六日からが奥田利兵衛、同年十月二日より「旧座主利兵衛約定の上預り」とあって深江庄兵衛という人物に替わり、また十一年九月十二日から利兵衛が座元に戻っている。深江庄兵衛については未詳だが、国際日本文化研究センター所蔵「民事判決原本データベース」の判決文によれば、久松町や深川大工町に住み、奥田利兵衛が一時的に座元の座を預けた人物であったらしい。明治十年、座元名義を返したくない深江と利兵衛との間に訴訟が起こり、控訴も経て、結局深江は十一年五月に敗訴し座元名義は利兵衛に戻った[17]。

興行経緯を追うと、奥田座の年間の興行回数は明治六年に七・九・十一月の三回、明治七年に一・三・四・七・九・十・十二月の七回で順調に進んだが、明治八年は六月のみにとどまった[18]。同年三月に利兵衛が座元となっている。『細工師』の記述を考え合わせるならば、おそらく興行資金の面で奥田登一郎が座元であった時からだんだん行き詰まり、奥田お松の夫となった利兵衛に交替したがうまくいかず（結婚は奥田座開場後か）、一時深江庄兵衛に座元を譲ったものであろう。

深江が座元となったあと春木座は活気を取り戻し、九年には三・五・八〜十一月と六回、十年にも一・三・五・七・九・十一月と六回の興行を行った。『続々』によれば、九年には当時新堀座（河原崎座改称）の帳元（芝居の総支配人）であった水近江《みずおうみ》善助が春木座を借り受けて興行を行ったという（一九一頁）。水近江善助は市村座の大茶屋の主人で、同座の帳元を勤めて興行に精通していた。[19] 新堀座の経営不振により、新堀座にいた市川権十郎らが春木座に出演することになったのである。[20] 市川権十郎は関西の出身でもと嵐璃鶴《あらしりかく》といい、明治四年に原田きぬの殺人事件に巻きこまれ収監されたが、その後九代目団十郎の弟子となった人物である。明治九年末に中橋座（沢村座改称）・新富座・中村座・薩摩座（市村座改称）が焼失したこともあり、このあと十年から十一年一・三・四月にかけ、権十郎は春木座で座頭を勤めた。『続々』は春木座について、中島座や喜昇座と異なり元来「純然たる歌舞伎」と、小芝居系とは異なる座として捉えている（一九二頁）。先にも述べたが、春木座は大芝居役者の興行の場として選ばれる素地があったのである。

十一年四月以後は春木座の興行を見ない。同年五月の判決で深江が敗訴し、座元が利兵衛に戻ったことが影響しているのだろう。また、『続々』によれば、水近江は同年九月に市村座へ移った（二一三頁）。しかしこの後、三代目沢村田之助の後援者として有名な神田関口町の俠客有馬屋清右衛門が支援し（十一年十月三十一日付『東京絵入』）、十二年は二・四・七・十・十一月と順調に五回の興行が続いた。片岡我童・我當の兄弟が出演したり、都座（中村座改称）の帳元をしていた坂野久次郎が市村座と春木座の役者を掛け持ちさせたり（『続々』二三一頁）、中村時蔵（のちの三代目歌六）が出演したりした。ただ、十二年にも利兵衛は借入金の返済を催促される訴訟を起こされている。[21] 利兵衛との連名で千田徳五郎の名前を見るが、千田は守田勘弥の手代として伊原敏郎『明治演劇史』に名前が出てくる人物である。水近江、坂野、千田など、大芝居の人脈が春木座に入り込んでいたのである。

十二年、再び深江が座元の名義を利兵衛から取り戻そうとする訴訟を起こしたため、十三年の春木座は混乱を極め、一度も興行がなかった。ただし十三年九月には示談で納まり、再び奥田登一郎が座元となった[22]。

この後十四年からは、坂野久次郎の差配で、十四年七・十月、十五年三月に九代目団十郎が出演して『極附《きわめつけ》幡随長兵衛《ばんずいちょうべえ》』や『釣狐』などを演じ、十五年六月には五代目菊五郎が出演した。同時期は新富座など他の大芝居も非常な苦境にあり、春木座は、大芝居の役者が出演する場の一つとしてその体制の中に入ったのである。団十郎が出演した十五年三月の春木座の仕込み金は八千円かかり、およそ二割の損に終わったという[23]。

十六年・十七年も興行回数はそれなりにあったが[24]、相変わらず春木座の経営は苦しく、借金に関する訴訟も起こっている[25]。十四年以降、坂野は春木座の帳元として活躍していたようである。坂野久次郎（積善道人、一八二五―一九〇七）は芝口二丁目（現・港区東新橋一丁目、新橋二丁目）の薬種商坂野久司の次男として生まれ、最初は沢村源之助（三代目か）の弟子となり子役で芝居に出ていた。舞台は不評だったが、香具師をも営んでいた父に似て談判事に巧みで、次第に興行に携わるようになったという（明治四十年二月七日付『東京朝日』）。

十八年になると、春木座は主な役者での興行が打てないほど疲弊した。三月に、男女三郎・麗十郎・歌三郎など無名の役者たちで『ひらがな盛衰記』「左り甚五郎おやま人形」「三人吉三」を上演したというが（三月四日付『読売』）、「非常の不景気」で、本土間などの値段を一人二十六銭に引き下げたという（三月十日付『今日』）。このあとに登場したのが、鳥熊である。

## 四　鳥熊の覚悟と評判

前掲『細工師』三代篇（一九六五年）によれば、春木座の茶屋七軒は、「いつ開くとも知れない芝居小屋を前にして毎日溜め息をついていた」という。そんな頃、春木座の茶屋頭である桶忠（桶屋の忠吉、茶屋「吉本」の主人）が店先で煙草をふかしていると、「デップリ肥った田舎親父が」やってきた。芝居小屋を貸して貰いたいと札束を見せたこの人物が、鳥熊であったという。[26]『細工師』によれば、鳥熊は百円を木戸番と男衆に土産として与えた。関係者一同は大喜びで芝居小屋の修復にかかったという（以上、同書二〇―二八頁）。

十八年三月ごろの東京劇壇を見てみると、久松座から改称した千歳座が二月から有名な『水天宮利生深川《すいてんぐうめぐみのふかがわ》』（「筆売り幸兵衛」）を五代目菊五郎で初演し、桐座も細々とながら興行を続けていた。猿若座（中村座改称）は前年十一月に新築開場したが十八年一月に焼失してしまった。中島座は独自の興行を続けていた。残る座は経営不振が続いていて三月・四月には興行がなかった新富座・市村座である。[27]これらは大芝居でもあり、守田勘弥の営業下にあって、たとえ鳥熊が手をのばしたとしても、その意のままの興行ができる可能性はなかっただろう。

幕末までの鳥熊の足跡は、川添裕「勢州松坂　鳥屋熊吉（上）」（『歌舞伎　研究と批評』第二七号、二〇〇一年六月）に詳しく述べられている。川添氏によれば、鳥熊は最初、珍しい小鳥や象といった動物の見世物を行い、慶応元年（一八六五）には伊勢古市常芝居にて歌舞伎興行に関わった。単独ではなく、常に古市で芝居興行を行っていた中の村蔦右衛門らと連名の興行だった。鳥熊が初期に携わったのは「同時代にあってレベルの高い主流の上方歌舞伎」であり、川添氏は、鳥熊が興行で得た資力を背景に、人的つながりから「意欲的に大物俳優到来の歌舞伎興行へ参与したもの」と推測する。

鳥熊は明治十一年ごろには四代目中村芝翫一座を率いて四国・九州・山陽道を巡業、明治十四年に大阪高嶋座、十五年に博多の永楽座で歌舞伎の興行を行った。[28]早くに鳥熊芝居の意義について研究の必要性を説いた服部幸雄氏は、「鳥熊はすでに関西の興行界ではよほど名の聞こえた興行師だったのである」と述べる。[29]

その鳥熊は、四千円余という資金を持って東京にやって来たという。十八年四月二十九日付『東京絵入』に言う。

年は五十八才にて中風症に罹り、身体も自由ならざれども、劇場家業にかけては天晴《あつぱれ》一個の芝居師にて東京にかゝる帳元あらば何れの芝居も差支《さしつか》へなく興行にいたるべし。今般春木座に大坂俳優《かみがたやくしや》を連来り、一手に興行なすにも四千余円の金を持来り、小屋の手入れより見物の都合を好《よく》なして、小屋借り受は七月中迄の約束なれば、若《もし》不入なる時は取返しもならぬ丸損を合点にて大道具迄も彼地《かのち》より来り〔略〕

右は、「鳥熊の決意」と題された記事の一部である。興行師として充分な経験を積んだ鳥熊は資金と覚悟を持って春木座の興行に賭けたのに違いない。なお、鳥熊の当時の年齢は諸説あるが、五十代ではあろう。
この興行に観客は殺到した。十八年五月二十三日付『読売』によれば、五月一日から二十二日までの間に観客数は四万六五二七人、一日平均二一一〇人余にのぼったという。前掲「明治十二年各座書上」によれば、明治十一年から十二年の各座の興行では、一番多くても新富座の十二年二～四月興行の一日当たり平均約一二九四人である。

鳥熊芝居の詳細な興行方法については、これまで種々の文献や研究論文が詳しく記している。[30] 平場の仕切りを外して大入場という大衆席（「追込」とも）を増やし、ここを一人六銭とした（先述の換算に従えば現在の約千二百円）。岡本綺堂によれば、明治十五年六月、大一座であった猿若座の観劇料が例となり、一間（五人詰）につき桟敷四円五十銭、高土間三円五十銭、平土間二円五十銭となりさらに一間五十銭の敷物代が必要だった。桟敷では一人当たり敷物代含め一円（約二万円）の費用がかかる。格下の劇場では平土間一間一円五、六十銭から一円七、八十銭くらいだったという（『明治劇談ランプの下にて』岩波文庫版、五五―五六頁）。それでも平土間で一人三十銭はかかる。

鳥熊は安い観劇料に加え観客に茶を無料で配ったり、平仮名の貼り紙で幕間時間を観客に知らせたり、下駄を洗ったり、出方（従業員）への祝儀を断ったりと、徹底して観客の利便を図った。桟敷高土間追込とも畳敷きにし、桟敷高土間平土間の一部に「ケツト」（毛氈か）も敷いたという（十八年四月二十九日付『東京絵入』）。また、茶屋には一座の役者を泊まらせ、茶屋の収入も確保した。

岡本綺堂が鳥熊芝居に足繁く通い、多くの芝居を知ることができたと感謝していることは有名である（『明治劇談ランプの下にて』）。観客は日々春木座につめかけた。十八年五月七日付『今日』では、「春木座の人鮓」と題して、初日以来毎朝「一番太鼓の音を待たず府下近郷より草鞋《わらじばき》穿手弁当の見物我先にと入り来り」と記す。また、十八年五月十三日付『東京絵入』に、織田ふく女子「天神記を見る」との投書が載る。安い観劇料などについて述べたあと、この芝居は終わる時間も遅くなく、帰りに人力車を頼む必要もないとする。ゆえに芋を洗うような大入りであって、

而して一同の勉強を云へば、俳優閑《やくしやかん》あれば下足番を兼ね、囃方透《すき》あれば両便所を拭《ぬぐ》ふと申す程なり。依て其《その》実入《みいり》は近来の第一を占むと至る処に評判せり。是は必竟見物人の為を思ふて安直を専一にし、気安く一日を楽しましめ、座には浪費を省きて実利を主とするに是れ依れり〔略〕

とある。座中一丸となって懸命に働く様子が見て取れるのである。役者や囃子方までが時間を無駄にせず座のために動いたことには理由もあった。鳥熊芝居の役者であった六代目市川門之助（当時市川福之丞）は、下駄洗いに別に手当が出るので、役者も喜んで手伝ったと回想している（「名家真相録（五十）市川女寅」、『演芸画報』明治

四十三年二月）。

一方、鳥熊に不満を持つ春木座の従来の従業員もいた。十八年五月十五日付『今日』によれば、鳥熊が上京した際に百円を土産にやって修繕を手伝わせた春木座の「留場《とめば》」二十八人がいた（百円を渡した点、『細工師』の記述と符号する）。留場とは、観客の乱入を防ぎ、揚げ幕を引いたり、役者の主な者に付き添い人払いをしたりする者である。[31] 普段木戸にいて、定めた給料はなく、観客から祝儀を貰って所得としていた。鳥熊は最初この者たちに日給十銭を与えることにしたが、「従前の悪習」があるため（祝儀のことだろう）、十四名ずつに分け隔日に出勤させ日給十五銭を与えることにし、その代わり雪隠の掃除や下足を洗うことを命じると、留場たちは反発し初日から一人も出勤しなかった。鳥熊はこの事態を予測し、下廻りの役者たちの女房らを働かせたため大群集にも混乱しなかった。留場たちには予想外のことで、日を追って出勤するようになったという。さまざまな点において、鳥熊の興行は行き届いたものであった。

そして鳥熊芝居は、単に安くて観客の扱いが丁寧だというだけではなかった。上演した芝居の内容に本章では詳しく触れる余裕がないが、[32] 芝居の評価は明治十八年五月十三日付『改進』の記事「春木座の大坂芝居」などからうかがい知れる。

扨肝心の俳優《やくしや》の技芸は、安からう悪からうオデ、コ芝居と一様に蔑視するは大違ひ、菅原でも妹脊山でもデン〳〵に合すれば何でも御座れに遣《やつ》て退《のけ》る悪達者《わるだつしや》、故人の嵐吉《あらきち》に似た鱗昇《りんしよう》あれば、右団次其侭《そのまま》といふ松寿《しようじゆ》あり、実悪の片市《かたいち》が助《すけ》るかと思ふ金瑚郎《きんごらう》も出て充分技を励ますも、分けて搾簿《ちよぼ》は屈強の音節あり、大坂流で芸頭《げいとう》も文句通り演ずるゆゑ、余程ダレ過る愁嘆場もあるが、夫等《それら》は先《まづ》勘弁して見た処、至極上々の出来と思はる。在来の頓帳芝居《どんちやうしばゐ》も遠く及ばざるが如し。

図② 明治18年8月1日付『改進新聞』附録（国立国会図書館蔵）

「デン〳〵」は義太夫節であり、丸本物が主であったことが窺える。当時の鳥熊芝居の出演役者、嵐鱗昇や尾上松寿、中村金瑚郎が、それぞれ嵐吉三郎（四代目か）、市川右団次（初代）、片岡市蔵（三代目か）といった大阪出身の名優に似た芸を持ち、「搾簿《ちょぼ》」（義太夫節）も力強いというのである。

十八年十一月、九代目団十郎は新富座で中幕の『老樹曠紅葉直垂《おいきのはれもみじのひたたれ》』（「白髪染の実盛」）に出演したが、これは「「活歴」の最頂点に達した」「絵巻物を見るやう」な渋いもので、非常の不入だったという。これに対し、「そんな高尚がる事を思止まつて、舞台でカツポレでも踊れと罵つた」という「絵入新聞」の投書があったという（伊原『明治演劇史』二五七―二五八頁）。かっぽれとは当時流行した滑稽な踊りの芸である。この投書は実は「白髪染の実盛」上演前のもので、十八年八月九日付『東京絵入』の投書「カツレキを演ぜんよりは寧《むしろ》カツポレを躍れ」（牟田口菊雄）である。この投書では、団十郎らの芝居と鳥熊芝居とが対比されている。団十郎らの不入りは芸が拙いからではなく活歴のつまらなさと観劇料の高さにより、一方春木座の大入りは芸の巧さではなく狂言が「古人の傑作」で面白く、観劇料が安いからだとするのである。春木座の狂言は「昔しより見飽《みあき》た黴《かび》狂言」で、活歴のほうが面白いと擁護する意見もあった（十八年八月十九日付『東京絵入』、投書「団菊の弁護」遊々外史）。団十郎は「白髪染の実盛」の不入りに鑑みたのか、翌十九年一月の新富座の大切で実際にかっぽれを踊った。不況下の東京劇壇において、鳥熊芝居は興行方法から狂言の内容まで、さまざまな波紋を呼び起こした。[33] 鳥熊は「東京の外からやってきて従来の劇場に衝撃を与えた」と寺田詩麻氏が指摘するように、[34] 鳥熊は東京の大芝居の体制に入らず突如として異質な興行を東京にもたらしたのだった。

図②は、明治十八年八月一日付『改進』附録の挿絵である。鳥熊が鳥の羽の付いた熊の絵で表され、石川五右衛門のように葛籠《つづら》をしょって宙乗りをする。下では衣冠束帯姿の守田勘弥（座紋が顔になっている）や九代目団十郎（眼の大きい人物で三升の紋もみえる）が驚く。位は高いものの観客の人気をさらわれた東京の大芝居一同の驚きと焦りを表すような戯画であり、鳥熊が人々を（葛籠抜けで）驚かせ、またどこかへと去ってしまうことを暗示するようで興味深い。

## 五　鳥熊芝居の終焉

鳥熊は十八年八月の段階ですでに元手の四千円以上を儲け、三千円を銀行に預けたという（十八年八月八日付『東京絵入』）。春木座の茶屋にも千円近く儲けた者があったという。

十八年八月に鳥熊一座は横浜の港座に出、[35] 九月からは春木座に戻って順調に興行を続けたが、翌十九年三月には鳥熊が春木座から手を引いたという説がある。鳥熊は我意を募らせ茶屋出方との関係が悪くなり、十九年春座元の奥田が鳥熊への賃貸を断り、鳥熊の手代、船橋藤輔と生山某が改めて春木座を借りることとなった。不満を持った鳥熊が三月十七日の夜に妻や妾など八人で春木座に忍び込み捕縛された。さらに鳥熊は兄弟分の侠客、家《や》根弥《ねや》（安藤弥五郎）を頼んで劇場の自分の修理した部分を壊そうとしたが、座元がそれを買い取る話がつき、鳥

図③　「梨園之秋」（国立国会図書館蔵）より

熊は同座から手を引いたという。これは伊原敏郎『明治演劇史』や『歌舞伎年表』にみえる記述だが、典拠は竜田秋錦編の写本「梨園之秋」（国立国会図書館所蔵）であろう。図③は同書の挿絵で、鳥熊ら八名と春木座の夜番との揉み合いを描いたものである。左端の人物が鳥熊と思われる。

東京の外からやってきた鳥熊は、このように座内に葛藤を巻き起こした。十九年三月三十一日付『今日』によれば、これまで「内幕総理代人」（手代の意か）であった浪花の芝居師船橋藤輔が十九年一月興行より太夫元となり、春木座に元からいた坂野久次郎が「内幕顧問」となって、引き続き同じ方法で興行を行うとある。先の記述とやや異なる内容だが、やはり何らかの体制転換はあったのかもしれない。

ただし、鳥熊が十九年三月で完全に手を引いた訳ではなく、尾崎久弥「鳥熊繁昌記㈤」によれば、同年九月にはまた春木座に戻って興行を担当したという。[36] 秋葉太郎『東都明治演劇史』（中西書房、一九三七年）は、後に実川八百蔵が出勤したため値段が上がり、客足が遠のき、二十一年の中頃に鳥熊が退いたとする。『細工師』三代篇では、二十年の初春に鳥熊が軽い中風と判り、大阪へ帰ったとする（四二頁）。鳥熊は確かに健康問題を抱えていたようだ。十九年三月二十六日付『東京絵入』は、鳥熊の煩っていた中風が昨今は余程重症となったと報じている。

寺田詩麻氏によれば、鳥熊は十八年十一月二十一日、千歳座の「座長」加藤市太郎と、二千二百五十円で千歳座を十九年一月から五月まで借りる契約を結んだという。[37] ところが以前から千歳座を経営する高木・高浜が不服であり、鳥熊が千歳座を借りることはできず、結局裁判となった。鳥熊は千歳座の茶屋などにも金を貸していた。寺田氏は、千歳座との交渉が不調に終わったことが、鳥熊と春木座との関係に影響したと推測している。千歳座を鳥熊が借りるという報道はしばしばあった（十八年八月十六日付『東京絵入』、十八年十二月十五日付同紙など）。加えて、中村座に鳥熊が進出するという報道もあった（十九年二月十日付『今日』）。これらはいずれも実現されなかった。

鳥熊は春木座を拠点として東京の興行界にさらに進出する可能性がありながら、老齢であり、健康上の問題もあり、さらには東京の興行師の反発もあり、結局叶わなかった。鳥熊は明治二十三年四月十八日に大阪で亡くなった。[38] 鳥熊に縁故のある日本橋浜町の山本きくという女性が三回忌に建てた碑が（明治二十五年四月十四日付『東京朝日』）、いまも柳島妙見山法性寺にある。

## 六　大芝居と小芝居——鳥熊の影響

東京の大芝居は鳥熊芝居に圧倒されながら、有効な対抗手段をもたなかった。『歌舞伎新報』第六四九号（十九年四月十一日）は、仕切りの無い大衆席を増やす興行（追込芝居）を新富座が模索しながら、しかしやはり追込芝居不賛成に傾きつつあることを報じ、「実に座長守田氏も、明治以来《このかた》大借財をして漸々座に幾分かの格式をつけたのに、今日又追込《おひこみ》芝居の仲間入も如何《いかが》なものなり〔略〕」と述べる。この「格式」の高さという意識と、大衆を受け入れる芝居とが相反しているという状態が、明治期東京の歌舞伎界を象徴するものとして興味深い。

一方で府下の小芝居は鳥熊芝居から刺激を受け、その興行方法を真似し始めた。たとえば麻布森元町の初音座は春木座を真似て午前八時前に半札（半額入場券）を出し（十八年五月二十六日付『今日』）、深川の宝来座《たからぎ》は「春木座や寿座に負ぬ気になり」、八時前に来る客にくじ引きで反物や蛇の目傘の景品を出し、大入りになったという（十八年七月一日付『東京絵入』）。しかし、下谷の柳盛座は十七年中まで十二日間で五百円の上がり高があったのに、十八年は二十五日間で四百円ほどに減った。それは鳥熊芝居と競争して木戸銭を一人五銭から三銭にしたためだという（十八年十一月二十二日付『東京絵入』）。

小芝居も中島座や鳥熊芝居と同じく、大芝居の体制からは外れていた存在である。小芝居は、いわば、自由であった。

小芝居の興行師については未詳の面が多くここでは触れられないが、大芝居で働いた経験のある人が多かったようだ。たとえば牛込赤城下・赤城座の根岸浜吉は、守田勘弥の親戚筋にあたり、新富座の立ち見場の株を持っていた[39]。のちに浅草に進出して常磐座（のち常盤座）を建て、根岸興行部の礎を築く。また小芝居の盛元座の座主長谷川鉄次郎はもと春木座の大道具の日雇稼ぎをし、喜昇座が久松座になったとき大道具の人足をしていたという（十六年四月一日付『開花』）。前述の春木座茶屋の「桶忠」は、のちに三崎座を建てたというから（『細工師』二代篇、二二五―二二六頁）、三崎座座主山越忠吉にあたるかもしれない。いずれも小芝居という世界に入り、大芝居のように「格」を求める興行方法を取ることはなかった。

明治二十年十一月、これまでとは異質な小芝居の座が浅草公園第七区に開場した。莫大な資本をもとに設立された吾妻座である[40]。

吾妻座は新富座などの金主をしていた千葉勝五郎が出資した小芝居で、千葉は、公園第七区に持っていた土地を有効に活用するために吾妻座を建てたと思われる。この吾妻座には鳥熊と類似した点が見られる。それは、千葉が充分な資金をもって興行にあたったこと、そして、観客への丁寧な取り扱いと安い観劇料、芝居の内容の充実を心掛けたことである。開場時の吾妻座の辻番付裏面に、観客の利便を図る様々な「広告」が載る。たとえば興行時間を定め（午前九時から午後四時五十分）、見物場所は来場順に決めること、観劇料・飲食代は定価の外一切とらないこと、飲食物はできるだけ持参してほしいとすること、祝儀を断ることなどが書かれている。その他、帰りの人力車の依頼方法、道順、大入場が一人五銭であることなど、事細かに宣言されている。これらは鳥熊の方法を参考にしたのではなかったか。

そして内容面では、千葉は大芝居の役者である市川九蔵（のちの七代目団蔵）、沢村訥子《とつし》を出演させ、立派な劇場で安く大芝居の役者を見せるという、小芝居にはなかった興行を行った。九蔵や訥子は小芝居に出たために大芝居から排斥されるが、千葉にしてみれば利潤を追求した結果の方法であり、大芝居役者の間の格付け闘争はあずかり知らぬことであっただろう。利益を上げたと思われる千葉は約二年後には吾妻座から手を引き、東京一の大劇場となる歌舞伎座の設立に関わることになる。

## おわりに

東京の興行界は鳥熊芝居のあとも、古い経営体質からなかなか抜け出せなかったと思われるのだが、その中で、明治四十三年（一九一〇）に関西から東京に進出し、劇界を掌握したのが松竹合名社である。寺田詩麻氏も指摘するが、(41) 松竹のあり方は鳥熊に似ており、実際、「安一方の興行を続け〔略〕例の鳥熊政略を用い」と報じられたり（明治四十二年十一月十日付『東京朝日』）、「高等鳥熊」と表現されたりした（竹の屋主人「新富座劇評」、四十四年二月六日付『東京朝日』）。もっとも、竹の屋主人（饗庭篁村《あえばこうそん》）は松竹が鳥熊とは違って場代が高いとし、また脚本の選定に不満を持っているのだが、大阪からやってきた興行師が東京に影響を与えた出来事として、鳥熊は明治末年になっても忘れられていなかったと言える。

前節で見たように、他の小芝居には吾妻座の興行は刺激となった。その建築の美麗さに影響を受け、見劣りがしないようにと普請にかかった座もあったという（『歌舞伎新報』第八三四号、二十年十月二十七日）。吾妻座へ、そして小芝居の興行師へと、関西の老練な興行師鳥熊がもたらした影響は、より大衆的な興行に対して浸透し、波及していったと思われる。江戸以来の大芝居の伝統的な興行体制から外れていたからこそ、中島座や鳥熊芝居、小芝居、そして松竹は、近代的な合理的経営の萌芽を宿していたと言える。

（1）寺田詩麻「新富座の株式会社化——演劇博物館所蔵資料の紹介を含む」（『早稲田大学大学院文学研究科紀要・第三分冊』第四四号、一九九八年）、同「明治十年前後の新富座と宝樹座の関わり」（『歌舞伎　研究と批評』第四四号、二〇一〇年二月）。
（2）「巡査の昔話」、篠田鉱造『明治百話』下、岩波文庫版より。
（3）経済について学ぶサイト「man@bow」（「まなぼう」、野村ホールディングス・日本経済新聞社運営）では、明治三十年の一円を約二万円と想定している（https://manabow.com/zatsugaku/column06/）。
（4）倉田喜弘氏によれば、明治十二年から十三年にかけて、新富座の負債は六十一万円以上にのぼった。これは明治十三年度の東京市部一年間の税収（六十五万円）にほぼ近いという（『芸能の文明開化——明治国家と芸能近代化』平凡社、一九九九年、一六二頁）。
（5）以下本節の内容については拙著『歌舞伎の幕末・明治——小芝居の時代』（ぺりかん社、二〇一〇年）に詳しく記述したものをもとにしている。
（6）倉田氏前掲書、八四頁。出典は八年一月十二日付『郵便報知』。
（7）鈴木については千葉県県議会議員浜田穂積氏ホームページ。鈴木吉兵衛は、浜田氏の出身という。高木については『学海

日録』第五巻、岩波書店、一九九二年、二二五頁。
(8)「名家真相録(七九)中村伝五郎」、『演芸画報』一九一一年七月。
(9)伊原敏郎『歌舞伎年表』第七巻、岩波書店、一九六二年、二六二頁。
(10)富蔵は春木町三丁目二番地地主だったようだ(東京都公文書館所蔵「管民願伺届・第四部」、明治六年、606.D4.2など)。なお、田中康雄編『江戸商家・商人名データ総覧』一(柊風舎、二〇一〇年)に、「和泉屋冨蔵」は嘉永四年(一八五一)三月「本郷三丁目庄兵衛地借」「味噌問屋　八番組」と載る。
(11)明治八年刊『諸芸人名録』櫓附振附下等之部に金竜山下瓦町西川巳之蔵がみえる。
(12)大槻如電『十二世守田勘弥』守田好作、一九〇六年、五二―五六頁。木村錦花『興行師の世界』青蛙房、一九五七年、二一頁。
(13)『武江年表』明治三年七月十九日に大風雨の記録がある。明治三年に芝居小屋が許可されたという点については未詳。
(14)国立劇場調査養成部調査記録課編『歌舞伎俳優名跡便覧　第四次修訂版』二〇一二年による。
(15)注14に同じ。富蔵の養子ではないかとも思われる。
(16)阿部優蔵『東京の小芝居』(演劇出版社、一九六〇年、三〇頁)にも指摘される。
(17)以下訴訟関係の典拠は、全て民事判決原本データベースによる。深江と利兵衛との訴訟は、事件名「劇場座元名義取戻ノ訴訟」(明治十年一五八二号、明治十年十一月三十日判決、東京裁判所)および事件名「劇場座元名義取戻ノ一件控訴」(明治十一年一六四号、明治十一年五月四日判決、東京上等裁判所)。
(18)興行回数は小宮麒一編『歌舞伎・新派・新国劇　上演年表　第六版(明治元年~平成十八年)』(二〇〇七年)による。なお、八年十二月にも記載があるが、年月日不明との注意書きがあり、数えなかった。
(19)木村錦花、前掲『興行師の世界』八一頁。
(20)中山鶴五郎(後の七代目市川中車)らによる子供芝居も春木座で行われた(『続々』一九二頁)。
(21)事件名「貸金催促之訴訟」(明治十二年八四五号、明治十二年四月三十日判決、東京裁判所)など。
(22)深江との訴訟は、事件名「劇場座元取戻ノ訴訟」(明治十二年一四五五号、判決日不明、東京裁判所)、事件名「劇場坐元取戻ノ訴訟　控訴」(明治十二年一三五五号、明治十三年三月二十五日判決、東京上等裁判所)。示談の成立は事件名「契約履行ノ訴訟」(明治十三年三九〇四号、判決日不明、東京裁判所)により知られる。なお、事件名「違約金取戻之訴訟」（明治十三年三八八四号、明治十三年十二月二十三日判決、東京裁判所）によれば、奥田まつと利兵衛は、十三年十一月に離縁となっている。
(23)前掲『歌舞伎年表』第七巻、二七五頁。
(24)明治十六年は四回、十七年は五回。
(25)金主の有馬屋清右衛門は十六年十月一日に亡くなったという（同年十月二日付『読売』）。訴訟については事件名「劇場小屋明渡并賃貸滞リノ訴訟」（明治十五年二二五七号、明治十六年三月判決、東京始審裁判所）など。
(26)伊原敏郎『明治演劇史』（早稲田大学出版部、一九三三年）は、茶屋吉本の店先で若い衆が将棋を差しているのを見た鳥熊が同座の窮状を察し、借り入れの交渉を始めたとしている（四四二頁）。
(27)本所の寿座は十七年十一月に大風で倒壊したというが（前掲『東京の小芝居』五九頁）、詳しくは不明。
(28)川添裕「鳥熊芝居の背後」（早稲田大学演劇博物館『近代東京の歌舞伎興行』展関連講演、二〇〇二年十二月二日、発表資料）より。博多については、武田政子・狩野啓子・岩井眞實「博多興行史　明治篇（二）」、『歌舞伎　研究と批評』第三一号、二〇〇三年八月。
(29)服部幸雄「四　鳥熊芝居の興行」、『歌舞伎の原郷――地芝居と都市の芝居小屋』吉川弘文館、二〇〇七年（初出「「鳥熊芝居」記録――本郷春木座興行年表のうち」、『近代演劇文化』第三号、一九七七年八月）。
(30)『文京区史』第二巻、文京区、一九六八年。特別展『本郷座の時代――記憶のなかの劇場・映画館』図録、文京ふるさと歴史館、一九九六年など。
(31)関根黙庵『演劇大全』国立劇場、一九八五年、七三―七四頁。
(32)上演狂言や役者については、服部氏、前掲「鳥熊芝居の興行」に詳しい。
(33)東京の劇界における活歴の行き詰まりと鳥熊芝居の影響について、本文前掲、川添「勢州松坂　鳥屋熊吉（上）」が松本伸子『明治前期演劇論史』（演劇出版社、一九七四年）での論述を挙げつつ指摘している。
(34)寺田詩麻「明治の座元――中村座と千歳座の問題を中心に」、『歌舞伎　研究と批評』第五八号、二〇一七年四月。
(35)注29に同じ。
(36)尾崎久弥「鳥熊繁昌記」（一）～（十）、『中央演劇』第三巻第一～三・五・六・十・十一号、第四巻第一・四・七号、昭和十三年一～三・五・六・十・十一月、昭和十四年一・四・七月。尾崎氏の文献については、日置貴之「東京の中の「上方」――鳥熊芝居以降の春木座について」（『変貌する時代のなかの歌舞伎――幕末・明治期歌舞伎史』笠間書院、二〇一六年）により知った。また、寺田詩麻氏注34前掲論文も尾崎氏文献により鳥熊芝居終焉の時期を考察する。尾崎氏は自身架蔵の太田花兄編・竜田秋錦画「芦のそよぎ」写本二巻により鳥熊芝居について記す。同書は明治二十年七月までの記述があるという。本文に挙げた国会図書館の「梨園之秋」（205-107）は内題が「芦のそよき」で、「芦のそよき」という題の別の写本一冊（232-276）も同館に所蔵され、多少の脱字はあるがこの二冊の内容はほぼ同じである。尾崎氏架蔵本は現在見ることができていないが、国会の二冊は尾崎氏所蔵本の十九年三月までの分を写したものではないか。本文で挙げた図②も尾崎氏の文献により知った。太田花兄は神田旅籠町三丁目料理屋花清主人で明治二十年（一八八七）頃没という（国文学研究資料館「蔵書印データベース」より）。竜田秋錦は『新増補浮世絵類考』（須原鉄二、明治二十二年）の編者竜田舎秋錦か。

（37）寺田詩麻、前掲「明治の座元」。

（38）倉田喜弘・林淑姫『近代日本芸能年表』下、ゆまに書房、二〇一三年。

（39）木村錦花、前掲『興行師の世界』九〇―九一頁。

（40）前掲『歌舞伎の幕末・明治』に詳述した。

（41）寺田詩麻「大正期東京の演劇興行――松竹についての検討を中心に」、『歌舞伎　研究と批評』第四八号、二〇一二年一二月。

（付記）引用資料は漢字を通行字体に改め、句読点を私に付した。ふりがなは適宜省略した。新聞資料は、「新聞」の二字を省略した。図版の掲載をご許可くださいました文京ふるさと歴史館および国立国会図書館に深謝申し上げます。

Ⅱ「開化」と「改良」の時代

# 第3章 歌舞伎座そして田村成義

寺田詩麻

## はじめに

明治初年の東京の歌舞伎において画期的だったことのひとつは、明治五年（一八七二）から六年にかけて、東京府が太政官に申請し、裁可を受けて、公許する劇場を増やしたことである。(1) これにより、東京で公式に開場する歌舞伎の劇場は三座から十座となった。江戸時代以来許可を受けていた大芝居の中村座、市村座（当時村山座と改称）、守田座はすべてこのころ資金難に苦しんでいたが、これによって、負債が積み重なっても仮櫓（控櫓）に興行権を一時的に譲渡できる特権的な立場から降ろされ、新たに許可を受けた劇場と同じ土俵で戦わなければならなくなった。そこで起こったのが劇場間の経営競争である。

たとえばこの時許可を受けた喜昇座（のち久松座、千歳座、明治座と改称）は、大芝居とは別の管理体制のもと、盛り場などで興行をしていた小芝居に起源を持つ。しかしこのあと、後述するが十八年（一八八五）には従来の大芝居の三座と同格の劇場と見なされていた。本郷にあった春木座も似たような経過をたどった。これら新興の劇場が台頭したことで、十年代末、東京の劇場の経営体制や格付けは不安定であった。

明治十九年八月、当時社会全般に広がっていたさまざまな「改良」運動のひとつとして、総理大臣伊藤博文の肝煎りで、その女婿末松謙澄《のりずみ》らにより結成されたのが演劇改良会である。この時点における「演劇」は歌舞伎を指す。新派以降の新たなジャンルの「演劇」は、日本でまだ具体的な形を取っていないからである。会の発足時点で実演に直接関わる経験を持つ人物がほぼおらず、後継した会の活動も比較的現状に寄せたものになったため、この会の主張は歌舞伎の主流となるにはいたらなかった。

しかし、改良会の影響のもとで行われた画期的なことがらはおもに二つある。ひとつは明治二十年（一八八七）四月、新富座の座元（経営代表者）であった十二代目守田勘弥の協力を得て行われた井上馨《かおる》邸での天覧劇であり、もうひとつは二十二年（一八八九）十一月、会の関係者であった千葉勝五郎と福地桜痴《ふくちおうち》によって設立された歌舞伎座の開場である。この二つは、歌舞伎という演劇を、明治の新たな社会にどう結びつけたか示すものであった。

本章の目的は、明治から大正にかけて活動した歌舞伎興行師の田村成義《なりよし》が、明治以降の東京の歌舞伎にどう関わっていたのか、そして中断はあるが彼が大正二年（一九一三）まで関与する歌舞伎座は劇場としてどのような意義を持っていたのか、概略を述べることである。

最初にことわっておくと、「歌舞伎座そして田村成義」という題からは、まず歌舞伎座、次いでその創立後しばらくして経営に携わった田村のことを述べるという順序が考えられる。しかし田村が興行師として活動を始めるのは歌舞伎座開場より前のことなので、時間的な順序としては逆のほうが混乱が少ない。よって本章では、田村が興行師となるまでの履歴について記してから、歌舞伎座設立の経緯をまとめる。

## 一　田村成義の履歴

まず、田村の履歴について判明していることを簡略に述べる。

田村成義［図①］は嘉永四年（一八五一）二月一日、眼科医福井寿仙の子として日本橋元大工町で生まれた。[2] 寿

図① 木村錦花『興行師の世界』口絵。田村成義の肖像写真は数枚あるが、これはおそらく明治30年代に築地に転居して以降のものと推定

仙の名は当時の切絵図(3)に見える。名の通り福井出身で、田村の生前に刊行された人名辞典類(4)では「藩医」とされるが、『福井県医学史』(5)所載の嘉永四年・五年御代給帳に「福井寿仙」の名はない。ここからはあくまでも御出入医師で、正式のお抱えではなかったと推測される。田村の幼名は、歌舞伎関係の事典では「猪之助」とするものが多いが、人名事典類では例外なく「鋳之助」である。

母は医師磯間良甫の娘ふぢ。磯間は隣町の数寄屋町に住んでいたことが、やはり切絵図で確認できる。つまり田村の生家は医家で、母も近隣の医師の娘であり、生時には歌舞伎に直接関わる仕事をする環境になかったのである。ちなみに田村には妹があり、その夫がのちに市村座で帳元となる足立繁美《しげよし》。子がのちに市村座にも関与し、映画に携わる田村道美《みちよし》。道美の妻は映画女優入江たか子、子は若葉である。

歌舞伎に関係する以前の履歴は、ほぼ本人の著作に頼るしかない。田村の記憶にあるはじめての芝居見物は、安政六年（一八五九）三月、叔父の萱田周造に連れられて見た中村座の『妹背山婦女庭訓』『対梅松契由兵衛《ついのみようとなかもよしべい》』である。その後、明治に入るころまでに見た江戸の大芝居三座の演目を、彼は著作の中で列記している。詳細を記すことは控えるが、大芝居の観劇回数は平均年三回程度、のちにともに仕事をすることになる河竹黙阿弥が立作者を勤めていた時期の市村座が比較的多いが、他の二座も見ている。田村は当時の感想も多少記しているが、後年興行師になることを示すような際だった特徴は見受けがたい。

もし生育環境に変化がなかったなら、田村は医家を継ぐかそれに準ずる市井の人となり、歌舞伎好きではあったかもしれないが、それに関わる仕事に就くことはなかったと思われる。しかし父が文久元年（一八六一）に医師を辞めて茶道の宗匠となり、同年母が産後の肥立ちが悪く死去する。慶応二年（一八六六）三月父も急死した。父の死んだ三か月後の六月、福井猪（鋳）之助は、町奉行支配囚獄石出帯刀組同心鎰役《かぎやく》筆頭の田村金太郎の養子となった。つまり、小伝馬町にあった大牢の鍵を預かる牢屋同心の家に入ったのである。この時に金一郎と改名し、囚獄書役見習、すなわち囚人の取り調べで自供の記録を行う係となった。[6] このころの経験や人脈が、後述する『四千両小判梅葉《しせんりょうこばんのうめのは》』初演の演出などに生かされた。

奥平昌洪『日本弁護士史』[7]の「代言人免許年度一覧表」明治十年東京の欄に「田村成義」の名が見える。そのため明治十年以前に再改名していたはずであるが、正確な時期は明らかでない。慶応三年（一八六七）鎰役の本役に進み、維新後は市政裁判所に出仕。東京府付監獄係、囚人前科取調役を務めたあと、明治三年（一八七〇）に辞職した。[8]

同年八月ごろ、神田弁慶橋の箔屋（金銀箔製造業）の矢島保太郎という友人から、その親戚が経営していた市村座の茶屋万屋、さらに藤浪与兵衛を紹介され、歌舞伎の小道具の刀を融通する仕事に就いたことがある。聖天町に住んでいた小道具師を紹介され、十三代目中村勘三郎や五代目大谷友右衛門、二代目沢村訥升《とっしょう》、五代目尾上菊五郎の家などへ注文を取りに行くようになった。廃刀になりたてで大小に関する職人は暇で困っていたので「割合に儲か」ったという。平民の帯刀取締を政府が地方官に命じるのは明治三年十二月で、翌年武士の帯刀を任意とする布告が出る。時期はほぼ符合する。

このころ田村は島佐太郎と変名していた。そのため後年、菊五郎の養子であった六代目尾上梅幸は、田村が「島さん」と呼ばれていたと述べている。文久二年尾張屋版の切絵図「文久新鐫八町堀細見絵図」[9]によれば、霊岸橋の側に亀島町という一帯があり、中に北町奉行所与力「島左太郎」の名が見える。田村が福井家にいたころ、安政五年十一月から六年二月まで足かけ四か月だけ住んだ北島町は、亀島町と西側の通りを一本はさんで向かい側である。田村はこの与力の名を借りたと考えられる。

遊興による借金のため、菊五郎から注文を受けた刀の代金を受け取りはしたが払えず困っているところに、静岡三方ヶ原の茶園を手伝わないかという話があって、夜逃げ同様に東京を出た。徳川慶喜のいた静岡に行って茶園を経営するのは、維新後に身の振り方に迷った旧幕臣の多くがたどった道である。しかし田村は、明治四年東京に戻る。(10) そして友人のすすめで法律学校に通い、代言人になるための勉強を始めた。

代言人とは現在の弁護士にあたる職業で、江戸時代には類似のものとして「公事師《くじし》」があった。これは奉行所の裁きに当事者とともに出た。免許制ではなく、訴訟関係者の宿泊する「公事宿《やど》」の主人や手代が自らの経験によって勤める場合が多かった。明治五年（一八七二）八月、太政官達で「司法職務定制」が公布され、その第十章に証書人、代書人、代言人の職制が定められた。しかしこれもはじめは免許制ではなく、司法省が「代言人規則」を公布し、検査による免許取得が必要になるのは九年二月二十二日である。田村の免許取得は九年説と十年説があるが、先に述べたように『日本弁護士史』によって十年が正しい。また明治十五年に代言人組合が編纂したと推定される『組合人名明細録』(11) も十年六月免許取得とする。

以上からは、世間的にそれなりに知られていただろう眼科医の子に生まれたが親を失い、十代の多感な時期に牢屋同心の養子となり、維新後の混乱の中でいくつかの目新しげな職を転々とし、最終的に旧幕時代の経験を生かすこともできる代言人に落ち着いた田村の姿が浮かび上がる。そしてこの経験は、歌舞伎興行の世界に入ったあとも生かされてゆくのである。

田村が歌舞伎の興行に関わりを持ったきっかけは、明治十二年（一八七九）八月、久松座へ出勤することになった上方の俳優三代目中村翫雀に給金の貸金があるとして、新富座の座元十二代目守田勘弥が訴訟を起こした時である。田村はこの時翫雀の代言人となり、守田と面識を得た。

この訴訟に関する裁判所関係の資料を現在見出していないが、少女庵主人「守田勘弥」[12]によれば、守田側は代言人坂邑《さかむら》正義を代人として争い、田村が示談に持ち込んだという。国際日本文化研究センター管理の「民事判決原本データベース」[13]によれば、坂邑の名は新富座に関係した訴訟文書で何度か見ることができる。翌十三年の新富町演劇会社設立の際、田村は守田から法律顧問を依頼された。そしてその後も新富座での実務補佐をすることになる。とくに親交の深かった俳優は明治初年から面識のあった五代目尾上菊五郎で、その養子六代目梅幸の談話によれば、一時は「始終わたし共の内を内のやうにして」遊びに行く間柄であった[14]。

田村は一生を通じて記録の整理を得意とした。現在公刊されている石塚豊芥子《ほうかいし》編『続歌舞妓年代記』[15]の底本は田村による写本である。また、それに続く稿本『続々歌舞伎年代記』は田村の編による。稿本のうち明治三十六年末までの分が田村の三回忌記念に『続続歌舞伎年代記　乾』[16]として公刊された。時系列で記録を取って残し、活用することは、代言人が弁護を進めてゆく手続きと基本的に変わらない。だから一連の『年代記』編纂は、彼の職業経験が歌舞伎に生かされた例のひとつでもあるといえよう。

## 二　田村成義と千歳座

代言人としての活動を続けつつ、歌舞伎興行の世界に入った田村が、企画を行い、劇場の経営に携わる興行師として第一歩を踏み出したのは、明治十八年十月のことである。その年の一月に久松座から改名して再開場した千歳座に、座頭となった菊五郎の要請によって協力することになったからである。では次に、千歳座とはどのような劇場であったのか記すことにしたい。前身の久松座時代までのことは、佐藤かつら氏『歌舞伎の幕末・明治——小芝居の時代』[17]第三章第二節「喜昇座から久松座へ」にくわしい。

千歳座はもともと喜昇座といい、両国橋西広小路の小芝居であった。劇場の開設許可を東京府から受け、明治六年久松町に移転して以降、十年からは高木秀吉・高浜敷勲《のぶより》の二人が経営していた。十二年に久松座と改称し、劇場を新築して開場した。経営には旧佐倉藩主の堀田家から、その家令で依田学海の兄でもあった柴浦《さいほ》を通じて資金提供があった。しかし翌年二月火事で焼失して以降、仮劇場での苦しい興行が続く。十五年十月には帳元（表方の責任者）の紀岡権兵衛が負債のために自死する不幸もあった。そのあとに入ったのは、新富座の帳元を勤めた甲子屋に生まれ、村山座（市村座を一時的に改称）の経営にも携わったことがある鈴木万蔵である。

十七年、久松座は七月には千歳座と改名することを決定しており、九月に新劇場の上棟式を行っている。しかし建築中の建物が暴風雨で吹き倒され、翌十八年一月に開場式が延びた。高木・高浜が十八年から十年間興行権を任せるとして招聘したのが加藤市太郎である。

木村錦花によれば、加藤は米沢町に住んでいた株屋の成金であるという[18]。さらに先述の「民事判決原本データベース」には肩書きを「唐物商」とする訴訟判決文がある[19]。また久松座時代の明治十四年には、高木・高浜が土間を「貸与」する名目で加藤から四百円を借り、その返済が延びたことについての訴訟判決文がある[20]。ここからは加藤は劇場以外に本業があり、久松座以来の債権者の一人であったことが推測される。

つまり加藤は外部の金主《きんしゅ》で、劇場経営については素人であった。実際の事務処理を行うために、鈴木が再び呼ばれた。鈴木の口利きで守田も開場興行から千歳座に入ることになった。しかし守田は欠損を埋めるため、加藤に一万三千円の追加金を要求したので、初興行限りで千歳座から離れざるをえなくなった。その後千歳座は、守田と疎隔した菊五郎を招聘して興行を行ったが成果が出ず、田村を十月から呼び、興行の組み立てを任せることになったのである。

東京都公文書館所蔵の、明治十八年の劇場税に関する資料[21]を見ると、十六年の場代（観劇料金）、升数（客席数）、興行日数から算出された税額による劇場の等級は、一等が新富座、千歳座、市村座。二等が中島座、春木座。三等が寿座、（四谷）桐座である。春木座は升数が二百升、千歳座は二百八十升で新富座と同数である。新装開場後の収支が決定していないため升数以外の欄が空欄であるにもかかわらず、千歳座は一等に分類されている。つまりこの資料は、明治十八年には千歳座が、もとは江戸の大芝居である他の「一等」の劇場と同格と見なされるに至っていたことを示している。

江戸時代に小芝居であった喜昇座は、明治六年以降従来の大芝居と同等の許可を受けて興行するようになった。当時の劇場全ての抱える問題であった経営難に苦しんでも、金主がついて資金を得た。東京で最も盛んな活動を行っていた興行師守田勘弥が過剰な関与を行う可能性もあったが、千歳座と改称して再開場した興行の失敗により、なんとか距離を置くことができた。そのうえ、招聘した一流俳優の菊五郎はそのまま座頭として残っている。かつて神山彰氏は、久松座時代の千歳座を「「立身出世」を体現した劇場」[22]と呼んだが、田村成義が関与し始めたころの千歳座は「出世」したのち、何をするか考える時期にさしかかっていたといえよう。

ここで田村が河竹黙阿弥に作を依頼し、翌十一月に菊五郎と三代目市川九蔵（のちの七代目団蔵）を中心にして初演させたのが『四千両小判梅葉』（以下『四千両』）である。

『四千両』は、幕末の安政期に実際に起きた江戸城の御金蔵破りに関する記録と、それを題材とした柳葉亭繁彦の新聞小説『千代田城噂白浪』[23]により、河竹黙阿弥が脚色した世話物である。大筋は、無宿者の富蔵が以前仕えていた武士の藤岡藤十郎に偶然会い、江戸城の御金蔵を破る計画に誘って二人で四千両を盗み出すが、露顕して罪に服するという単純なものである。ほとんど関連しない脇筋として、伊丹屋徳太郎の恋愛と心中未遂が描かれるが、現行上演ではほぼカットされる。

田村は奉行所の記録から題材を探す中でこの事件を見つけ、偶然同じ題材の小説が新聞に発表されたこともあって脚色を決めたという[24]。実際に起きたことがらとその実録小説、あるいは講談を題材とするのは、明治十年代の黙阿弥の世話物に多く見られる特徴でもある。そして『四千両』の最も大きな見どころは、田村の前職での経験を生かした小伝馬町の大牢の場であった。明治七年に市ヶ谷へ移転した大牢は、入牢者が牢名主を頂点とする細かな階層に分かれた、しきたりの多い特殊な場所でもあった。その様子をかつて実際に入牢した者からも取材して克明に見せたことは、『歌舞伎新報』をはじめとして新聞でもひんぱんに報道された。むろん入牢者の手配には田村が関与した。

いっぽう『四千両』の初日前、千歳座は資金が欠乏し、俳優に給金を払うことも困難な状況にあった。菊五郎はいつ初日が開くのか知らず、初日当日の朝に田村が迎えに来てはじめて初日を知ったという[25]。顔見世制度が幕末に崩壊して以降、給金は興行毎に、初日前に渡すのがこのころの常識であった。

そこで加藤市太郎は、千歳座の劇場建物を貸すという名目で金を借りた。相手は、同年五月から春木座で大阪俳優中心の安値芝居を興行して、大きな話題となっていた三田村熊吉であった。しかし実際に劇場建物が貸されることはなく、三田村は加藤を契約不履行で訴えた。別稿[26]に記したのでここでは詳しく述べないが、三田村との交渉が紛糾したことにより、『四千両』は大当たりしたものの、興行を十二月半ばで打ち切らざるをえなくなった。打ち切りを官憲の取り締まりによるものと推定する説もあるが、この月の三十一日から横浜で、ほぼ同じ座組の興行が行われて大入になっていることから見ると、その可能性は低い。

千歳座の次の興行は、十九年三月十五日初日の『盲長屋梅加賀鳶《めくらながやうめがかがとび》』であった。この作品は菊五郎主演で、加賀藩に仕え、鉞髷《まさかりまげ》に革羽織という独特の扮装をしていた加賀鳶を主人公としながら、按摩の道玄を主人公とする、本筋とほとんど関連しない脇筋が同時並行で進む。そう考えると、これは実は『四千両』と同じ枠に題材を入れ替えて作られた、同工異曲の作品である。

　この後、菊五郎は二十年四月の天覧劇に出演したことをきっかけに守田と和解した。また、後述するが田村が千歳座に明らかに関与したのは二十二年末までと推定される。二十二年までに初演あるいは従来の作品を改訂して再演され、現在もしばしば上演される作品に『極附幡随長兵衛《きわめつきばんずいちょうべえ》』（三代目河竹新七補綴）、『籠釣瓶花街酔醒《かごつるべさとのえいざめ》』があるが、これらと『四千両』『盲長屋梅加賀鳶』は、筋立てが比較的単純で、江戸時代を考証的に回顧するような内容を持っている点が共通している。たとえばこの四作を並べて考察することから、明治十八年から二十年代初頭の田村の興行は、どのようなものであったか考える手がかりを得ることもできそうである。

　以降の千歳座について、簡略に概要を述べておく。

　加藤市太郎は十九年、三田村との契約について裁判を続け、二十年以降経営に関与しない。経営困難は続き、久松座以来の座主高木・高浜は二十二年五月、依田柴浦宛に借財の減額を願う嘆願書を書いている。二十三年一月からは七代目沢村訥子《とっし》を中心とする一座の興行が開始する。それが軌道に乗りつつあった同年五月、建物が火事で焼ける。再築は難航したが、二十六年に初代市川左団次を迎え、明治座と改称して十一月から興行を再開することになる。

　このように見ると、この過程のどこで、田村は千歳座から歌舞伎座へ足場を変えることになるのかという問題が浮上するが、それは歌舞伎座が設立当時どのような劇場と見なされていたのか検討してから、改めて述べることにする。

## 三　歌舞伎座という劇場

さて田村が関与する歌舞伎座〔図②〕は、明治中期の東京の劇場として、そもそもどのような意義を持っていたのだろうか。まず、その設立の経緯を振り返る。

周知の通り、歌舞伎座の設立者は千葉勝五郎と福地桜痴であるが、二人の立場は違う。千葉勝五郎は浅草山の宿の金貸し千葉常五郎の養子で、京橋五郎兵衛町に住む金貸しであった。新富座の債権者であったことはすでに木村錦花が指摘している(27)。

福地桜痴は、いわば理論的な面から劇場設立に意欲を燃やした。すでに多くの先行研究が指摘するように、桜痴の演劇改革への関心は、幕府の通辞としてヨーロッパへ行き、そこで現地の演劇に出会ったことをきっかけとしている。明治初年には政府御用の大新聞であった『東京日日新聞』主筆として、数々の演劇――前述の通り、明治前期の日本においては事実上歌舞伎の――改革を提案していた(28)。

そして、千葉と桜痴はともに演劇改良会に関与している。両者の関与の度合いは、桜痴が会員で、千葉が「賛成員」という若干の差がある。だがすでに佐藤かつら氏が指摘するように、演劇改良会の主要なメンバーが企画した東京演劇会社の発起人として、二人はともに名を連ねている。また、千葉が明治二十年、浅草公園に「道化踊」の劇場として建てた吾妻座に、桜痴は何らかの形で関与していた可能性がある。建設・興行許可が降りるまでの手続きが煩雑で資金のかかる官許劇場の設立をめざさず、利益追求を優先する千葉の態度に、佐藤氏は千葉の「特異性」を見ている(29)。

また秋葉太郎氏は『日本新劇史』に、桜痴はやはり演劇改良会の会員だった渋沢栄一に劇場建設をもちかけた

図②　『都新聞』第2506号付録「歌舞妓十八番之内　勧進帳興行」明治26年5月17日（日本芸術文化振興会〔国立劇場〕蔵、NA081640）。外観はクラシック式だった第一次歌舞伎座の内部を示した絵。三階建で、桟敷・土間に履物を脱いで座る江戸時代以来の様式。中央にあるのは電気灯のシャンデリアである

が成立しなかったことを記している(30)。

もしこれが東京演劇会社の劇場として実現していたならば、渋沢とその周辺の実業家が多く関与して実際に明治四十四年（一九一一）開場した帝国劇場と近似したものが、木挽町に建設されていたはずである。帝国劇場が大正・昭和初期の東京の劇界に与えた具体的な影響を鑑みると、あるいは日本の劇場の西洋化が約二十年早く始まっていた可能性すら考えてもよいかもしれない。だが渋沢との意見が折り合わず、桜痴は千葉と組むことになった。資金を持つとはいえども、幕府以来の大政商であった渋沢と比較すれば、千葉は規模と格の違う実業家だったと言わざるをえない。

桜痴が歌舞伎座で実現しようとしたのは、千葉が吾妻座で提唱したのと文言は同じ「改良」であった。しかしそれは必ずしも具体的な内容を伴ったものではなく、いったい何をすれば「改良」になるのか、開場の段階ではまだ手探

りであった。開場時の番付の口上は桜痴の自筆を印刷したものであるが、以上を勘案して読むとその姿勢はやや及び腰だったといえよう。そのことをよく示す部分を抜粋してみる。

当座之建築は舞台其外にも改良を加へ一般の事柄に至る迄従来の旧習に泥《なず》まざる様にて致目的に候得共新規の事にて百事不慣《ふなれ》に付彼是遷延罷在候処諸君より本年中に達《たつ》而《て》開場致候様にとの御勧めに従ひ演習かたぐ所謂舞台ならしの心得を以て不取敢《とりあえず》此一場を当冬に興行仕候(31)

『歌舞伎新報』第一〇七二～七三号所載の劇評と雑報によれば、全幕が揃うのが二十九日からとやや遅れたという。明治中期の劇場の一般的な状況と比較して、この程度の遅れはそれほど甚だしいとは思われないが、内容についての不満は、たとえば『東京朝日新聞』十二月一日から五日に掲載された「歌舞伎座評(32)」のはじめに次のように記される。

随分改良で厶《ござ》ると改まつた御披露に改まつた眼で見て改まつて苦情を申さうなら申し処も少なからねど改良とつ端殊におし迫つての開場に先づ今度丈は舞台均《な》らし追々如何さまと感心する新作抔も見せて遣るとの事夫を楽しみに苦情を殺し

つまり「改良」と言いながらも「舞台均らし」として「感心する新作」がなく、新富座で以前に評判だった作品を改訂して間に合わせるのは、改良とは言えないのではないかという非難がここには隠されている。

いっぽう、歌舞伎座は新興の劇場であるにもかかわらず、開場から九代目市川団十郎、五代目尾上菊五郎、初代市川左団次のいわゆる「団菊左」をはじめとする、当時の東京で一流の俳優を揃えて興行を行っている。これは明治十年代の新富座から引き継ぐ特徴でもあるのだが、直接的には千葉の資金力により可能となったことである。だが、東京の歌舞伎史において、とくに団十郎と菊五郎を主力俳優としたことにはまた別の意義もある。

団十郎は市川家の後継者であると同時に、幕末の森田（守田）座の仮櫓（控櫓）河原崎座において座元六代目権之助の養子だった人物でもあり、明治元年に横死した権之助の悲願、河原崎座の再興を、七年に官立劇場として設立許可を得て、義弟を座元に立て実現した過去を持つ。また、菊五郎はもともと市村座の座元十三代目市村羽左衛門であり、座の経営難のため弟に座元を譲り、俳優専業となった。

江戸時代を通じて大芝居三座の中で比較的立場の弱かった守田座の後継・新富座が、苦汁を嘗めた他座の座元経験者、とくに団十郎と菊五郎を中心の俳優としたことは、江戸時代から続くほかの大芝居を吸収しつつ、主導的な立場に立ったのを象徴的に示すことがらであった。そう考えるならば、歌舞伎座が開場興行から、しかも新富座（当時は経営難のため桐座と改称）と掛け持ちでこの二人を出演させることができたのは、東京の諸劇場を主導した劇場と、経営開始の時点で同じ位置から走り出すことができたということでもある。しかも設立者は新富座に資金提供を行っていた人物である。

これが可能になった背景としては、守田が東京の主だった俳優を囲い込み、歌舞伎座の開場を妨害することを企図した「四座同盟」が、守田の資金難から頓挫したことによる。「四座同盟」の結成には代言人として田村成義が関与しており、玉川大学図書館が所蔵する契約書[33]によって契約の具体的な内容を確認することができる。周知のように、十一月初旬ごろ千葉が守田に直接二万円を渡し、団菊左をはじめとする俳優の歌舞伎座出演を承知させたことで「四座同盟」は崩壊したのだが、この金を渡した現場に田村は同席していた[34]。

以上の経過から見ると、劇場としての歌舞伎座の意義は次の三点に集約される。

(1)明治中期、政府の呼びかけを契機に具体的な成果を出す段階に来た、西洋を規範とする「改良」のひとつ「演劇改良」を、民間人が資金提供者を得て具体的に実行する劇場

(2)江戸時代の大芝居以来の伝統を持ちつつ、明治以降に勢力を伸ばしてきた他の劇場と拮抗して、東京第一の劇場となった新富座が失速した後継

(3)大芝居の座元の家出身でありながら、劇場維持が困難となったため座元としては残れず、俳優のみを続けることになった人々の主演する劇場

すなわち、江戸時代以来劇場が苦しんできた資金難から起きる諸問題と、明治初年から議論され続けてきた歌舞伎の「改良」を、同時に解決するべく出現した劇場が歌舞伎座であった。実際の興行は必ずしも「改良」の成果として評価されたわけではなかったが、守田の資金難により急速に衰えつつあった新富座から俳優を引き継ぎ、権威を保つことはできた。以降の評価をたどり、さらに現在まで至る歌舞伎座の歴史を振り返っても、改良劇場としてよりはむしろ大芝居の後継としての意義がいよいよはっきりしているところにこそ、事新しく言うことではないが、この劇場の特徴がある。

## 四　歌舞伎座と田村成義

つまり田村は歌舞伎座の設立当初から、運営の根幹となる俳優の出勤問題に関わらざるをえなかったのであるが、彼がその活動の足場を本格的に歌舞伎座へ移した時期を確定するのは困難である。それは歌舞伎座における田村の職名が一定していないためと、もうひとつは田村の編著『続続歌舞伎年代記　乾』や他の著作類に、自身の動向をはっきり記さない傾向が見られるためである。

しかし、千歳座から実質的に手を引いた時期はほぼ明治二十三年（一八九〇）初頭と推定される。それは田村の記述によれば、たまたま横浜行きの汽車で出会った守田とともに京都へ行かざるをえなくなったためである。守田の京都行の目的は、京都祇園館に団十郎を出演させるためであった。

祇園館の興行は団十郎を中心に、当時売り出し始めていた大阪の若手俳優、初代中村鴈治郎を出演させることになっていたが、鴈治郎が出ないと言いだし、京都の仕打《しうち》（興行主）「鹿の子屋」安田亥九郎から苦情が出るなどの問題が生じていた。田村は鴈治郎を説得し、安田と和解の機会を持ち、祇園館は一月十三日に開場する。二月まで興行は続くが、その間守田に預けられた桐座を開場させるため、田村は大磯に滞在していた菊五郎のもとにいったん立ち寄って話をし、京都に戻って様子を見たあと東京へ引き上げる。桐座が新富座に復称して開場するのは、守田が東京へ戻った三月二日である。ちなみにこの興行では河竹其水《きすい》の『神明恵和合取組《かみのめぐみわごうのとりくみ》』が初演され、菊五郎の滞在していた大磯の風景を取り入れた『名大磯湯場対面《なにおおいそゆばのたいめん》』が併演されている。歌舞伎座と新富座から鴈治郎を呼びたいと要請された田村は、五月に両座へ掛け持ち出演させるため奔走する。(35)

以上の状況から見て、田村が二十三年五月火事で全焼するまでの千歳座の興行に全力を注げたとは考えにくい。祇園館の一月興行以降、田村は守田を補助することに忙しく、実質的に千歳座に関与できなくなっていたと見てよいのではないだろうか。そして五月興行の状況から見て、このころから歌舞伎座への関与も本格的になったと考えたい。

二十四年、歌舞伎座の座主の一人であった福地が金の問題によって座主を降り、作者として関わることになる。この時期、守田は新富座の経営がまた立ちゆかず、深野座と改称して一時逃れをする状態であった。

二十五年一月には、この時期の田村と守田の関係をよく示すことがらがひとつある。『塩原多助一代記』の上演とそれ以降の問題である。このころ守田は、何度か歌舞伎座に関与する機会はあったが、その都度資金の浪費が問題となって絶縁していた。

『塩原多助一代記』は三遊亭円朝の作を、三代目河竹新七の脚色で上演したものである。円朝をはじめとする三遊連の総見もあり、小学校に筋書を印刷したものを送付するといった斬新な広告を打ったこともあり、五日間日延《ひのべ》をする大入であった。もちろん、世の中のためになる落語の噺を歌舞伎が劇化したと、劇場自らが広告したところに、この作品と歌舞伎座という劇場の特色も表れている。この時の利益のうち千円を、田村は守田に「心祝い」として渡し、内の用に使うようにと言ったのだが、守田はその金で深野座の興行を開けた。しかし連中見物の申し込みについて茶屋が揉めたため、途中で閉場せざるをえなくなった(36)。

この成り行きからは、急速に守田の影響力が低下している原因は、長年の負債とそれを解決できない経営姿勢によるものであること、および二十三年以降の歌舞伎座における田村の役割は、資金難で活動不能になりつつある守田に代わるものであり、歌舞伎の内容に必ずしも明るくなかった千葉を助けつつ興行の組み立てを考え、実際的な運営に関与することであったのが読み取れる。二十八年、正確な月日は不明ながら、田村は代言人登録を取り消す(37)。歌舞伎座の興行に専念する意志を固めたものと見てよいだろう。

そして明治二十年代末、田村の歌舞伎座における活動の総仕上げとして行われるのが歌舞伎座株式会社の設立である。この経緯についてはすでに論文化したことがあり(38)、現在それ以上に新たな事実が判明しているわけでもないので、くわしくはそちらをご参照頂きたいが、概略を述べると以下のようになる。

歌舞伎座株式会社は明治二十九年(一八九六)二月から四月にかけて設立され、会社の創業総会は四月八日に開かれた。この会社は、千葉勝五郎から七万五千円で歌舞伎座の経営権を譲り受けたものである。千葉の個人経営から、株式に分割した資本金をもとに、取締役会によって経営される近代的な株式会社の形態に移行したことに意義がある。

この会社の初代社長となった皆川四郎は、明治九年に免許を所得した代言人であり、渋沢栄一とは妻同士が姉妹であった。そして実質的な二代目の社長となった井上竹次郎は当初から取締役会に参加しており、団菊を贔屓とした伯爵後藤象二郎の妻の弟でもある。そして取締役会の他の人々の履歴を検討すると、渋沢もしくは後藤に近い立場を取る実業家たちがそれぞれ複数参入している。

田村は会社設立について直接発起人とはなっていないが、四月までの間に発起人代理あるいは株主として関与していることが確認される。あえて表に立つ役職につかないのはいかにも彼らしい関わり方である。

しかし皆川と井上の対立が七月から八月にかけてはっきりし、田村は皆川についた。井上についたのは福地と、最晩年の守田であった。十二月十一日には専務取締役を皆川から伊藤謙吉という人物に変更する届が農商務省大臣宛に提出され、三十年四月十七日、伊藤から井上に再度変更する届が出される。ここから明治四十年まで続く井上の時代が開始される。それはとりもなおさず、皆川と田村の失脚を示すものであった。

明治二十九年四月の会社創立から、十月に開かれた第一回株主総会までの経緯を検討すると、明治二十二年の劇場設立当初に結局関与しなかった渋沢栄一の影をあちこちに見ることができる。とくに田村と皆川の接近から、田村には、歌舞伎座への渋沢の関与を容認する意向があったと考えることも可能であるのかもしれない。しかし明治二十九年の終わりに、田村は皆川とともに歌舞伎座をいったん離れた。

こののち彼は、自身で記すところによれば、大阪の秋山儀四郎が計画した角座・浪花座を合併した道頓堀演劇会社の設立に関与するため東京を離れる。井上竹次郎の説得もあって歌舞伎座に復帰するのは三十二年のことになる。

## まとめ

ここまで、歌舞伎興行師田村成義と、東京に出現する大芝居の後継であり改良劇場でもある歌舞伎座について、明治二十年代末までの概略を述べてきた。

歌舞伎興行師としての田村の特徴は、まず第一に、はじめは劇場で起きていた負債問題を解決する代言人として、いわば歌舞伎の外部から内部の問題を解決するために劇場に関与したことである。かえりみれば彼の先達であった十二代目守田勘弥も、実父は中年から俳優となり、市村座ついで守田座の帳元となった中村翫左衛門で、家系的には歌舞伎に外部から関わった人物であった。しかし守田が、守田座のちの新富座の経営に携わるには、十一代目の養子となって座元を世襲する形を取らなければならなかった。

田村はそのような手続きを踏むことなく、守田と知己を得て劇場の仕事をはじめ、興行師として千歳座ついで歌舞伎座に関わるようになった。千歳座に入った直接のきっかけは菊五郎の招聘による。しかし同時に、千歳座には父祖の代から新富座の人である鈴木万蔵も関わり続けているので、新富座と完全な敵対関係にあるわけでもなかった。そのため田村の歌舞伎興行への関与は、守田の穴を埋めることからはじまり、じょじょに活動できなくなった守田に代わって範囲を広げていったと言うのがふさわしいように思う。

そして第二の特徴として、田村の興行への関与のありかたが変化する際には、必ず俳優の出演契約、負債問題、会社の設立といった、代言人としての——ということは歌舞伎外部の専門家としての——経験と知識が必要な事件が起きていることが挙げられる。

これらは結局、明治以降の政治・経済の激変と劇場間の競争によって起きていた劇場の経営難に起因するものである。幕末までの江戸の大芝居におけるそうした問題は、座元、俳優、金方、茶屋の間の金の融通によって解決が図られるものであり、たとえ解決不可能な場合でも、当事者のいずれかが劇場の管理を行う奉行所に訴えることで櫓交代などの措置が取られ、負債が重なっても劇場は代表経営者の名義を変え、経営を続行した。

しかし維新後の政治・経済の変化に伴い、劇場の管理体制が変化したことで、負債問題は裁判所で行われる民事裁判の対象となり、世間一般に行われるようになった株式会社方式が劇場経営でも試みられるようになった。そうした場合に必要とされた、とくに代言人（弁護士）のような、民間にあって公に関わる仕事の専門家が歌舞伎に関心を持っているなら、そういう人が劇場の経営にも具体的に関与することは、いわば当然の成り行きだった。

田村が興行師として実績を積みはじめたところで、千葉勝五郎と福地桜痴という、これも江戸以来の大芝居の経営経験はない二人が「座主」となって設立した劇場が、歌舞伎座である。歌舞伎座は当初から歌舞伎の「改良」を目的に掲げつつ、江戸の大芝居を後継する役割も持つ劇場であった。田村はこの劇場に、いわば守田からその役割を引き継いで関与した。江戸時代には、限りなく形式的であっても歌舞伎の劇場は親族間で世襲されることが通例であった。しかしここに、歌舞伎の内側で育ったのではない人々が築いた、大芝居の後継劇場が誕生した。

たとえば江戸時代後期の金主としてよく知られる大久保今助は、先考によって外部から劇場に関与した先駆的な存在とされてきた。しかし以上のようにたどってくると、興行許可・劇場設立の過程や経営方法の相違を考慮して、近代以降に外部から劇界に入り、劇場を新たに設立した人々と直結させるのは難しいことが明らかになるだろう。

小櫃万津男氏は『日本新劇理念史』の第二章第五節⑤「改良劇場としての歌舞伎座」において、この劇場に

「部外者」の福地桜痴が座主兼作者として関与したことに意義を見ながらも、結局は「旧歌舞伎の牙城」となったことを「功罪相半ばする」ものとし、「理念的には優れていながら現実においては実現せず、現象的には意義がありながらその意義を生かすことができなかったという感が深い」とまとめている(39)。歌舞伎を含めた近代以降の新たな演劇を展開させたはずの場として歌舞伎座を考えるならば、そのように評価するしかないと筆者も考える。

ただ江戸からの歌舞伎史上の接続を考えるならば、この劇場に大芝居の後継としての意義はあったことも、また事実である。そのことにはおそらく、「劇場」という上演のための物理的な囲いを、時代の変化に合わせて新たに造り替えようとした試みすら、既存の価値基準の中に置き直して組みこんでしまう、かつて歌舞伎という演劇が持っていたバイタリティの強さを見ることができるだろう。

千葉の個人経営となった歌舞伎座で、田村が明治二十年代の総仕上げとして関わるのが二十九年の株式会社設立である。初代社長の皆川を田村が支え続けられたならば、あるいはさらに政府寄りの実業家が多く参画する歌舞伎座が誕生した可能性も考えられるのかもしれない。しかし皆川の失脚によって、田村は歌舞伎座をいったん去った。この年の五月には鈴木万蔵、翌三十年八月には守田が亡くなっている。明治二十年代末は、江戸の大芝居の興行関係者が姿を消しはじめた時期でもあった。歌舞伎座の座頭である九代目市川団十郎と五代目尾上菊五郎にとっても、続く三十年代は生涯の晩年である。

三十二年に田村が戻ってくるのは大芝居からその役割を後継し続ける歌舞伎座である。その後も彼は、三十六年の団菊の相次ぐ死去、次世代の俳優五代目中村芝翫（のち歌右衛門）らとのときおりの確執を含みながらの興行の継続、新演劇・新派との対立と連携、明治四十年代急速に勢力を伸ばしてきた松竹との角逐など、多くの課題を背負った。そして四十四年に一度危機を迎えたのち、大正二年、松竹に歌舞伎座の興行権を譲渡する。

総じて言うならば、江戸東京における大芝居の「外部」から現れた人々が、大芝居の凋落に伴ってそのあとを継ぎ、歌舞伎を興行する成り行きとなったのが明治中期であった。そして彼らから中継を受けて明治末から東京で走り出す松竹の白井松次郎・大谷竹次郎は、もともと母方の祖父、父が相撲興行、次いで京都の中規模の芝居に関与した履歴があり、十代のころから仕打として興行の経験を持っていた。

従来松竹の進出は、上方というさらなる「外部」が東京へ進出してきたものと考えられてきた。筆者自身そのように何度も書いてきた。座元が代表者として劇場の興行に責任を持つ体制と劇場に仕打が入って興行を行う体制の違い、また江戸東京と上方の慣習・風土性の違いなど、比較して考慮すべき点は多々ある。

しかし近代の歌舞伎興行史を江戸からのつながりで検討する場合、それは「外部」からの侵略であると同時に、「家業」としての劇場経営が形態を変えて回復されたものととらえることも可能なのかもしれない。そしてその回復は、劇場の資金難について実効的な対策を立て、改良を標榜し、近代的な会社組織により劇場を経営する、まったくの「外部」からの関与を経たのちになされたものでもあった。田村成義は、その過程に関わった人物のひとりだったのである。

（1）「行政の諸相」、倉田喜弘編『日本近代思想大系　十八　芸能』岩波書店、一九八八年。
（2）本章の田村成義の個人史に関する記述は、以下の本人の著作によるところが多い。以下、典拠としての表記は「題名もしくは略称（回数）」とする。
・「興行者としての三十年間」（以下「三十年間」）……『歌舞伎』第九四（明治四十一年五月）から第九九（同年十月）号に（一）～（六）、第一〇二号（四十二年一月）に（七）、第一〇三号（四十二年二月）に（八）、第一〇七（同年六月）から第一一一号（同年十月）に（九）～（十三）、第一一九（四十三年五月）から第一二四号（同年十月）に（十

四）〜（十九）、第一三四号（四十四年八月）に（二十）。全二十回連載。
・「歌舞伎座物語」……『演芸画報』明治四十三年八月から四十四年三月、中断を挟みながら全五回連載。
・「歌舞伎座今昔物語」……『新演芸』大正五年三月から六年十月、全二十回連載。
・「私と芝居」……『演芸画報』大正七年七月から八年五月、全十一回連載。第四回から回数の表記がなくなり副題を記すだけになる。
・『無線電話』……『歌舞伎』『演芸画報』に断続的に連載。『演芸逸史　無線電話』（玄文社、大正七年）として田村の生前に部分的にまとめた本が刊行。『芸界通信無線電話』（青蛙房、一九七五年）は各誌に連載された全回を収録。本章では青蛙房版を参照している。

（3）嘉永七年近江屋版「日本橋南京橋八丁堀霊岸島辺絵図」、『別冊歴史読本　江戸切絵図』新人物往来社、一九九四年所収。

（4）以下のものを使用した。
『日本現今人名辞典』（原本は明治三十三年、高野義夫『明治人名辞典Ⅱ』日本図書センター、一九八八年所収）、『現今日本名家列伝』（日本力行会、明治三十六年）、『成功名家列伝』（国鏡社編輯部、明治四十一年）、『当代紳士伝』（帝都交進社、明治四十二年）、『現代人名辞典』（中央通信社、明治四十五年、復刻『明治人名辞典』日本図書センター、一九八七年所収）。

（5）『福井県医学史』福井県医師会、一九六八年。

（6）「三十年間（二）」、「私と芝居（一）」。注5。

（7）奥平昌洪『日本弁護士史』有斐閣書房、一九一四年。巌南堂書店、一九七一年の復刻版があり、筆者はそれを参照した。

（8）「三十年間（二）」、「私と芝居（二）」。「川上音二郎」（『無線電話』青蛙房、一九七五年）では「明治二年以来劇界の人と交際をして」と言っているが、こちらは初出時には田村の口述であることを明記しない（架空の人物に仮託した）著作のため、ひとまず三年説を採る。

（9）『別冊歴史　読本江戸切絵図』新人物往来社、一九九四年所収。

（10）「三十年間（二）」、「私と芝居（二）」。

（11）中村文也氏蔵。日本弁護士連合会『弁護士百年』（日本弁護士連合会、一九七六年）にも写真がある。

（12）『万朝報』明治三十二年十月二日から三十三年二月十三日掲載、緒言を含めて全九十五回。誤記や事実誤認が多くあり、使用の際は他の伝記と校合する必要があるが、最古と思われる十二代目勘弥の伝記。たとえば伊原敏郎『明治演劇史』で、明治五年の守田座の新富町移転について小林蜃気楼「守田勘弥」によったとする抜粋は、比較するとこれが典拠である。『無線電話』「十二世守田勘弥」によれば、小林の名は天竜ともいったらしい。『万朝報』記者で劇評も書いていたようだが、履歴の詳細は不明。

(13) 現在国際日本文化研究センターのウェブページ上で利用することができる（登録制）。「明治元年から明治二十三年までの民事判決原本の全文を画像化」（ページの説明文）したもの。

(14) 尾上梅幸「唯一の恩人」、『演芸画報』大正九年十二月。

(15) 石塚豊芥子編『続歌舞妓年代記』広谷図書刊行会、一九二五年。

(16) 『続続歌舞伎年代記　乾』市村座、一九二二年。

(17) 佐藤かつら氏『歌舞伎の幕末・明治――小芝居の時代』ぺりかん社、二〇一〇年。

(18) 木村錦花『興行師の世界』青蛙房、一九五七年、九三頁。

(19) 明治十九年二月十七日裁判言渡書東京控訴裁判所第二十二号「貸金催促事件控訴」など。

(20) 明治十四年八月十九日裁判言渡書東京裁判所民第二千四十四号「貸金催促ノ訴訟」、明治十四年十二月二十四日裁判言渡書東京上等裁判所第二千四百十七号「貸金催促ノ詞訟控訴」。

(21) 『通常会答弁参考書〈議事課〉明治十八年度』（614.B2.13）所収。原資料は無題。館のデータベース上で付された仮題は「新富座他劇場に関する表二つ」。

(22) 神山彰氏『近代演劇の水脈――歌舞伎と新劇の間』森話社、二〇〇九年、三〇四頁。

(23) 『絵入朝野新聞』明治十七年八月二十九日から十月二十二日連載、全四十回。ちなみに連載をまとめた本は同年十月廿日御届・十一月出版。編集人中村邦太郎。出版人野村銀次郎。発兌元鶴声社・滝野屋。序文・蒼海漁夫。

(24) 『続続歌舞伎年代記　乾』四二一頁。

(25) 尾上菊五郎「団十郎等と競争して勝つ」、『尾上菊五郎自伝』時事新報社、一九〇三年。

(26) 拙稿「明治の座元――中村座と千歳座の問題を中心に」、『歌舞伎　研究と批評』第五八号、歌舞伎学会、二〇一七年四月。

(27) 木村錦花『守田勘弥』新大衆社、一九四三年、六〇八頁など。

(28) 松本伸子氏『明治前期演劇論史』演劇出版社、一九七四年。小櫃万津男氏『日本新劇理念史　明治前期篇』白水社、一九八八年など。
(29)前掲『歌舞伎の幕末・明治――小芝居の時代』第二章第二節「明治二十年前後の小芝居」。
(30)秋葉太郎氏『日本新劇史』上巻、理想社、一九七一年再版、一七四頁以下。
(31)辻番付(早稲田大学演劇博物館蔵、ロ22-67-11)による。
(32)無署名。大正期まで『東京朝日新聞』に劇評を書いた饗庭篁村(竹の屋主人)は明治二十二年朝日に入社しているが、饗庭の入社が公表されたのは十二月十七日なので、別人の執筆と推定する。
(33)『東京四座俳優契約証』(W 774.5 トW 14883)。
(34)「三十年間(十三)」「歌舞伎座今昔物語(一)」「私と芝居(十)」。木村錦花『近世劇壇史 歌舞伎座篇』中央公論社、一九三六年、一八頁。『東京朝日新聞』明治二十二年十一月十四日によれば、金を渡した日は十一日ごろと推定されるが、錦花によれば、歌舞伎座の表に開場を知らせる看板が出たのは三日とする。現時点では初旬と考えておく。
(35)「三十年間(十四)~(十六)」「私と芝居(十一)」。
(36)「三十年間(十八)」「歌舞伎座今昔物語(二)」。
(37)『日本現今人名辞典』明治三十三年、復刻は『明治人名辞典Ⅱ』日本図書センター、一九八八年。ちなみに明治二十年代、田村は銀座に住んでおり、人名辞典類によれば遅くとも三十六年には築地に住んでいる。大正期は同じく築地に金水館という旅館を開いてそこに住んでいる。正確な移転時期は不明である。後述するように三十年代はじめ、彼は大阪に二年ほど移る。築地に居を構えるのは大阪から戻った後と推定している。
(38)拙稿「歌舞伎座株式会社の設立――その再検討と評価」、『演劇研究センター紀要Ⅲ』早稲田大学演劇博物館21世紀COEプログラム刊行物、二〇〇四年一月。
(39)小櫃万津男氏『日本新劇理念史 明治前期篇』白水社、一九八八年、四八六頁。

# 第4章 松竹と東宝

## 関西資本の東京進出

神山 彰

## 一　対比と誤解

この十数年、宝塚人気と関連して、小林一三《いちぞう》の関連書は多いが、松竹の白井松次郎・大谷竹次郎兄弟への言及はほとんどない(1)。これは明らかに公平を失しており、実態にあまりに即していない。興行の先行企業である松竹抜きに、小林の発想も、東宝の成立もあり得ない。

しかも近年の小林論のほとんどは、宝塚だけで、東宝演劇を論じない。東宝国民劇も東宝劇団も、宝塚新芸座も触れずに小林を論じるのは、その時代の演劇構造の文脈では意味がない。また、小林や宝塚の論者の多くは、松竹や白井・大谷や松竹歌劇を知らない。つまり、東宝中心に自立的に考え、松竹を副次的に見るか、全く念頭になく、関係性を見ない。

しかし、明治末から大正期に演劇興行を「近代化」したのは、松竹の兄弟である。

他ならぬ雑誌『東宝』連載の、佐藤力《りき》「プロデューサー列伝」にあるように「東宝は松竹が敷いた興行戦略――俳優の専属制度と地方劇場のチェーン化という路線を、むしろ忠実に模倣することで、短時日の間に興行勢力として大をなした」ので、「東宝の興行的成功の秘密は根本のところでは自分の劇場で自分の作品を自分の手で興行するという松竹のやりかたを踏襲したところにある(2)」のだ。

現代の日本では漠然と、劇場経営と興行活動は車の両輪のように思われるが、それは松竹創業の白井松次郎・

大谷竹次郎兄弟と比較される、シューバート兄弟が二十世紀初めにアメリカで活躍し始めて、「興行資本」という一括した株式会社という組織化された企業となってからである。今でも劇場所有と興行主体は別なことが多く、「丸投げ」「丸買い」の習慣は少なくない。

松竹の東西劇壇制覇が実現したのは、新派と映画（活動写真）の時代だったことも大きい。ともかく、松竹のお蔭で、興行界は高利貸しや好事家の集まりとは別の、社会的信用を得る「企業」として認知されたのである。松竹は、劇場経営と興行運営双方を同時に行うという合理的な知恵と力量によって、それをなしたのだ。松竹が、「商業演劇」のジャンルを広げ、地盤を築いて、演劇人口を拡大していたからこそ、それに対抗する小林一三の東京進出も可能だった。

小林は甲府の名家の出で、慶應義塾出身だから人脈は各界に豊富である。阪急系列どころか、東京電力、日本軽金属など産業界の広範に及ぶ大実業家であり、さらに大臣まで勤めた政治家で、一方茶人として「数寄者」風の人生も見せた生涯を送った。また、全集がある著述家だから、自己の正当化は得意であり、資料も先行研究も多い。

それに対して、大谷・白井は、しがない劇場の中売り（売店）の息子で、学歴などなく、著述がある訳でなく、ただひたすら興行の世界に生き、小林に比べれば世界が限られている。伝記も、当人の回想を中心に、周囲が書いた評伝があるだけで、資料も乏しい。

小林は批判されても、戦略的に理屈でやり込める文章を書ける学士で、インテリの言など煙に巻く才能も処世もたけていた。一方、大谷・白井は、無学な商人であり、反論はするものの、結局は「そなこと言うたかて、多くの社員を養うためには、たいへんやさかい」というようなことで応戦することになる。

つまり、本を書く立場からは、小林の方が圧倒的に有利なのだ。だから、山口昌男は「小林は潤沢でない資金

図① 大谷竹次郎（右）と新派俳優・静間小次郎（『東宝』第56号、1971年6月）

をやりくり」していたと信じて、白井鐵造《てつぞう》引き抜きを試みた松竹には「何を言うかと怒りを覚え」ている。山口は、大谷のした「歌舞伎界の復興という偉業」を認めるが、「無定見、金権主義、御都合主義」は「松竹の体質」と根拠を挙げずに罵倒する。[3]

この言はいくつかの点で間違っている。一つは「引き抜き」は、誰もが知る長谷川一夫の一件を筆頭に東宝はじめ各社のお家芸であり、一般社会や大学でも行う訳で、これに「怒りを覚え」ていては身が持たない。また芸術家の欧州研修は東宝だけと山口は書くが、松竹の田中良《りょう》、松居松翁《しょうおう》、二世猿之助らの研修派遣に触れないのは調査不足で不公平である。小林の著名な株買い占めや後述する人脈や策略も[4]、山口は知らなかったのだろう。

二つには、松竹の演劇を歌舞伎と結び付けてしか認識できない点である。松竹の演劇ジャンルは、本シリーズ各巻で触れたが、新派、家庭劇、少女歌劇、新喜劇など多彩である。「松竹が劇壇制覇の緒についた頃は、より斬新でアップ・トゥ・デイトな新派興行が武器[5]」と佐藤力が指摘するように、松竹は新派で地歩を築いたのである。「私が芝居道に体を入れた当時は新派劇にすこぶる興味を持っていました」と大谷自身が述べ、最初に手をつけたのは歌舞伎だが、「新派の前途は至って広く、しかも、充分に開拓の余地があるやうに考へられた[6]」と続けている。

大谷の業績については、山口廣一のさすがにモノの違う追悼文を引用したい。

大谷竹次郎は明治から昭和にわたる日本の演劇（映画も含めて）を独占して、百の背徳を犯したことだろう。だが、その半面、また百の善根をも集積したに違いない。これでこそ企業家の典型だ。一つの背徳すらも為し得ないような人間は、一つの善根すらも為し得ない愚物であろうからである。(7)

もちろん、大谷・白井と同様か、それ以上に偉大な実業家である小林も「百の悪徳」を行ってきた。小林は「近代演劇」を周辺文化との関連で考える上で魅力ある巨大な存在だが、「芸道物」好きの私としては、立派な学閥人脈を生かしきった小林よりは、そんなものは皆無で「裸一貫」から身を起した大谷・白井の生き方に共鳴するのが正直な心情ではある。それを前提に、本章では、松竹・東宝の特質と相違点、小林についてはあまり触れられない「盲点」について、できる範囲で触れたい。

## 二　松竹以前の関西興行界

松竹が登場する以前の東京の興行界については、第1章で簡単にではあるが触れた。そこには、ともかくも十二世勘弥《かんや》がおり、田村成義《なりよし》がいた。ただ、東京でも、勘弥、田村以外の興行師に、先見性と意気地がなかったからこそ、松竹の進出があったと言える。第1章で述べたように、松竹の東京進出時には、勘弥の力は衰えて、田村が「将軍」の異名を取っていた。

田村の狡猾さについては、白井や大谷側からの回想を読むと、まるっきりの敵役である。

しかし、「芸道物」的な視点からすると、関西のどうしようもない「やくざ」な世界の修羅場をくぐってきたからこそ、田村の因循姑息にも耐えられたとも思える。また、田村も晩年には大谷を認め、大谷も田村に敬意を表したのは、彼らが成功したからそういえるのだが、これも芸道物によくある敵対者同士の和解を思わせる。

松竹以前の興行は、近代的意識から見れば、様々な意味で「やくざ」な世界ということがいえよう。つまり、我々が自明のように受け入れている、著名な劇場は毎月興行しているということ自体が、当時は受け入れがたかった。田村成義は、興行は、機を見て当てる「狙い撃ち」でやるものだと大谷竹次郎に言い、毎月定期興行する松竹を笑っていた。それが、高級サラリーマンが経営陣の帝劇と、たたき上げ商人の松竹が、毎日出勤する「企業」としては当然のように、毎月の興行を企画したのである。「やくざ」な稼業の「だらしなさ」「危なさ」は、「狙い撃ち」とも「賭博性」とも関連するが、その観客の欲求の反映でもある。

松竹が制覇する以前の明治末の関西の興行界は、京都・大阪で事情が異なるが、堂本寒星《かんせい》『上方演劇史』（春陽堂、一九四四年）にあるように、三栄《さんえい》（三河屋妻吉）と大清《だいせい》（大和屋清吉）が二大勢力だった(8)。近年では神田由築「明治期道頓堀劇場の経営」（『大阪商業大学商業史博物館紀要』第一二号、二〇一一年）という詳しく解り易い論考もある。そこで引用されている三田純市『遥かなる道頓堀』によると、白井松次郎の改革は、興行時間の短縮だが、それは終演を早くするのでなく、「開演時間を遅くする」ことだった。当時は午後一時から十時間以上も続く公演で、芝居茶屋が様々な利潤を得る。それを短縮すれば、収入減に繋がる。それが、大きな反発を呼ぶ。

これは観客の質とも関わることで、小山内薫は、こう書いている。

異なつているのは場内の空気だ。見物人の態度である〔略〕開幕中であらうが何であらうが構わず拳でも打つて居る〔略〕全るで宴会〔略〕東京程人の出入が目まぐろしくなく、割に静かだとも云へるが、と云つて本当に芝居を見て居る次第ではない〔略〕大阪では劇場では芝居等は何うでも好い、唯贅沢を仕に行く所〔略〕唯娯楽としてだけでも芝居を見る人が少ない(9)。

それを改革するのは、白井・大谷の回想を読む限りでは、いかにも乱雑でアブナイ世渡りである。

京都南座の興行師・安田彦次郎でさえ、「芝居が好きでこの道をやっているわけではなく、多くの興行者と同様、舞台のことは奥役や頭取にまかせっきりで、花を引くとか、バクチをやるとか、遊ぶ方に夢中のたち[10]」だった。しかも、木戸口には、用心棒として付近の遊び人、つまりゴロツキが頑張っていて、「一種のナワ張りをつくっている」ので、「ドスをふところにした連中と命がけの出入りになるというのが、興行の仕事にはつきものだった」。そういう「興行界のダニ退治」のために、大谷は「警察の了解を得て、護身用のピストルを持って歩いた[11]」という。

その一方、松竹兄弟は、第1章で触れたが、京都演劇改良会にも参加し、高木文平会長（京都電気鉄道会創創設者）を後ろ楯にする「政治力」もあった。政・財・俠の各界を巧みに絡め、芝居好きの松竹兄弟が興行を「合理化」していく過程は、二人の評伝に詳しく述べられている。

東京でも大谷は抜かりなく人脈を築き、義太夫に一家言ある政界・実業界の黒幕、杉山茂丸《しげまる》（其日庵《そのひあん》）を頼り、その紹介で蒲田撮影所の土地を入手し、日活の実権を握ったりした[12]。

## 三　土地と街づくり――「芝居町」から「娯楽街」へ

「何々土地興行会社」という名称が各地にあるように、第一章で述べた「俠客」とも関わるところだが、興行の基礎は土地にあった。近世以来、興行は街つくりや土地と結びついている。

松竹の白井松次郎は、大正十年（一九二一）「千日土地建物会社」社長に、昭和四年（一九二九）には「松竹土

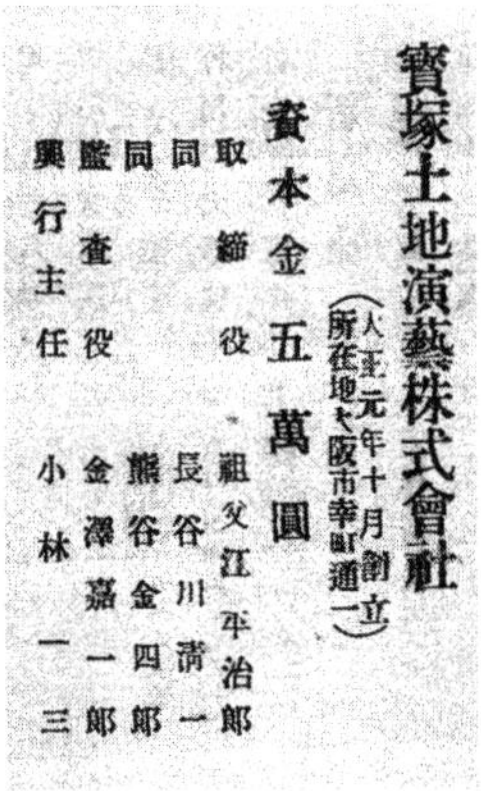
寶塚土地演藝株式會社
（大正元年十月創立 所在地大阪市幸町通一）
資本金五萬圓
取締役　祖父江平治郎
同　長谷川清一
同　熊谷金四郎
監査役　金澤嘉一郎
興行主任　小林一三

図②　高沢初風『現代演劇総覧』文星社、1918年

図③　1937年12月、東京楽天地・江東劇場開場公演（『東京楽天地30年小史　1937-1967』東京楽天地、1967年）

地建物興業株式会社」社長に就任している。関連の別会社「千土地興業」は戦後、松尾國三が継承し、昭和三十八年（一九六三）「日本ドリーム観光」と改称するまで続いた。

東宝は、阪急電鉄周辺の開発に由来するから、土地不動産との関わりなしに発展しない。小林一三はそこで剛腕を奮った。猪瀬直樹『土地の神話』は、東急・五島慶太との関わりで、小林の土地への執着を興味深く描いている。第一、小林一三の『逸翁自叙伝』は、実に気持ちよいほど、土地と金の話に充ちている。だからこそ、彼は稀代の興行師にもなれたのだ。それは、小林が執着した「街づくり」に関係する。それは鉄道の属性であり、周辺不動産開発と絡んで、付加価値を上げるにも、きわめて重要なのは、宝塚で例証される通りである。小林は「宝塚土地演芸株式会社」の「興行主任」［図②］として少女歌劇の脚本を書き、上演したのだ。

一方、東京では、渋沢栄一との田園都市構想にも携わり、下町では錦糸町の「東京楽天地」［図③］の構想で開発にも取り組んだ。那波光正によると、小林は、その構想でも、両国ではダメで、隅田川と荒川の中間地という錦糸町の地理と交通に拘ったという。(13) 宝塚歌劇も一時は、錦糸町の江東劇場で公演した［図④］。

松竹との差は基幹産業の有無にある。松竹は鉄道に絡む「開発」

の必要はなく、既に繁華な土地として機能している町に基盤を築くのが重要なのだ。

それが松竹・東宝両社の資産価値にも関わった。小林は東京進出時の昭和八年（一九三三）、「日比谷土地建物会社」も設立する。明治末に松竹が進出した浅草と、昭和初期に東宝が進出した有楽町・日比谷では、後年には「不動産価値」の差がつく結果にはなった。

また、東宝の東京進出は、関東大震災後なのも大きなメリットだった。松竹は、大正十年（一九二一）に第二次歌舞伎座を漏電による火災で焼失し、奮起一転再建した歌舞伎座をはじめ、東京市内に着々と築きあげ、入手した十以上の劇場を、一つを除き、関東大震災で失った。映画の蒲田撮影所も含め、損害は、当時で一千万円以上といわれる。それら多くの劇場を、数年で復興した大谷の手腕と精神は、感嘆すべきものに思う。

図④　江東劇場での宝塚公演（『東京楽天地 30 年小史　1937-1967』東京楽天地、1967 年）

東京進出時の小林には、その損失はなかった。

第二次世界大戦の東京大空襲でも、東宝の劇場は、日劇、東宝劇場、帝劇ともに被害を受けず、松竹の劇場は、東京劇場を除き再び全滅した。ここでも、大谷は、また歌舞伎座を第二次以降のイメージを保った破風屋根付きの建築として再建する「不屈の精神」を見せる。

もっとも、小林が昭和初期の東京進出に際して、側近の大原由紀夫『小林一三の昭和演劇史』（演劇出版社、一九八七年）にあるように、小林が「最も低級なる娯楽場」（『日本歌劇の第一歩』）と書く浅草を最初目指したのは意外である。関東大震災後の東京では、重心が下町から山の手、郊外に移ったことは、小林は当然承知していた。しかも、浅草は近世以来の寺社地で、見世物、芝居と様々な興行で栄え、新門辰五郎以来の領分があり、明治期の政府の公園地計画があった。根岸興行に加え、松竹の興行地があり、小林とは全く違う趣味での「アミューズメントセンター」は既に隆盛し、浅草オペラの全盛も過ぎていたのである。

それでも、そこに参入する目算は、関西の土地開発で百戦錬磨の小林にはあっただろう。しかし、裏事情はともかく、浅草に縁深い東武鉄道の根津嘉一郎が松竹の方に付き、断念に追い込まれたとされる。

しかし、それがかえって幸運だったのは、小林の以後の展開を見れば納得いくところである。浅草に進出できても、彼の街づくりはできなかったし、東京での宝塚歌劇のイメージも、随分異質になっていただろう。

その後、小林は、自分が社長だった東京電燈（後の東京電力）の土地に東京宝塚劇場を開場した。そこから、彼は本領である街づくりに邁進して、「有楽町アミューズメントセンター」構想を実現する。それが、現在の日比谷から築地に至る、松竹・東宝の興行が合体した「「東京アート&ライブシティ」構想」に結びつく。

江戸の「芝居町」以来の隠微な快楽から、近代の「娯楽街」の健全明朗な娯楽へ――この街づくりの発想は、興行師にはない、実業家のものである。

宝塚歌劇が、元来は周辺土地開発の「総合娯楽施設」「レジャーランド」構想の一環だったことは知られている。小林は、他の大劇場が一等席三円の時代、一円あれば一日楽しめる国民娯楽を唱える。阪急電車の往復料金や周辺のレジャー施設での飲食などを合算して、顧客が落とす金の計算があるから、それができる。百貨店経営も、近世以来の呉服店から展開した老舗は鉄道の駅から距離があるが、駅に隣接して作ることでの相乗利益を考える。これが後に見る日劇の経営に繋がる。

松竹の興行や入場料はそういう換算はできない。大谷は、それでも当初関心を示さなかった映画に食指を動かしたことで活路を見出し、基盤を確実なものにした。小林のように、強力な学閥に加え、元は三井の銀行で地位を築いた人脈が前提の人間とは違うのだ。

## 四　大谷竹次郎

### 1　「芸道物」的人生

「貧しい陋巷の子として生まれ、芝居以外の世界を知らず、身を立て世に出るには、働く以外に道はない(14)」。「儲かるとわかっていても」、世間から見れば「興行者に資金を融通する銀行はな(15)」く、「大谷は、いわゆる高利貸といわれる金融業者から、事業資金を借りて、松竹を大きくしてきた。大谷が少年時代にスタートした芝居の世界が、そうだったからである。自分は身体をもとでとして働き、金貸し以外の、他人の世話にはならずに社会を渡ってきた(16)」のである。

帝劇の山本久三郎は、大谷を尊敬するのは「証書とか契約書とか云ふもの」なしが多い芝居の世界で、「然諾を重んずる」こと、「一度も違約」がないと言っている(17)。私の芝居の世界での経験から補いたい。稽古の初日の「顔寄せ」で頭取の音頭で手締めをするのは、現在では形式に過ぎないが、古老から、文字通り「これで手を打つ」という契約の意味なのだと教えられた。仁侠映画で「手打ち」は見ることができるが、リテラシーの問題もあり、興行の世界で一般の「証書とか契約書」はないのが普通だったのだ。

著名な映画脚本家の成澤昌茂は、歌舞伎の新作を初めて書いた昭和三十三年（一九五八）、大谷と会った際の印象を実に鮮明に描いている。「錦之助（萬屋錦之介）の映画を見て、シナリオが気に入ったので来てもらった……さあ、握手をしよう。あなたね、歌舞伎を書きなさい。ヒノキ舞台だ。いいですか、この握手は契約。約束しましたよ[18]」と言ったのも、その意味なのだ。

そういう人生を生きて来た大谷竹次郎は、昭和三十年（一九五五）に文化勲章を受けた際にこう述べている。

大谷が文化勲章をもらうことは、私個人としても勿論うれしいが、これは、私一人がもらったのではない。いやしめられ、さげすまれてきた日本の演劇界に与えられたのであって、これは本当に嬉しい。私は日本の演劇のために、心の中で万歳を唱えて、宮城へまかりでたのです[19]。

この言に、「学校教育をまともに受けたわけでもなく、いわば無教育もので、仕事一方できた[20]」という、大谷の深いルサンチマンを見て取るのは、穿った見方だろうか。

前節で触れたように、ゴロツキの世界で世渡りをし、護身用のピストルまで手にした、劇場の中売りの息子が、京都から大阪の興行界に進出し、やがて、東京のそれさえも手中にする。会社も著名となり、経済も周囲の状況も整えば、あと欲しいものは何だろうか。

大谷が「〔帝大出身の〕城戸四郎を縁者の一人として迎え、長女のトシには、昭和十一年に、水野子爵家から博を養子に迎えた[21]」のは、後継者や親族に恵まれたとは言い難く、大正四年に長男を中禅寺湖で事故により喪った境涯も重ねると感慨がある。

帝大出の法学士や華族と縁者になることを、強ち、大谷の身分上の「上昇意欲」とだけ見る訳にはいかない。

現に、城戸《きど》四郎は映画の世界で「蒲田調」「大船調」と称される特徴を持つ、松竹映画の黄金時代を築き、大谷博は「松竹楽劇団」の中心となり、いずれも、大谷竹次郎が会長職に就いたのちに、社長を歴任した。

昭和二十二年（一九四七）の「天覧文楽」、同二十八年（一九五三）の昭和の「天覧歌舞伎」に至り、文化勲章に到達する流れも、私は、格段の権威主義とは感じない。逆に、のちに長寿を全うする生涯は、芸道物の大詰のような感銘を受ける。

しかし、そういう「人生的感慨」だけが大谷の価値を支えているわけではない。

## 2　劇作家と興行

大谷が育てた存在で大きいのは、劇作家である。一般には「近代演劇の劇作家」というと、「新劇」のそれを考えるが、視野を広くとれば、松竹・東宝が興行との関連で育てた劇作家が実に多い。

大谷は、小林一三や財界・実業界の学閥エリートのように、仕事を離れた際に、古美術愛好、書画骨董収集、茶人、俳人等の横顔を見せる風流人や数寄者風を装うことはできなかった。現在も歌舞伎座に設置されている大谷のブロンズ像には「わが刻はすべて演劇」という自書が記されているが、逆にいえば、大谷は「無趣味」だったのかもしれず、そんな「学」もなかったかもしれない。一番楽しいのは、芝居の番組を作り、配役を考える時だと何度も語っている。

だから、彼が育てたのは、俳優であり、劇作家だった。歌舞伎も、明治期から戦前までは、実に新作が多かった。しかも、新派が松竹にとっては、実に大きな比重を占めていた。

眞山青果《まやませいか》は大正期に新派の座付作者となり、終生、大谷の恩恵を感じている。

「大谷氏と興行脚本の選定を」行い、古い脚本の「急所だけは逃さず摑んで、見た目の形式だけを見物に新しく思はせるやうな脚本の書き方をした〔略〕いつも毎月の本読みには必ず大谷氏に立ち合つてもらふ」[22]仲だった。青果の新派時代から二世左団次の新歌舞伎まで、脚色、創作の幾多の名作のすべては大谷と青果の協力でできあがったものと称してもよいが、脚色物でも「いつも原作以上の、まつたく眞山君の作品になつて」[23]いた。井上正夫によると、国木田独歩の青果脚色『酒中日記』などは不入りだったが、「井上君、えゝ芝居や客が来んかてよろし。客が来てくれなんだら、僕一人で買ひ切つて楽まで見せて貰ふよつて」[24]と大谷は言った。入りが薄くても愚痴を言わず、逆に役者を励ます大谷の鑑識眼を井上は讃えている。

小山内薫も「新劇の父」などと称揚されるが、第1章で見たように経済面で松竹に救われ、ほとんどの戯曲は松竹で上演された。岸田國士《くにお》の戯曲の多くも新派初演である。抱月や松竹を非難した小山内も晩年にはようやく、こう語るに至る。

私はもう演劇を単なる芸術だとは思ふことが出来ない。私は演劇を芸術的娯楽機関の一つだと思つてゐる。私は昔、娯楽といふ文字を嫌つた。しかし、今はそれを嫌はない、文化機関としての演劇は大衆を対象とする、大衆は娯楽なしに演劇を見ようとはしない[25]

大谷が芝居に関しての目利きだったのは間違いない。岡本綺堂『修禅寺物語』の明治四十四年（一九一一）初演時に大谷は、「従来の日本芝居の老人役にあんな型は一つも[26]」ないと見ている。夜叉王の人物像に綺堂の主張があり、左団次の仕草に欧州で学んだ応用があったというが、大谷は直感的に、興行師の、あるいは見巧者の眼で「日本にない」「変なもの」を見て取ったのだ。それは大谷が散々見てきた「老け役」という「役柄」とは異質の、まさに一人の「老人」の姿だった。左団次はそれ以前、自由劇場でイプセンの『ジョン・ガブリエル・

ボルグマン』で「老け役」という「役柄」を演じてしまった。だが、イプセンが描いたのは「役柄」ではなく、過去の社会的地位や階級と関わりなく、ただ老いさらばえた一人の老人の姿である。それを新作で生かした左団次の知恵を、大谷は難しい理屈でなく見抜いた。

それは大谷の根っからの芝居好きに由来する。成澤昌茂は、初対面の大谷が即座に芝居の人物や装置、設定、場数、上演時間を指定して、「分かりましたか？ 分かったら頼みましたよ」と言った。二ヶ月後脱稿して持参すると、読み終えた大谷は笑顔で「忠臣蔵の外伝が一つ出来《でけ》た」と配役を伝え、「演出は、あなたがやりなさい」と言ったという。(27) 成澤の回想はさすがで、生動感ある筆致で、大谷の息遣いも感じさせる。

福田善之の直話によると、昭和三十四年（一九五九）大阪歌舞伎座で平田都《みやこ》『土に生きる』を上演した際、ある手紙を読む見せ場を当時美貌で人気の嵐雛助に読ませてほしいという、大谷の注文が演出の福田に出た。それでは話が繋がらないので反論すると、大谷はびっくりしたように「そうか、あかんか」と引っ込めたという。これも理屈に合わないところを好きな役者にやらせたい、芝居好きの老興行師の思いが出ている挿話だと思う。

大谷は早くに京都演劇改良会時代に、高安月郊《たかやすげっこう》に作品を依頼し、後年の関係を築いた。関西での劇作家も、忘れられているが数多く育てている。

戸板康二が、加藤道夫『なよたけ』を誉めると、直ぐに大谷から読みたいから送ってくれと連絡があり、実際に、菊五郎劇団で歌舞伎座で上演された。大谷の劇作家への姿勢には、強度の愛着が滲んでいたのである。

## 五　白井松次郎

白井は、大谷家の双生児の兄だが、養子に出たので「分家さん」とも呼ばれたようだ。

『白井松次郎傳』所収の、日比繁治郎執筆の伝記を読むと、大谷の評伝類以上に「汚い」ところをはっきりと描いている。「脅迫に備えて匕首を呑む」という一章があるが、京都で「警察力も及ばな」い、「いろは」という大親分の身内から呼出しが掛かり、周囲の止めるも聞かず一人で夏の三条大橋の川床（鴨川沿いに掛け渡した床席）に向かう辺りは仁俠映画を見るようだ。親分は「呼びにやったがほんまはこゝまで来るとは思はなんだ〔略〕来てくれたらもうそれでえゝのや」と言って収まったという。白井は以来「正当と道理に勝つものはない」と確信して、以後「ふところに匕首や短銃を持つことを」止めたというのも凄い。何かあったら「逃げる」が、「しかし興行とボスは付きものだ、ボスを怖れていては興行の改良もへちまもない(28)」。以後、東京進出を弟の大谷に任せる辺りまで、興行形態、客席の合理化の努力などもっともであり、彼らの力量あったからこそ、現在の気軽な観劇制度もあるのだと実感する。

もちろん、彼らも自己を正当化している記述はあるだろう。しかし、小林一三に比べ、白井・大谷は裏や闇の世界をある程度描いた上で、そこから脱却したという手順で「正当化」している点が、私には好ましく思える。

白井に触れて、「興行が営利を伴はねば成立たないものの為め、芝居に尽しもしたがそれは営利の為めといふ人がないでもないことが、後世の演劇史を編むものを先ず誤らせはしないか(29)」と長谷川伸が危惧したように、「営利」や「興行資本」はケシカランという論調は以後も、実に二十世紀末まで、歌舞伎研究者や評論家の一部にはあったものだ。

大正九年（一九二〇）に薄田泣菫《すすきだきゆうきん》が「松竹《まつたけ》の白井氏は、自分の老後の事業としては、専心文楽座の人形芝居の経営をやつて見度いとよく口癖の様に言つてゐますが、是は実に結構なこと(30)」と称揚している。戸板康二も、空襲の焼跡で白井が「まづ決心したのは、文楽の復興だったといふはなし(31)」と書く。

戦後、松竹が文楽から遂に撤退した際にも、研究者や評論家は松竹を非難したが、採算取れない仕事をよくそこまで継続したと思わない無神経さが不思議に思える。現に実際の芸人は、そう思っていない。

竹本住大夫は、「戦争中に家が焼けたり文楽座が焼けても、松竹さんが朝日会館でやってでも文楽をやらないといかんというて」、昭和二十年七月にも文楽公演を打っている。「そんだけ松竹は文楽に重きを置いてくれはってんなと」思い、住大夫は「当時の松竹の白井松次郎という人は偉い人やと思います」。戦争中でも「文楽が巡業してたというのは、やっぱり松竹さんのおかげでんな」(32)と言うのは、現在では全く松竹に関係ない立場からの発言だから、実感に即しているといえよう。

自分の財産を投げ打ち、歌舞伎・文楽を守りつつ、松竹を批判した武智鉄二も、その「実験歌舞伎」〈世にいう「武智歌舞伎」〉に際して、白井が「私に若手の役者を貸してくれた」ことを感謝し、こう書いている。


〈昭和〉二十五年の暮、小林一三氏に逢つた時、小林氏は「武智さん、あなたはよい所へ目をつけたね、この若手の連中を摑んでさへ居れば一生喰つて行けますよ」と即座に言つた。白井さんに〈略〉この好敵手の言は直ちに理解してくれた事と思ふ(33)。


病床で武智演出の『俊寛』の型を訊ねたという白井に比べ、小林は「武智理論」などに興味なく、儲かる素材としての「一生喰つて行け」る存在に着目した。だが、それを同じ興行師の白井も「直ちに理解」しただろうという武智は、さすがに幾ら「興行資本」を非難しても、興行の要諦を摑んでいる。そこに興行の真髄がある。

堂本寒星は「白井さんは、大谷さんが進取的で、開放的だつたのに対し、保守的で神経質の人であつたやうに思はれた」と述べる(34)。その双方の資質・気質が東西に分かれたところに成功の因もあったのだろう。

兄弟同士の関係や心情はわからない。ただ、白井追悼の文章で、大谷が「白井さん」と何度も書く他人行儀の語感には、不思議な思いがするのは否めない。

## 六　小林一三論の盲点――事業と数寄者の間

### 1　「日劇」経営の発想

小林一三の演劇の特徴は、全てが「事業」ということだ。もちろん、小林は学生時代から芝居好きで、浄瑠璃論や劇評も熱心に書いている。だが、ここでは、小林の演劇観や「国民演劇」的考えには直接は触れず、興行者としての小林の理想の特徴を考えたい。

一つは、「芸術の理想と経営、興行と不可分ということ」である。ただ、「民衆演劇」や「国民劇」の理想を述べた演劇人は多いが、経営や運営には驚くほど無関心か人任せである。それどころか、島村抱月や浅利慶太のような経営手腕や興行に腐心することを「非芸術的」のように蔑視する傾向さえある。

二つは、「芸術とテクノロジー、劇場機構が不可分」ということである。これも、劇場はシンプルで、舞台と客席があればいいという小山内薫らの考えに背馳する。小林の最後の理想は、スペクタクル表現の機構を備えた東西の「コマ・スタヂアム」だった。

小林の「商法」を論じた岩堀安三は、成功の原因は「商業的観賞術《ママ》[35]」としている。つまり、舞台を商売の眼で見るということだ。前節の武智鉄二の言からも、松竹兄弟以上に、遥かに小林は「計算高い」。これはもちろん、悪い意味ではない。

少女歌劇の誕生にも様々な伝説があるが、「成年でなく子供を使ったのは経費が安く上るから[36]」という、実に

図⑤　明治44年（1911）、発足当時の白木屋少女音楽隊（『白木屋三百年史』株式会社白木屋、1957年）

散文的は考えをしている、そういう「芸術」でなく「商売」の発想が、豊かな成果をもたらしたのだ。
　ただ、小林は既に三越をはじめ各地に存在した少年音楽隊を、少女に切り替えたのを独自の発想のようによく書いているが、これは意図的かどうかは知らず間違いである。当時、東京では代表的百貨店だった「白木屋」に、明治四十四年（一九一一）開始の少女音楽隊〔図⑤〕があったことは、よく知られているのに、何故書かなかったのだろうか。また、ほとんどの論者も何故看過するのだろうか。『白木屋三百年史』（白木屋、一九五七年）にも、「我国における少女歌劇の最初として特筆」、詳述されている。
　諸書に見られる「容易に安価に」という国民劇を目指す「大劇場論」は、概ね宝塚大劇場について論じられるので、ここでは日劇について触れたい。
　日劇は、元来、政友会の代議士や鉄道院の大幹部の華族と日活の人たちが関係して、ニューヨークのロキシー劇場をモデルに創立したが頓挫した。それを大谷竹次郎と親しい大川平八郎が引き受けて開場したが、またして

図⑥　昭和10年（1935）頃、東宝直営当初の日劇。「五十銭均一」の垂れ幕が見える（大原由紀夫『小林一三の昭和演劇史』演劇出版社、1987年）

も挫折した。その後、松竹が大量の株を買い受け引き取るはずだったのが、大川の変心か金銭上の問題か、結局東宝が買い取り、松竹が苦杯をなめた事情がある。[37]

日劇のそれまでの興行は「狙い撃ち」の「大ヒット主義」だった。窓口は六ヶ所もあり、エレベーター付きの構造で経営も派手、入場料も高かった。『マーカスショウ』や映画『街の灯』のような大ヒットで、当たらぬ興行の穴埋めをするという運営である。それを小林は「当らなくても儲かる経営」を打ち出す。当てて儲けるという「水物」では「永続性」は望めない。小林は「興行でなく、一つの娯楽事業として経営する[38]」と言って、赤字改善に値上げでなく、「五十銭均一」という破格の値下げをした〔図⑥〕。

さらに小林の着眼点は日劇の立地にある。近隣の有楽町駅は一日十五万人の乗降客があった。その人たちに「あの劇場へ入って夏は涼しく冬は暖く、各階に大広間があって、キレイで坐り心地のよいソファや椅子が沢山にあって、心持ちよく、待合せや、休憩や、小集会ができる〔略〕五十銭以上の値打は確かにある。こんな便利な安価な場所は東京中どこにもない[39]」という「御満足を与えうる」という発想である。これは、舞台中心に考える演劇人の発想ではない。小林は「さや取り」という、日歩の「さや」で手固く暮らす兜町や北浜の株の世界の人たちの方法だと言うのである。もちろん、入口や窓口や人員を減らす経費節減は小林の常套であり、そういう地味な経営で、外国物や当たりものがあれば採り上げる「勇気」「投機心」は保持するという信念だった。

実際、私が通った昭和五十年前後にも、日劇の客席は、当時の喫茶店や映画館がそうだったように、一人身体を休める営業マン風の人や行く宛もなさそうに舞台に目をやる観客が少なくなかった。これは純粋な演劇人は怒る光景かもしれない。しかし、私もその一人だった観客の虚ろな心を、当時のレヴューは一瞬でも充たし、疲れを癒し、一生の思い出として残してくれた。立派な「意義」や「テーマ」を求める観客でなく、そういう増え続ける都市勤労者の虚しい思いを吸収し、心身を癒す、懐しく記憶に留まる空間を作り上げた、小林の発想は、無類にして白眉といえる。

## 2　後楽園人脈と小林一三――「興行界の顔役」

大阪府池田市の小林一三記念館では、よくあるように映像資料が設置されている。そこで、生前の小林を知る最後の世代である植田紳爾《しんじ》が、初めて会った際の小林の眼光の鋭さについて語っているのが印象深い。小林を知る人の何人かが思い出を残し、数多くの写真から窺える、射るような眼光の鋭さ、「興行界の顔役」の資格を感じるのである。

ここでは「商売的鑑賞の術を心得ている」興行師・小林の魅力を彩る、陰の部分にあたる側面を裏付ける人脈を見ていきたい。

小林の『逸翁自叙伝』で不思議なのが、いくら傘寿となっての自伝とはいえ、それが慶應義塾への入学という二十代から始まっていて、幼少期の記述がないことである。自伝は、当然触れたくない部分は曖昧になり、どうしても自己正当化となるのはやむをえない。語りにくい大臣時代のことはともかく、戦後の占領下の日劇やアー

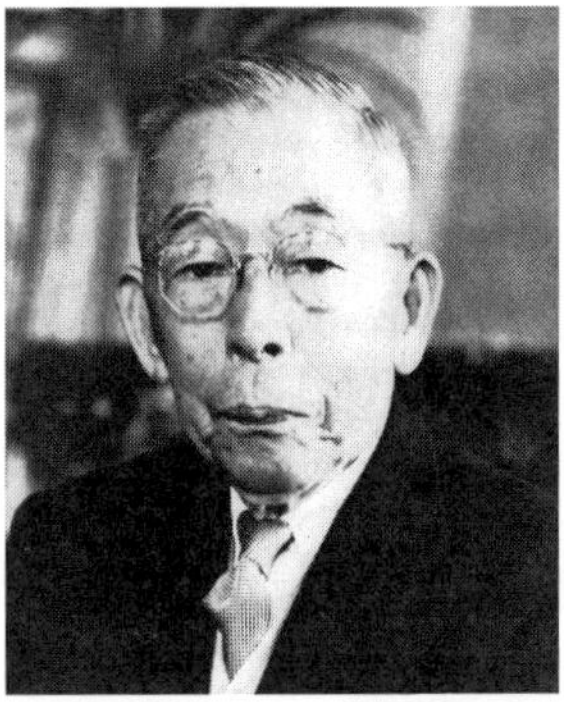

図⑦　田辺宗英（『後楽園の25年』後楽園スタヂアム、1963年）

ニーパイル（東京宝塚劇場）の記述もないのは、奇妙に思える。もちろん、小林は他にも自伝的要素の強い書を既に出しており、多くの回想を残しているからではあるけれども。

小林は山梨県韮崎の出身である。小林の父甚八は、甲州屈指の資産家小林家の養子だが、妻が小林の生後七ヶ月で没すると、実家のやはり素封家である丹沢家に戻り、その後、これも資産家の田辺家に婿入りした。そこで小林の異母弟・田辺宗英《そうえい》と七六《しちろく》、加多丸《かたまる》らが生まれた。

加多丸は、戦後、小林が公職追放期間の著名な事件である労働争議期に東宝社長を勤める一方、小林同様茶器等に造詣深く、無古庵の名を持ち、日本陶磁器協会会長も勤めた。

七六は、同じ甲州出身の政商で「国際興業」の小佐野賢治との深い関係で知られ、「カミソリ将軍」と称された代議士である。

しかし、ここで最も重要なのは、東宝の事業でほとんど触れられないスポーツ関連で取り上げたい田辺宗英である〔図⑦〕。田辺宗英は、ボクシングの世界でも著名で、「帝拳ジム」（帝国拳闘会拳道社）や「日本ボクシングコミッション」の初代会長を勤め、戦後は東宝争議に際して結成された「新東宝」にも深く関わった。また、頭《とう》山満《やまみつる》の玄洋社との深い関わりで知られ、興行界に大きな「顔役」的位置を占めた。乗松優『ボクシングと大東亜』（忘羊社、二〇一六年）に詳しく、実に魅力的、鮮やかに描かれる田辺宗英を、正力松太郎は「男のなかの男」「真の〝侠客〟」とし、大映の永田雅一は「いわば右翼のボス的存在の異色の人」とまで書く[40]。

東宝とスポーツでは、プロ野球の阪急ブレーブスを連想するが、東京の後楽園スタジアムが東宝の経営だったことは忘れられている。プロ野球の球団設立の気運は大正時代からあり、小林は早くから「宝塚運動協会」に関連しているが、昭和四年（一九二九）に解散した。その後、昭和十年秋に陸軍砲兵工廠跡地（後の後楽園、現在の東京ドームの土地）の払下げの動きがあり、発起人に小林の名が挙がった。小林はプロ野球は時期尚早としたが、読売新聞社の正力松太郎が各地の新聞社、電鉄会社に結成を喚起したところ、阪神電鉄が呼応したので、阪急も参加し西宮球場を作る。一方、東京の後楽園の件を任せられた、慶應義塾で小林の後輩の財界人・早川芳太郎は、野球だけでは運営困難として、球場の多目的利用を考え、松竹・大谷竹次郎に話を振った。浅草に国際劇場の構想を持ち、画期的な大劇場活用のプランを持つと考えたのである。

「あなた方のレビューを、雨の降らない日に一幕見せるようにすれば宣伝にもなるし、どうですか」と大谷にもちかけると、「それはおもしろい。私も発起人にしてくれ」ということだった。その話を東宝の小林にももっていくと、「松竹がやるなら、私の方もやる」ということになり、「そうしたこともあって田辺宗英が出てきた[41]」。

結局、後楽園創立（昭和十二年（一九三七））当時の株主は、田辺、小林、正力など千株に対し大谷は二百株の配分となり、「創立当時の役員陣は小林、田辺系統、兜町系統、野球人系統」となり、小林から過半数を譲り受けたいと申

図⑧　野球場開場の新聞広告（『後楽園の25年』後楽園スタヂアム、1963年）

図⑨　「百万人の舞踏会」の新聞広告（同）

し出があった。小林は後楽園にかなり執着し、田辺宗英、七六に加え、後に後楽園社長にもなる、東宝顧問弁護士で小林の義従弟・真鍋八千代もつぎ込んだ。さらに翌年、東宝系の会社として、帝劇の渋沢秀雄、山本久三郎に加え、興味深いことに、秦豊吉《はたとよきち》を専務取締役としている。秦の後楽園の仕事は、評伝でも触れられていないが、戦後も含め足掛け十年は重役を勤め、三代目の社長に就任した。

「小林としては、この広大な野外劇場を、東宝で育てた大衆娯楽の専門家の手によって活用すれば、大ページエントもレビューも、いきいきと花開き、大観衆を獲得しうるとの信念から出たもの」であって、ラウドスピーカー、照明などで東宝の技術陣も動員されたのは、「広告宣伝の媒体として」「一大広告塔にしようという着想(42)」もあり、スポーツという健全娯楽による明朗化という小林好みの「正しく明るい」志向なのが見事である。

しかし、それを真に受ける訳にいかない。小林は、送りこんだ田辺宗英や加多丸を通して、競輪場、拳闘場と場外馬券売場まで設置し、興行するようになる。本格的に東京進出をした昭和九年（一九三四）の東京宝塚劇場開場に際して「清く正しく美しく」を標榜したと同時期の、この行動力と明暗裏表の見事な複合と悪役ぶりこそ、小林の大きな魅力である。

球場建設は「正力松太郎や小林一三という強力な筋金がはいる(43)」ことで前進したとあるが、まさに文字通りの「筋金入り」の田辺宗英・後楽園人脈を、その後も活用した。戦中、近衛内閣の短期間、商工大臣だった小林［図⑩］は戦後「公職追放」になったが、その代わりに東宝の社長となった弟・田辺加多丸が「東宝争議」で被った多大な消耗ぶりを思うと、「災い転じて福」ともいえる。また、占領期の、現在もガード下にその気配微かに残る有楽町・新橋一帯の闇屋や「パンパン」の混乱を治め、娯楽施設に日劇を求める占領軍に東宝劇場（アーニーパイル）を差し出すにも、GHQに交渉するには、「その世界」に顔が利く存在が不可欠だった。

戦後の東宝の興行で大きな存在を占めたことを多くの人が語る岡村吾一は、「興行界と顔役」系の書物に必ず登場する別名・村岡健治で、ＧＨＱへの人脈強固だった児玉誉士夫《よしお》の片腕だが、田辺宗英との人脈は、私の知見の及ぶところでない。

「日劇ファンクラブ」の「特別会員」岡村は、芸能の世界ではきわめて温厚で優しく、宝塚の楽屋へも入っていける男性であり、宝塚・日劇との関わりは安倍寧《やすし》が書いている。年配の宝塚ＯＧの話でも「岡村先生が自分達では行けないクラスの店でご馳走してくれるし、ホントに楽しみだった。岡村先生が戦後の東宝を救ったんです」という扱いだった。明治期から政財界の要人の集う、老舗料亭「田中家」の次女だった女優の樋田恵子は、「児玉先生がお祖母ちゃんによくしていただいたから、孫に恩を返すよ」と後に東宝の有楽町界隈を取り仕切っていた岡村先生は、女優になった私をほうぼうに連れて行ってご馳走してくださった」と書いている。(44)

図⑩　第二次近衛内閣に商工相として入閣した小林一三（三列目右から三番目／『小林一三翁の追想』小林一三翁追想録編纂委員会、1961年）

なお、松竹はスポーツと関連薄いイメージだが、「松竹ロビンス」は二リーグ制初のセントラル・リーグ優勝チームとして記憶される。大谷竹次郎は野球に興味ないが、既述のように後楽園に絡み、また戦前からの繊維業者・田村駒次郎がオーナーの球団（チーム名変遷は省略）を運営する案が出て、野球好きの六代目尾上菊五郎に相談して、贔屓の慶應出身の浜崎真二（阪急監督）と親しく、菊五郎宅に寄宿していた小西得郎を監督にした。太洋と合併し「太洋松竹（洋松）」としては、昭和二十七年まで存在した。

なお、川島雄三監督の松竹映画『天使も夢を見る』（一九五一年）は、野球を「まり叩き」と言い、会社の野球部を廃部にしたい社長を演じる河村黎吉が、大谷似のメーキャップとよく似た関西言葉で実に傑作。娘の津島恵子に説得され、野球部継続となる結末も時期相応で、興味深い。

### 3　小林一三と花柳界——その宣伝効果

小林が東京宝塚劇場開場の翌年（一九三五年）、有楽座の再開場に際して「未来の劇団」と題したパンフレットで「低級なる花柳界」という表記に絡めた批判をしたと話題になった。花柳界が俳優の後援者であり、俳優も花柳界を対象にすることが芸の低下を招く、演劇を一般大衆に開放するための非常な障害になるという主旨だった。正確には、秋守常太郎という人の大阪劇壇への直言という文のほぼ引用なのも、小林の巧妙なところである。

しかし、これが花柳界の憤激を買い、東宝の興行を「一切観覧しない」「東宝系の諸芸人とは絶縁」などの強硬な抗議を申し入れる［図⑪］。これだけの自信は、それまでの興行で花柳界が後援者でありパトロンの役を担っていたからである。

この応酬は、その真意や裏読みを巡り当時の新聞・雑誌の話題となった。結果は、小林の外遊の間に、警視総監の取り持ちで双方和解という締らない結末となる。

岩堀安三は「こうするうちに東宝の存在がすっかり有名になり、東宝の演劇のあり方、方針が十分にＰＲされた」として、これら一連の言動を小林の計算ずくの宣伝行為としている。[45]現在は著名で不思議に思わないが、「東京宝塚」という元来は奇妙で意味不明な社名の略称や、その「健全明朗」イメージが定着したというのである。

私に興味深いのは、小林が現在に至るまで使われるキャッチフレーズ「清く正しく美しく」（正確には「朗らかに」が付く）を、東京進出に際して頻繁に使うことである。有名なのは東京宝塚劇場開場に際しての「散文詩」（？）であるが、岩堀のような経営専門家でも、演劇人や芸術家にはこんな標語は「おかしくてやれたものではない[46]」と書いている。だが、小林も百も承知で、それを連発した。

これは後楽園人脈を送り込む時期と重なっている。「清き一票」の強調が、実際には「清くない組織票」の存在を暗示しているような、この不気味な標語に、私は小林の「暗い心」や「鋭い眼光」を見ないわけにいかない。

二年後、木村錦花《きんか》の『三角の雪』が上梓された際、小林はこう書く。

「此の本の後半は、実に身につまされる程、有難く拝読すると共に、私達のやうな素人」が「東京の真中で」「東宝」の経営を行うのは「盲蛇におぢず」だった。十年前にこれを読んでいれば「如何に、興行師がインチキでなければ駄目である事、興行界が別世界であるかを」知り、「東宝経営に手を染めな」かったかと思うし、「興行師と云ふ商売は、常識では着手できない特別の商売[47]」だ、と。

決議文

今回東京寳塚劇場主小林一三君が花柳界を低級と侮蔑し劇界興隆の障害なりと發表せるは無禮も甚だしきものと認む依而吾々花柳界は小林一三君の關係する一切の芝居、映畫、演藝を觀覽せざるは勿論東寳系に關係ある諸藝人と交渉を斷つ。

右決議す。

昭和十年六月十八日

東京料理業組合
東京待合組合
全國藝妓屋同盟會
東京支部聯合會

図⑪　小林一三を糾弾する決議文（大原由紀夫『小林一三の昭和演劇史』演劇出版社、1987年）

これを読むといささか鼻白む気を抑えがたい。それでは、阪急沿線の土地売買・開発や、後楽園の競輪や拳闘の事業は、「別世界」でなく「常識」でできる事業なのだろうか。もちろん、転んでも只では起きない小林は承知である。大体、それ以前、東宝劇場開場の年に「此種の娯楽事業は従来、香具師のイカサマ業と軽視され」ているのを、「清く、正しく、美しい芸術境[48]」にすると言っているのである。

話を戻すと、東宝劇場以前は、宝塚歌劇の東京公演自体を、小林は、歌舞伎座や新橋の花柳界の総本山の新橋演舞場で行っていた。小林は、

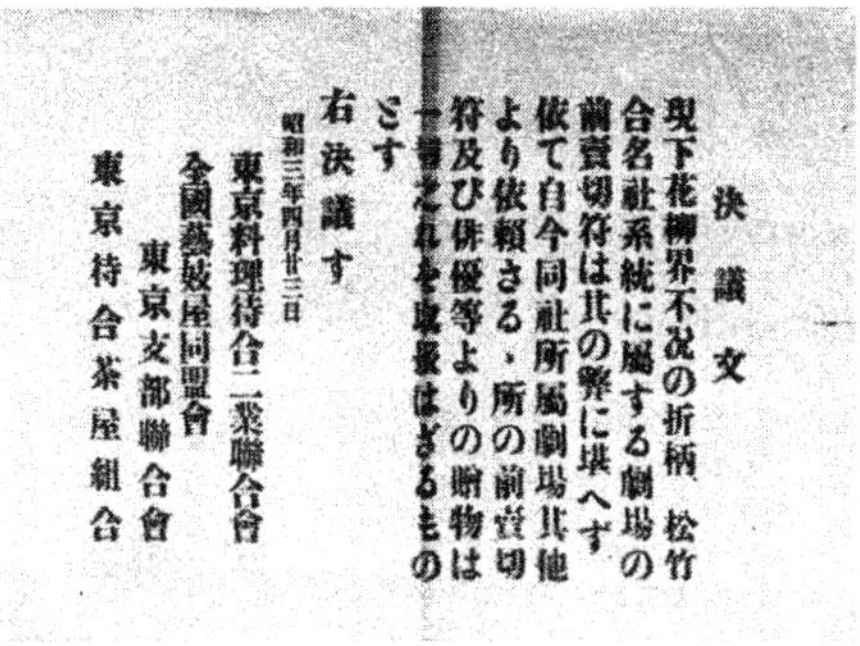
決議文

現下花柳界不況の折柄、松竹合名社系統に屬する劇場の前賣切符は其の弊に堪へず依て自今同社所屬劇場其他より依頼さるゝ所の前賣切符及び俳優等よりの贈物は一切之れを取扱はざるものとす

右決議す

昭和三年四月廿三日

東京料理待合二業聯合會

全國藝妓屋同盟會

東京支部聯合會

東京待合茶屋組合

図⑫　花柳界から松竹への決議文（大原由紀夫『小林一三の昭和演劇史』演劇出版社、1987年）

実際には「花柳界と演劇」という一文を書き、「花柳界なくして日本に社交のない」「事実」を認める。花柳界の人々は、「伝統的古典演劇」についてはインテリより遥かに理解力、鑑賞力あり、「民間の趣味生活の先端」とも言う。「私位ゐ花柳界の前途に対して関心を持つ」「物好き」は少なく、ただ、「俳優に連中〔総見〕をしいて、花柳界を苦しめる従来の習慣がいけない」と言う(49)。確かに、花柳界も、この東宝との一件以前の昭和三年（一九二八）に、切符購入を「弊に堪へず」という「決議文」を松竹に送っている〔図⑫〕。

戦後、新橋花柳界の著名な三人が鼎談しているが、そこで清元や一中節の名人であり、新橋芸妓組合頭取も勤めた篠原治《はる》が、先の花柳界絶縁問題について、「私達、小林さんのことをよく知ってましたから〔略〕何とも思わないけど、知らない人は当たりが強い(50)」と思っただろうと述べている。また、小林は、新橋花街へも、田辺宗英と「しょっ中ご一緒」に通っていたというのだから、前節の関連を考えると可笑しい。

誰でもそうであるように、人間は多面的な存在である。白井・大谷に比べて小林は、様々な点で「昼」と「夜」を鮮やかに使い分ける。そこにこそ、稀代の実業家にして興行師のカリスマ的な吸引力があったのである。

## 4　小林一三の松竹批判

小林が早くに、松竹の興行方針を批判したのは、大正十年（一九二一）大阪の中座再建の際、白井松次郎に対して「大金を投じてかような馬鹿げたものを作ったのか(51)」としたのが最初と思う。これは、小林の国民劇―低料金―大劇場という三段論法からいえば当然の発想だった。

その後、東京進出を具体化する時期には、「早く東京へ出ないと、松竹は必ず真似をする」[52]と言うように、露骨に松竹を刺戟する作戦を取り出す。

松竹は此大劇場を活用し、歌舞伎劇の民衆化と、それに伴ふ興行法の革新を実行せざるのみならず、寧ろ反対に、此大劇場を映画とレビューとの実利主義に使用し、旧劇も新派劇も従来のまゝ、そこに何の新味をも加えず、只だ昼夜二部興行によつて固定したる観客層を普遍的に調整するに過ぎない結果は、芝居も俳優も依然として旧の如く、国民劇の創成といふやうな問題には全然没交渉であつたのである。〔略〕松竹の強味は、現状維持と自然の推移より外に策を用ゐない点である。所謂無策の策である。[53]

そして小林の東宝は「観覧料を安くすること、興行時間を短縮する事、即ち、一等二円以下〔略〕夜間は午後六時開演十時乃至十時半終演」を実行するとする。

小林は、マスコミも巧く使い、「資本金三千万円（松竹）と二百万円（東宝）の取組み〔略〕江戸ッ子は弱くて小っちゃくて、大きくて強い者に手向う、そんな気質が大好き」[54]などと、親会社の阪急電鉄や関連企業の莫大な力量を隠し、一般に受ける単純な構図で売り込みを図った。

そして「松竹の強味は、現状維持と自然の推移より外に策を用いない点〔略〕無策の策」と言い、「将来の方針を考慮せざる所に強味」があるので、「宝塚の少女歌劇の成績が優良なるを認むれば、それと同一同型の模造品を急造して売物にする」[55]と悪態をつく。

本章冒頭の通り、東宝の興行形式は松竹あってのことであり、宝塚歌劇も正式な東京進出以前は松竹の劇場で

図⑬　『都新聞』座談会、1932年5月。左より、小林一三、大谷竹次郎、菊池寛、伊原青々園（『小林一三翁の追想』小林一三翁追想録編纂委員会、1961年）

公演している。また、先述のように少女歌唱隊は白木屋が先行するし、グランド・レヴュー形式を取ったのは、松竹歌劇が先である。(56)「真似をする」のは小林の方なのだ。それでも、こうも好戦的な物言いをするのは、先述した浅草進出の挫折や複雑な戦略が小林にあってのことだろう。昭和戦前期の興行状況は、日劇の争奪、浅草の土地の問題、日活などの株式の問題、軽演劇から寄席芸人、映画の大スターの引き抜き・移籍など複雑に絡み合っており、到底、二項対立的に判断できるものではない。

しかし、私の感じ方からすると、いくら四歳年長とはいえ、小林のようなエリートから見れば、白井・大谷の生れ育ちを侮っているようで、どうも小林の批判は後味が悪い。これ以外にも多くの侮言を放つが、同時期に引き抜き、買い占め、ギャンブル事業に手を染めつつ「清く正しく」と平然と公言する小林の胆力には恐れ入るしかなく、さすがに後に政界でも大臣となるだけの、実業の世界の世渡りの凄まじさを感じるのである。

あえて大雑把にいえば、小林にとっては演劇もドライなビジネスであり事業なのだ。大谷には、演劇の世界は愚かでも切れない悪縁と深情け的なウエットな関係だった。芸道物的にいえば、「小林が大谷を大きくした」ということになるのだろうが――。松竹社長となった城戸四郎は、小林への「人間的でない、冷たい」という非難に対して、小林が「人間的で温情家」だったらあれ程成功しないと述べ、「ビジネスが涙で成功するのは映画だけだ」と言うのは、いかにも「松竹メロドラマ」で名を売った城戸らしく、正鵠を得ているといえるだろう(57)。

しかし、その後の両社間の揉め事、争奪の間、小林は昭和六年（一九三一）に松竹相談役、大谷は昭和十六年（一九四一）から東宝相談役となっているのだから、興行の世界は一筋縄でいかないのである（両者とも昭和十八年（一九四三）に辞任）。戦後の晩年に小林は、「演劇は松竹に任せる(58)」と言ったという。本心は無論解らない。しかし、小林は、映画どころか、テレビの出現を見て、自分の目指した「国民演劇」はもう達成できないことを予感したように思える。もう、これからは、「国民的」な共有できる思い出を作れるのは、演劇ではなく、映画やテレビなのだ、と。

## 5　秦豊吉と菊田一夫

小林の人事の要諦は、対照的人材を競わせるところにあるという。興行の面では秦豊吉と菊田一夫が、それにあたるだろう。両者とも著名で評伝もあるので、簡単に触れる。

小林は、秦を通して自分に内にある一面を表現したと思う。ゲーテとサドと両方に関心を持ち、しかも三菱商事という実業の世界で生きた秦は、まさに「清く正しく」を表看板にする小林に必須の「悪徳の世界」の媚薬を運ぶ存在だった。秦は、商業演劇の「聖」と「俗」の体現者である。小林は宝塚歌劇を「キャラメル芸術」と評したように、そこに充たされた訳でなく、大人の「官能の世界」が、レヴューの本質であるのは知っていた。小林は、大阪でＧＨＱに接収後、返還された北野劇場での「北野ステージショウ」のヌード・ショウにも強く関心

図⑭　東京宝塚劇場再開場披露式の菊田一夫（前列右から三人目／『東宝五十年史』東宝、1982年）

を示している。日劇や北野劇場抜きに小林を論じるのは、納得いかない。秦の作りあげた日劇の大人のレヴューあってこその、「清く正しく美しく」であり、秦なくして小林の魅力減ずるくらいに思える。また、第1章で触れたが、秦は興行師の眼で、ラインハルトの演出家でなく制作者としての辣腕にも着目している。

なお、東宝では、森岩雄も重要な人材だが、「興行師」という存在とは異質だろう。

慶應―三井の小林、帝大―三菱の秦というエリートと対照的なのが、菊田一夫だった。

故郷らしい故郷すらなく、台北育ちで、阪神間で丁稚奉公の辛酸をなめた菊田一夫も、小林の知らぬ世界を補うに必須の存在だった。

上演作品からは、私は、関西出身の兄弟が作った松竹より、東宝に「関西」を感じる。東京の芸術座で上演した菊田の数多い「大阪物」には、独特の屈折した大阪へのノスタルジアが反影している。小林、菊田、という関西人でない二人の作物に、関西らしさが強調されているのは興味深い。菊田の芸術座上演の「上方商法物」は、後の花登筺《はなとこばこ》の諸作と連動して「芸術座」の一路線を形成した。松竹兄弟は、関西人ぶる必要はないので、松竹新喜劇の「商魂物」の類型は笑いの対象であるが、芸術座のはいささか教訓的な人生を感じさせるものだった。

小林の最後の夢が「コマ・スタヂアム」だとすれば、菊田の情熱を掛けたのは「芸術座」の東宝現代劇であり、最後の夢は「帝劇」だった。菊田の「興行師」という言葉への複雑な感情は、第1章で述べた。しかし、『東宝五十年史』に「演劇担当重役　菊田数男」と本名で記されるのを見、チョビ髭で小柄な菊田がエリート重役たちと居並ぶ写真［図⑭］を見ると、感慨を覚える。小林は、菊田の手腕を信用し、コマ・スタジアム計画中のトラブルの際には、まだ健在の秦でなく、菊田を呼べと言ったという。しかし、時代が異なるとはいえ、後楽園に菊田を送り込もうとは思わなかったろう。そこに、菊田の面目がある。つまり、菊田は興行師であっても実業家にはなりえなかったのである。

（1）本稿脱稿後に、中川右介『松竹と東宝――興行をビジネスにした男たち』（光文社新書、二〇一八年）が刊行された。
（2）佐藤力「プロデューサー列伝」10、『東宝』第五六号、一九七一年六月。
（3）山口昌男『挫折の昭和史』岩波書店、一九九五年、六頁。
（4）猪瀬直樹『土地の神話』新潮文庫、一九九三年、一九二頁。
（5）佐藤力、前掲。
（6）城戸四郎編・脇屋光伸著『大谷竹次郎演劇六十年』講談社、一九五一年、一八六頁。
（7）山口廣一「百の背徳、百の善根――大谷竹次郎氏を追悼する」、『演劇界』一九七〇年二月号。
（8）持田寿一『大阪お芝居学――大阪を演出した興行師たち』（新泉社、一九九四年）によると、他に、初世鴈治郎関連の尾張屋清七、朝日座で初期新派を手掛けた浅野治郎がいる。浪花座・角座の秋山儀四郎は相場師出身で「道頓堀劇場株式会社」を作り、川上音二郎の興行を助けた。この二座は後に、高木徳兵衛が買収し、松竹と張り合う。弁天座での尾野吉郎右衛門・貴之父子も松竹に対抗し、初期の喜劇や新派に助力した。角座や新町座の竹嶋竹五郎は、まさにアウトロー出身の人物であり、さらに、曾我廼家五郎・十郎一座を仕切った豊島寅吉などが挙げられる。

(9) 小山内薫「大阪芝居見物」、『演芸画報』一九一〇年五月。
(10) 田中純一郎『新版　大谷竹次郎』時事通信社、一九九六年、四六頁。
(11) 田中、前掲書、二五―三〇頁。
(12) 田中、前掲書、一三一頁。なお、小説ではあるが、そういう安田彦次郎を助け、南座を隆盛に導いたのは、壮士芝居を南座で呼び込み成功した、初世尾上卯三郎の腹違いの妹、浅野吟子という説もある（下八十五《しもはちじゅうご》『女興行師一代――京都四條南座盛衰記』文芸社、二〇一五年）。
(13)『東京楽天地30年小史　1937＝1967』株式会社東京楽天地、一九六七年、一二一頁。
(14) 田中、前掲書、五六頁。
(15) 田中、前掲書、三四頁。
(16) 田中、前掲書、二〇八頁。
(17) 山本久三郎「同業者の見たる松竹の強味」、『新演芸』一九二一年七月。
(18) 成澤昌茂「処女作」国立劇場上演プログラム、二〇一三年十二月。
(19) 田中、前掲書、一頁。
(20) 田中、前掲書、四頁。
(21) 田中、前掲書、二〇九頁。
(22) 眞山青果「刻舷雑筆」、『真山青果全集』第十八巻、講談社、一九七五年。
(23) 城戸・脇屋前掲書、一六五頁。
(24) 井上正夫『化け損ねた狸』右文社、一九四七年、一八八頁。
(25) 城戸・脇屋前掲書、二七六頁。
(26) 城戸・脇屋前掲書、一七七頁。
(27) 成澤、前掲。
(28)『白井松次郎傳』私家版、一九五一年、一五二頁。
(29) 長谷川伸「白井さんに学べる一例」、『白井松次郎傳』二頁。
(30) 薄田泣菫「大阪の松竹に対する註文」、『新演芸』一九二一年七月。

(31)戸板康二「無題」、『白井松次郎傳』二四頁。
(32)竹本住大夫、聞き手＝高遠弘美・福田逸『七世竹本住大夫　私が歩んだ90年』講談社、二〇一五年、一三七頁。
(33)武智鉄二「白井さんの一つの思い出」、『白井松次郎傳』一二五頁。
(34)堂本寒星「白井さんを思ふ」、『白井松次郎傳』七七頁。
(35)岩堀安三『偉才　小林一三の商法』評言社、一九七二年、八八頁。
(36)岩堀、八八頁。
(37)田中、一八七頁。
(38)岩堀、一八二頁。
(39)岩堀、一八四頁。
(40)田辺宗英伝刊行委員会編纂『人間　田辺宗英』株式会社後楽園スタヂアム、一九六九年、三一一〇頁。
(41)『後楽園スタヂアム50年史』後楽園スタヂアム、一九九〇年、一五頁。
(42)『後楽園の25年』後楽園スタヂアム、一九六六年、一三三頁。
(43)『後楽園スタヂアム50年史』一五頁。
(44)樋田慶子『つまらぬ男と結婚するより一流の男の妾におなり』草思社、二〇〇〇年、九四頁。他に、安倍寧『ショウビジネスに恋して』角川書店、一九九六年、一七四頁。
(45)岩堀、二一二頁。
(46)岩堀、二〇一頁。
(47)小林一三『芝居ざんげ』三田文学出版部、一九四二年、一一五頁。
(48)小林、前掲書、二一八頁。
(49)小林一三『私の行き方』斗南書院、一九三五年、二九七頁。
(50)篠原治・加島多起・木村さく「新橋鼎談」、『小林一三翁の回想』私家版、一九六一年、六一四頁。
(51)岩堀、一〇一頁。
(52)「小林一三氏に物を訊く座談会」、『文藝春秋』一九三一年十月。
(53)小林「無策の策とぬるま湯の味」、『私の行き方』二四二―二四三頁。

(54) 岩堀、二一五頁。

(55) 小林「無策の策とぬるま湯の味」、『私の行き方』二四二頁。

(56) 拙論「国際劇場と日劇」(本シリーズ第三巻『ステージ・ショウの時代』森話社、二〇一五年所収)でも触れた。

(57) 永山武臣「小林翁と大谷翁」、大原由紀夫『小林一三の昭和演劇史』付録(刊行に寄せて)、演劇出版社、一九八七年。

(58) 城戸・脇屋前掲書、三一二頁。

Ⅲ　近代化の光と影

# 第5章　見物から鑑賞へ

## 花街の連中、惣見、役者買

岩下尚史

## 一　かぶき芝居の今昔

歌舞伎は庶民の娯楽だった、と云うような成句《フレーズ》を新聞・雑誌、あるいはテレビ・ラジオなどで見聴きすることが多い。

と言って、近ごろ、急に増えたというわけでもなく、八〇年代に都市論が流行り出した頃から、すでに言い慣わされていた気もする。

たしかに〝諸々の民〟を対象として興行するものではあったにちがいないが、暇と金とを持たない者には、まるで縁のない世界であった。

徳川時代における芝居の本格はいわゆる〝江戸三座〟と称される官許の〝大芝居〟であり、その看客の多くは暮らしに余裕のある武家および御殿女中あるいは表通りに家蔵を持つ町人であり、そのほかの無産の見物と言えば、客の伴客《とりまき》として連れられる芸者・幇間といった花街《かがい》の連中である。

そもそも徳川時代の芝居については、「吉原とともに〝悪所〟と呼ばれていた」と云う、敗戦後の進歩的文化人ごのみの言い回しから、何となく為政者に対して反抗的で、遠つ世の〝不伏奴《まつろわぬやつこ》〟の気概を秘めていたように語られることが多かったが、それは江戸の小市民的《プチブル》な好色優人たちに対して買被りの気味合いがあり、幾分か季節はずれの見方のように思われる。

ありようは当時の新吉原も江戸三座も、言わば官許のおかげで稼業が続けられるわけであり、表立って反体制の立場を取るはずはない。それに廓者《くるわもの》や芝居者《しばいもの》と云うものは何よりも現状に甘んじることを選ぶことは、彼らの信仰に根ざした従来の慣例を変えたがらないことからも想像できる。

敗戦後のかぶき研究で人気のある大南北などは、なるほど謀反的な書きぶりで看客を魅了したかも知れないが、あくまでそれは鼻高幸四郎など、化政期の劇壇で人気のあった俳優たちの持ち味である〝悪〟つまり〝豪《つよ》さ〟を強調するための、興行上の工夫であったとみるほうが現実的であろう。むかしも今も、梨園の人々が愢然《いじ》らしいほど権威に弱いことは、その正本の内容ならびに役者の処世のあれこれを考えれば、べつに事あたらしく並べ立てるものはない。

そも〳〵江戸の大芝居の顧客といえば御殿女中をはじめ、物数寄な旗本や御家人、諸藩の留守居役、あるいは蔵前から日本橋にかけての手堅い大店《おおどこ》の家族など、将軍家のお膝元で泰平を謳歌する人々であった。錦を着た千両役者を贔屓にして、鷹揚にも一日がゝりで見物するというからには、金も閑も有り余るほどの階級でなければ無理な相談であろう。

しかも馴染みの茶屋を通すからには、顧客と認められた帳面がある限り、茶屋のみならず役者とも長い付き合いをするのが当たり前で、茶屋の席料、飲食費、出方や女中に対する祝儀に加え、役者への贈物はもちろん、弟子や男衆へも露を打たねば見栄がわるく、これに桟敷や桝の場代も含まれる。

これに比べれば、今の歌舞伎座で一人充てづゝ売ってくれる桟敷のチケット代が高すぎると不平を並べる人たちは、むかしの大芝居など思いも寄らぬことになり、たとえ幕間に吉兆の弁当を誂えたとしても、むかしの茶屋に上ることを考えると物の屑《かず》ではない。

こうした富裕な看客に加えて、彼らに扈従する医師や絵師や俳諧師など十徳《じゅっとく》に身をやつす幇間たち、さらには吉原や葭町など当時名代の花街から召された唐桟の旧《ふる》きを誇る太夫衆《おとこげいしゃ》、玳瑁《たいまい》の櫛に銀簪《ぎんかん》の奢侈を光らせる歌妓《おんなげいしゃ》たちが殿様や旦那を取り巻く様子を思い浮べるならば、江戸本場《ほんば》の贅沢な芝居小屋に、裏店暮しの細民が寄り付くことはむずかしかったであろう。

ところが、多くの現代人が江戸のかぶき芝居を思い浮べるときの映像は異なるらしい。彼らの幻想の江戸歌舞伎は、大工や左官の熊公や八公が握りの鮨でも頬張りながら、徳利を片手に喰らい酔って、大袈裟なべらんめえの江戸ッ児を振り回し、町むすめにちょっかいを出したり、威張り腐った侍に喧嘩を仕掛けたりして溜飲を下げるのが型の、つねに士分は悪玉で職人たちが善玉といった扱いでワイワイと騒ぎ、そのうちに贔屓の役者が揚幕から出てくると、誉め言葉よりは西洋式の拍手喝采で迎えるといった、ちょうど、昭和廿年代から卅年代の美空ひばりや大川橋蔵の活躍した東映の時代劇の芝居風景から受けた印象のようである。

しかし、あれは常設官許の櫓を許された江戸三座のような大芝居の実態とは遠く、好意的に見積もっても、寺社内で臨時の興行のおめこぼしに与かる緞帳芝居やおで、こ芝居の風景であり、たとえば明治になって書卸された『め組の喧嘩』にも描かれている如く、たしかに庶民の娯楽と言えないこともないが、あくまでも傍流の芝居であって、江戸かぶきの全容を伝えるものではない。しかし、数から言えば多かったかも知れないではないか、という声が聞こえそうだが、そんなことを言い立てにされたら、芝居に限らず何でも傍流のほうが多いに決まっている。ではあるが、芝居に本格と傍流の区別があったことを知らず、大も小も一括《ひとまとめ》に論じるのは乱暴であろう。江戸の町の横町や裏の新道に暮らし、金も閑も持ち合わせぬ多くの人々にとって、かぶき芝居は見るものではなく、寄席で聴くものであったと思うほうが現実に近いように思われてならない。

もちろん、私ども現代人からは江戸時代の暮しの実態など、わずかな資料から推し量るほかはなく、私の述べることも想像の範囲にすぎないが、昭和の銀座界隈の芝居町の実態から遡って、明治から大正の旧劇が反体制の抵抗劇であったことはなく、前近代のかぶき芝居がそれとはまるで異なるものとは考えられないのである。明治初期の国策として、臣民を教化するために演劇を利用しようとしたことは知ってはいるが、それは叛逆者を愛国者に転向させるためというよりは、西洋人から見て野蛮で卑猥に過ぎると思われる芝居を高尚な演劇に改めようとしたと思うほうが自然ではないだろうか。

そして、九代目團十郎や十二代目勘彌のように、梨園の人々は積極的あるいは消極的ではあっても、全体としては体制に従ったわけであり、それを実現できたのも、すでに芝居が徳川の体制に組み込まれていた下地があったればこその話であろう。

その幕府が瓦解し、士族の不平不満を種として、明治半ばに沸き出した壮士芝居や書生芝居、さらに明治末の知識人たちが二代目左團次を推し立てて輸入した近代西欧劇以降の新劇は別だが、かぶき芝居をはじめ古来の芸能というものは近代以前も以後も、結局は現状の体制を寿ぐ芸能であったことは事実であるにちがいない。

江戸時代の正本を覗くとき、頑迷固陋《やぼ》な侍の背中に向かってぺろりと舌を出したり、一心に畑を打つ耕人《ひやくしよう》を愚かな田吾作とあなどりたがる役者や作者の僻みや気取りは見られるけれども、筋の通った高級武士は忠義一徹の善人として扱うのが当時の芝居の定式であり、地面屋敷家作を持つ町人に対しては一応の敬意を払うのが当時の芝居道の作法であった。

それを思えばたわいもなく、「江戸の歌舞伎は庶民のものだった」など、まるで午睡の寝言のような言い回しには、都市のかぶき芝居が良くも悪くも贅沢品であることを見て来た身としては義理にも同調しかねるのである。かぶき芝居に関しては、これほど楽園的な幻想を恣《ほしいまま》にしていた半面、と云うか、それゆえにと云ったほうが宜いのかは知らぬが、当時の学者の世界では、江戸時代とさえいえば封建制度下の暗黒時代と説くのが定式であった。

しかし、七〇年代の終わりごろから幾人かの文学者たちが肯定的に捉え直そうとした働きのめざましさは、ちょうど舞台の背景に吊られた木綿の黒幕がぱらりと振り落とされ、四つ目垣に枝垂れ桜、誰哉行燈《たそやあんどん》も艶めかしい、新吉原仲之町の賑わいを見るような気がしたことを、当時あまり出来の好くない学生であった私でさえ憶えている。

それは江戸ブームとも呼ばれ、学者の業界から咲きこぼれた戯作礼讃の花びらが、これも芽吹いたばかりのサブカルチャーの庭に散りかゝり、近松や芭蕉や歌麿というよりは、南北や京傳や國芳に商業的な妙味を見つけての狂い咲きといった気味合いがあった。

時を同じくして沸いたグルメブームと相俟って、若者向きの雑誌では江戸の老舗めぐりと称しながら、本膳を目八分に掲げて芸妓の供する名代の会席茶屋は我に縁なきものと度外視し、屋台から出世した簡易な蕎《ちょく》麦あるいは握りの鮨の蘊蓄ばかりを傾けることが流行りはじめる。

この余波は長く続き、平成改元の後には銀座界隈の鮨屋が高級店の仲間入りをし、有名大学の落語研究会出身者が放送局や大手の広告代理店に就職したこともあって噺家の世間的な待遇が向上し、江戸とさえ聞けばイキだのイナセだのと安易な形容詞で誉めたがるのが流行り出した。

そうした世並みの利得を梨園も受けたかは知らぬが、平成五年には歌舞伎座で一年十二カ月を通して、かぶきが上演されるまでになったのである。

と書けば、あたりまえじゃん、と呟かれるお若い方もあるかも知れないが、私のおぼえにある昭和五十年代の歌舞伎座はかぶきの公演だけでは持ちきれず、新派をはじめ、女優参加の大川橋蔵公演、三波春夫や水前寺清子などの歌手芝居、さらにはＳＫＤによるレビュウなども掛かる小屋であったのだから。

そうした興行上の成績とは関係なく、昭和の暮れ方の梨園のながめは壮観であり、当時十歳代であった私など、敗戦後にかぶき芝居をよみがえらせた六代目歌右衛門をはじめとする世代の名優たちが揃って頽齢に達しながらも、丸本物や世話狂言はもちろん、復活狂言や新作《かきもの》で見せる至芸に見惚れるばかりであった。

それぞれ円熟して深厚な芸の位を、みずから確かめるように演じており、どれも見所の多いものであったが、総じて客の入りは薄く、一階の後ろや二階席などは空いていたことを思い出す。

そうするうちに、昭和五十七年には八代目幸四郎、翌年には二代目鴈治郎、同六十三年に十七代目勘三郎、平成元年に二代目松緑、同五年に十三代目我童、同七年に七代目梅幸ならびに十三代目仁左衛門など、敗戦後の大歌舞伎に功績のあった名優が相踵いで泉下へ赴く。

## 二　平成の歌舞伎ブームと俳優たち

さらに平成十三年に八十四歳で亡くなった歌右衛門も、平成改元の後は体調すぐれず、平成八年に藤間会で見せた『関寺小町』が一期の名残となった。

そうした昭和の名優たちを支え、物心両面から援助して来た同年配である見巧者の老女たちも、昭和から平成へと移るまにまに、やはり揃って黄泉へと旅立ったのである。

さらには、それまで大劇場の興行を支えていた団体客も減り続け、すでに新橋演舞場に入社していた私など、見るべきほどのことは見つーというような料簡になっていた頃、それまでの歌舞伎公演では見かけなかったような軽装の、比較的若年の看客が見物に来始めたことは意外であった。

しかも、それまでの大劇場の興行を支えていたバスで送り込まれる団体客の一人としてではなく、自身の意思で切符を求める看客が増えたのであるから。

その理由のひとつとしては、勘九郎時代の十八代勘三郎が、平成二年から向う一年のあいだ「今宵はKANKURO」と云うテレヴィジョンのトーク番組の司会者となり、当時繁盛の小劇場の旗手や人気のあるタレントやアーティストたちと、ほろ酔い加減の会話を通じて、彼自身の言葉でいえば、かぶきの垣根を取り払おうと努めたことが若い視聴者の関心を惹き、平成の歌舞伎ブームのきっかけになったと、これは今でも信じている。

当時の梨園における勘三郎の位置を振り返れば、昭和六十三年の四月に父である先代勘三郎が亡くなったときには、国立劇場で『髪結新三』を出すほどの梨園権門の御曹司であったにもかかわらず、その半年後の歌舞伎座の顔見世での役は『曽我の対面』の八幡三郎を振られており、傍観者である私でさえ、偉い親父さんを失った歌舞伎役者の悲哀を感じたことであったが、当人としてみればずいぶん不本意でもあり、又、梨園の現実を思い知らされたことであろう。

実際、その後の発奮と努力はめざましいもので、大歌舞伎で良い役が付かなくなったのならば、テレヴィジョンや映画など、外の世界で人気を得、いずれは松竹に頭を下げさせ、歌舞伎の大きな役を持って来させようと云う決意が見えたものである。実際、〝コクーン歌舞伎〟や〝平成中村座〟など、広い世間の視聴を惹き、多くの看客を動員する企画を実現するための人心掌握の腕は冴えわたり、持って生れた運も味方をして、当時勘九郎の人気が益々高まったことは御案内のとおりである。

ワイドショーや週刊誌の取沙汰する私事の方面も花やかであったが、それさえも勘九郎人気を煽るものとなり、延《ひ》いては歌舞伎が汎く認知されるよすがともなって、その景気はめざましかった。その一方で、いつまで経っても彼の宣伝及び興行上の功績を認めず、何かにつけて若輩あつかいする内外の敵との闘いの噂もしばしば聞こえたものである。当人にしてみれば、俺の働きのおかげで、あいつらの芝居の幕も開くのに、と云う不服が抑えられないときもあったのであろう。

私は小屋主《こやぬし》側であったから、そうしたいさくさに立ち会うことはなかったけれども、勘三郎は世間の印象とはうらはらに、常に仮想の敵を立てては強面《こわもて》をしていた役者であった。時には舞台半ばでさえ、神経の苛立つ気配も感じられたものだが、ありがたいことに看客のほうでは、それさえ愛敬と誤解して、彼の憂悶の深さに心づくどころか、たわいもなく笑い転げるのであるから、興行的には無事であっても、当人の精神的な負担は重なっていたかも知れない。と云うのも、勘三郎の本来は気むずかしい、云わば名人気質の、なにごとも先例を重んじる型の役者であるように、私の眼には見えていたから。

それは何より、彼の地道《じみち》な芸に顕れていた。姉である波乃久里子さんに聴くところでは、幼少より踊りはもちろん、長唄、浄瑠璃、鳴物等の諸芸の稽古に人一倍熱心で、怖がりで、怠けるということはしなかったらしい。世上では勘三郎は天才とやら、派手な役者とか言われるのが通り相場であったが、その本来は地味な、品の好い、芸に対して恐れを抱く小心かつ秀才型の俳優であったと信じる。それなのに、表面はあのように埒《らち》もない顔つきで因襲の破壊者を装いながら、かぶき芝居を大衆のあいだに普及させることを命に替えて実現したのである。

そのためには野田秀樹、串田和美、渡辺えりなど、肝胆相照らした演劇人たちと提携し、つねに世間の意表に出る企画を立ち上げては、途切れることなしに発表し続けていた。

十歳代のときに唐十郎の紅テントに衝撃をうけ、自身の遠い先祖のおもかげを幻視した、というのが勘三郎の口癖であったが、たとえ無邪気な思い込みにせよ、後の〝コクーン歌舞伎〟や〝平成中村座〟の成功につながったのであれば、それはそれでめでたいことと言わねばならない。

私のように追憶夢想の懐古主義でしか、かぶき芝居を見ることのできない者にとっては、当時の勘三郎の活躍は大そう心劣りのするばかりでなく、きわめて残念なことであったが、それを油断なく見逃さず、遠くから睨み付けられたこともあったことを思い出す。

さて、このような勘三郎の新奇な試みや民主的風な発言の数々は、進歩的知識人たちの共感と安心とを得て、筑紫哲也がテレビや雑誌で仇《あだ》ぼめをしたり、若い頃は国劇化された松竹大歌舞伎を誹謗していた井上ひさしまでも取り込まれて、勘三郎のために慣れぬかぶきの台本を書かせられたりと賑やかなことであった。

こうした勘三郎の働きにより、かぶき芝居は〝痴呆的〟かつ〝封建的〟であると批判していた敗戦後の進歩的文化人たちの観念的な拘泥を解き、それどころか、彼らが安心して誉めることのできる〝前衛的〟かつ〝民主的〟なものに変化したわけで、つまり、誰もが言うように、勘三郎が「歌舞伎の枠を外し、裾野を広げた」のである。

こうした奮闘尽心の甲斐あって、マスメディアから平成の〝歌舞伎ブーム〟と呼ばれる芝居景気が到来したのであるが、もちろん、勘三郎に先んじて、猿之助時代の猿翁ならびに玉三郎の果たした功績は諸賢御承知の通りだが、若い読者のために大摑みに紹介したい。

猿翁が創始した〝スーパーKABUKI〟については、当時なにかと云えば、その大道具大仕掛《おおどうぐおおじかけ》のめざましさばかりが話題となったが、その成功の第一の理由は、梅原猛が現代語で書き卸した戯曲の構えの大きさであった。記紀や浄瑠璃で愛唱された英雄たちの荒魂和魂とせめぎ合いの物語には普遍性があり、ときに過剰とも思われる猿翁の長い台詞にも看客は倦むことを知らなかったことを、私は演舞場の客席から感じていた。その梅原三部作の後も、他の作者たちによる一連の戯曲を得て、猿翁のかぶき芝居に関する豊富かつ雑多な知識が演出面に生かされて、あのように目もくるめくような舞台が実現したのである。

当時梨園第一の智者であった猿翁は、若い頃からこれと見込んだ先達を訪ねて教えを請い、その人の持つ芸と口伝とを取捨採斥することなく、ばりばりと呑み込むように吸収したと伝聞する。

たとえば、十七代目勘三郎、二代目鴈治郎などの技巧に勝れた俳優、そして櫓振付師《やぐらふりつけし》である七代目藤間勘十郎の演出に関する知識と知恵、あるいは僻陬の地に残る前近代的な芸能の型さえ貪欲に学習し、そうした伝承芸のあれこれを、現代の碩学による戯曲を立体化するために、迂に似て決して迂ならぬように用いたことは、やはり、たいへんな偉業であったと思われる。

さらに、七〇年代に篠山紀信の写真術を通して、その名は全国津々浦々に知られるほど、平成に入っても猶、大衆を汎く魅了し続けたのは玉三郎の婉麗細膩かつ映像的な様式美であった。

世に云う完璧主義者らしい念の入れ方で、真女方《まおんながた》に徹して役柄を広げず、幾つかの狂言を選んで、それこそ微に入り細を穿つように磨き調えようとする姿勢は、平成も半ばを過ぎる頃から、大歌舞伎の舞台面の印象を少なからず変えたように思われる。

玉三郎の才能は、同時代の多くの看客の美に対する嗜好を共有し、それを伝承的な様式のなかで生かすところに発揮される。このように看客と好みが一致すると云う点において、まことに幸福な俳優だと思われるが、それを実現するに当っての身体的な苦しみは壮絶を極めたであろうことに違いない。

以上の秀れた俳優たちにより、平成の〝歌舞伎ブーム〟は到来し、歌舞伎座をはじめ大小さまざまな劇場でかぶき芝居の公演が増え、看客動員の数から言えば歌舞伎座の建て替えを以て頂点に達したわけであるが、昭和の頃まで大劇場の大半を占めていた団体客の代りに、自身の意思で劇場に足を運ぶ個人客と同時に、その観劇の動機にも変化がみとめられるようになる。

すなわち、「歌舞伎は日本の誇るべき伝統文化である」ゆえに「一度は見たい」というカルチャーとしての鑑賞法が、それまでも無くはなかったが、より顕著となった。これも八〇年代に始まった〝江戸ブーム〟や、平成以来の〝和《わ》モノ〟の発見と云う筋の、日本人でありながら異文化に触れてよろこぶと云うような、きわめて不思議な現象のひとつである。昭和の頃までは〝伝統〟とさえいえば〝保守反動〟の同義語のように見做し、批判まで行かずとも白眼視していたマスメディアも、伝統的な社会一般の衰微に安心したものか、今世紀に入った頃から、いやに持ち上げるようになったのと似ている。

ちなみに、二十年ほど前までの梨園の大幹部あるいは松竹の重役が、かぶき芝居について語るとき、あるいは何かの式典の挨拶のときに〝伝統文化〟と付すことは滅多になかった。どころか、先代の勘三郎などは手を振りながら「何が伝統文化だい、あたしは死んでませんよ、止しておくれ」と顔を顰めていたことを思い出す。

このように、平成の〝歌舞伎ブーム〟以来、それまでの少数の見巧者や大勢の団体客に代って、〝芸〟と云うよりも、〝歌舞伎〟と云う〝演劇〟あるいは〝伝統芸能〟を見ようと云う看客が増えたことは、大きな変化であった。

何故と云うに、昭和いっぱいまでは、ごくわずかの変わり者を別にすれば、新劇や現代演劇とは違って、歌舞伎と云うものは役者を見に行くものにほかならなかった。つまり、大半の看客は、好きな男の声や顔に見惚れに行っていた――のである。現在でも本音を吹けばそれに違いないと思われるけれども、むかしの芸者や上流夫人のように「あの役者を買いたい」と思って祝儀を用意するかわりに、「キレイね」と誉めるだけになった。

さらに当節の看客の中には、役者の〝色気〟に惹かれてというよりは、カルチャーとして品評したいと思う人たちもあるようで、そうした現代の紳士淑女はかぶき芝居の解説書を通して、眼前の舞台を見つめているようである。

と云うのも、若い頃から声曲舞踊の稽古をしたことのない現在の多くの看客にとっては、舞台の上で披露されている芸について本来語るべき言葉を持たない。そこを見越した幾人かの歌舞伎啓蒙家たちによる親切な解説書は数多く用意され、それに書いてあるように見ていれば、何となく分かったような気分になることができ、安心なのであろうか。

しかし、膨大な数の古今の劇書を読み漁って博覧強記、河竹繁俊博士の通史あるいは名優たちの残した型を頭に叩き込み、あるいは幕内の衣裳鬘大小の道具の職人のおぼえるような符丁について幾ら詳しくなったとしても、舞台上のかぶき役者が幼い頃から修めて来た諸芸の稽古を積まなければ、かぶき芝居のほんとうの味など、とても嚙み分けられるわけがない。

たとえ何十年のあいだ見続けようと、能や狂言や浄瑠璃の類と同じく、その道の稽古をしたひとでなければ、ほんとうのところは分からないようにできている。ところが、能を見ても拍子を知らず、浄瑠璃を聴いても節が分からず、かぶき芝居を見ても居どころの気にならない素人にかぎって、あのひとは上手だの、あいつは下手だのと言いたがるのは、たんなる好悪の感情に過ぎないものへ、ガイドブックで仕入れた諸解諸註を付けて満足しているのに過ぎない。

ところが、囃子部屋の弾き出す三味線の二が下がろうが、三が上ろうが気にもならないのである。人には、かぶき芝居など分からないし、また、そんなことが分かったところで何の得にも自慢にもならない。浄瑠璃かぶきの筋立てをおぼえて、役々の心理をあたまで解釈したところで、しみじみと芸に共感できなければ、芸能としての甲斐はなく、舞台で起こることを解釈したいだけならば、書斎で浄瑠璃本を黙読すれば済むであろう。芸を見たり聴いたりすると云うことは、それを演じるひとの技術を通して、そのひとの情の波瀾、精神の閃き、いのちに触れることにほかならないであろう。

云わば、そのひとの人格と云うか魂に触れようとする行為なわけで、そこへ解説書などから仕入れた知識を持ち出して、〝意味〟を探ろうとすること自体、ずいぶん水臭い話だと思われる。

何によらず、対象に向かえば知覚しようとし、分析しようとし、思考しようとしたがるのが当世とは言いながら、かぶき芝居の本来は、まるで一緒に演じているようなつもりになって、その俳優の何もかも――人生と言ってもよろしいが、すべて受け入れて共感するところに、すべての芸に接する妙味もあり、喜びもあるものと思われる。

それが今では、演じる側と鑑賞する側とのあいだに結界ができて水臭くなったのと同時に、却って、おたがいにいたわり過ぎるような気味合いもある。

また、わるいことには俳優はつねに看客の好みに注意して、できるだけ合せようとするものだから、解釈と理屈で見たがる看客の気持を推しはかり、先代と比べて説明的な演技に終始することが多くなった。

このように平成の〝歌舞伎ブーム〟を境として変化したことは、芸の稽古をしたことのない看客によって、その興行が支えられるようになった状況と、役者と看客とが技芸を仲立ちとして持ちつ持たれつして来た内的共感の喪失である。

## 三　花柳界と芝居の世界

江戸の幻想から離れて明治以降の梨園を見渡せば、芝居の興行を支えた主たるものは花柳界の婦人たちであった。

明治の末葉から全国的に膨張した花街の数と規模により、周辺の劇場の数も増え、興行界はかぶき芝居にしろ新派劇にしろ、あるいは新国劇や曾我廼家《そがのや》劇も、それぐ〵の贔屓役者の後援団体を連中《れんじゆう》と称えて惣見《そうけん》することによって、大劇場の一等席を安定的に埋めるという商法であったのである。

つまり明治大正昭和初めまでの日本の芝居は、主に花街の女性たちを顧客として成り立っていたわけで、そのほかの客としては、彼女たちの庇護者である富裕な紳士、あるいは好色を目的として役者を芝居茶屋の四畳半に呼びたがる資産家の令夫人などが数えられるくらいである。彼らに比べれば、学者や文士や学生などの数は微々たるものだが、そのような知識階級に属する男たちが芝居について書いたものが出版されて残っているから、昔から芸術的に鑑賞されていたような誤解をする現代人も多いのであろう。

さて、花柳界の婦人たちが芝居を好むのは、舞台上の俳優たちと同じような芸の修業をしていたから理解も深く、情も通いがちだった——と言えば済む。

これが東京の新橋、柳橋、赤坂の芸者などであれば、踊りも唄も浄瑠璃も鳴物も、当時の一等俳優とおなじく、諸派の家元の稽古の出稽古を受けていたわけであり、いわゆる相弟子であることが多かった。

しかも、その立場から言えば、興行の鍵を握る芸者の側が強かったことは当然で、いかに梨園の幹部《たてもの》俳優であっても、一流地の花柳界には頭が上がらなかったのである。

この名残りは、花柳界の実態が未だ微かに残っていた昭和いっぱいまでは見られ、私の勤務していた新橋演舞場界隈の新喜楽や金田中《かねたなか》などの名代の料亭へ俳優が客として自ら上ることは珍しく、わずかな例外を除けば、その料亭の顧客の伴客として連れられるのが普通であった。

これは祇園甲部などでも同じであったと聴くが、その習いが崩れたのは、これも平成の〝歌舞伎ブーム〟以降、世にときめく勘九郎時代の勘三郎が生来の負けん気と、ある種の意識を持って挑戦的に入店しようとしたのを、花街の側が許したことに始まったと記憶する。

少し話が先に行き過ぎたので、明治から昭和はじめに掛けての芸者と役者の関係についての話に戻すと、それは芸を仲介しての関係というだけでなく、多くは色情的な関係であり、そうした行為に及ぶ芸者の心理には、江戸時代以来の〝達引《たてひき》〟という心の内なる美学が存在した。

〝達引〟とは互いに意気地を張り合うことであり、それは見栄であるから、結果として他人のために義理立てをすることを意味する行為となって表れた。

この言葉が浄瑠璃や談義本で遣われた例を引けば、近世初期の侠者《きおい》たちが男を見せるときのせりふのようだが、これを真似した女たちが惚れた客情夫《きゃくいろ》や可愛い真情夫《ほんまぶ》の遊興費を立て替える場合にも遣われるようになり、洒落本や正本には達引女郎などという称えも見える。

とくに目立つのは粋書《すいしょ》いわゆる為永流の人情本に登場する芸者の性格を表すときの用例で、「達引強い唄女《はおり》だと、他人にも噂をされて居るぢゃアねえか」などは明治以降の花柳小説などにも引き継がれてゆく。

このように徳川期の文芸にあらわれる理想的な芸者像は、官許たる新吉原で客と遊女の取り持ちを任務とする本筋の女芸者ではなく、岡場所で客と直接応対する深川の辰巳芸者《はおり》であった。

さらに、その後継と見なされた柳橋の町芸者が見習い、明治以降の新橋や赤坂の名妓たちも、維新の功臣や紳商の財力の庇護を受けながら、意気地を東都芸者の宗として、往時の江東水郷の風流に倣うようになる。

こうした当時の花柳事情は、すでに拙著『名妓の夜咄』で述べたところであるが、この江戸以来の意気地には唐渡りの元《もと》があり、明和九年に翻刻された『板橋雑記《はんきょうざつき》』がそれで、明末清初の美妓たちが荒ぶる豪傑たちを手玉に取るかわりに、惚れた男には金を使って扶《たす》けるという姿が手本となった。これを仲介したのは当時の閑な文人たちであり、筆のすさみの洒落本などで、もろこしの美女を深川八幡宮の門前で三味線を奏でる唄女《うたいめ》に重ね、俠気に富む芸者の典型を造形して行き、読者のほうでも吉原の外なる町芸者といえば〝達引〟をするものと考え、芸者たちの側もそうあらねばならぬと意識するようになる。

地体《じたい》、和朝にも小野小町に代表される驕慢な〝拒《こば》む女〟の国風があり、こうした〝金や力では靡かぬ〟型が白拍子や遊女によって近世まで持ち越されて、江戸の水辺に流れ着いたとも言える。

さらに為永春水の筆の綾は、遠く離れた金陵の名妓の面影を、婦多川《ふたがわ》の仇吉や米八と云う芸者に重ね、小さき神のおもかげある丹次郎にかしづくところを、江戸風の達引尽しの趣向で唸らせたり泣かせたりの妙味を見せて、貸し本の得意客である芸者たちに支持され、覇気と色気こそが江戸の芸者の身上であると極めが付いた。さらに『板橋雑記』の影響は、かぶき芝居の作者部屋にも及び、それまで淑女を理想として京大坂以来の女方に対して、惚れた男の為なら盗みも殺しも厭わない性格の、江戸生れの悪婆《あくば》と云う役柄を開発して与えた程であった。

さらに安政六年、弱冠二十歳の身を以って柳橋に遊蕩した成島柳北《なるしまりゅうほく》は、その体験を通して『柳橋新誌《りゅうきょうしんし》』を著し、金と嘘とが支配する色町の中にこそ、人間の真実は存在すると云う人生哲学を披露したが、その際、自身が柳橋で馴染んだ町芸者を手放しで誉めそやした。この『柳橋新誌』が『板橋雑記』の影響の下に著されたことは定説であり、柳北が説いた芸者のあるべき姿とは、任俠《いさみ》であることを心掛けて気前好く振る舞い、達引を重んじて自尊の気概を見せるというものである。奥儒であった著者の経歴に対する世間の信頼と人気が、この名妓論を定説とし、幕末維新を乗り越えて、明治以降の東京芸者の必須の心得として認識されてゆく。

こうした理想に基づいて、明治東都の名妓として謳われたのは鹿島清兵衛に尽し抜いた新橋のぽん太ならびに同地の花の家《や》つまである。

つまについて言えば、その遺された写真を見ても、眉目秀麗の明治好みの美少年の面差しで、東京百美人の筆頭に選ばれるほどであったが、その器量を生かす為に、髪を結わずに撮った写真が髪洗い粉の包装に印刷され、全国に流通したために「洗い髪のおつま」として有名になるとともに、当時の艶種記者たちに話題を提供し続けた。

その百美人に選ばれた後、米倉一平なる金持ちに落籍されたにも拘らず、旦那の目を盗み、当時の家橘こと、十五代目羽左衛門を買って遊ぶという頼もしさ。そのうちに妾奉公が窮屈になり、自ら望んで新橋から返り咲き、大繁盛の最中に頭山満《とうやまみつる》の世話になるが、どうしても家橘との縁が切れず、旦那に暇を貰って木挽町に寒菊と云う待合を開き、大《おお》お姐さんと立てられたまゝ、晩年まで名妓の格で押し通したと云う。

この洗い髪のおつまが名妓と喧伝されたのは、百美人という、今で云うところの美人コンテストで一等に輝いたことが主な要因であることはもちろんであるが、もう一つの理由として、当時人気俳優であった家橘を贔屓にして、頭山満などという豪傑をも恐れず、男顔負けの達引を見せた気概が嘆賞の的となった。

おつまが家橘のために、連中をしたときの劇場での豪勢な振舞いの一端を、平山蘆江が書き留めているものを引けば、黒紬《くろつむぎ》にお揃いの縞の裁付《たつつけ》を穿いた出方《でかた》が、幕間の花道にずらりと並び、桟敷の一隅に向かって、エー、新橋のおつま姐さんへ、御祝儀の御礼を申し上げますと、一堂高らかに述べて、シャンシャンシャンと手を打ち、おありがとうございますと言うと、桟敷に陣取ったおつまは鷹揚《おうよう》に頷いて見せたと云う。

梨園の人気の俳優を買うとなれば、茶屋の四畳半での逢瀬の度に枕金を渡すだけでは大姐さんとしての幅が利かず、相手が公演《だしもの》をするとなれば、周囲の芸者たちに働きかけ、芝居茶屋を通して連中の惣見をすることはもちろん、その際には席を取るのみならず、連なる弟子はもちろん、小屋の出方、楽屋番に至るまで祝儀を切るのが、恋しい役者への達引を見せることであった。このような莫大な金銭上の負担をすればするほど、その役者からは大切にされ、また朋輩の芸者をはじめ、世間にも自慢できると云うわけであり、ときにはそうした負担に圧し潰されて、身の破滅に至ることも少なくはなかったことは、川口松太郎が『明治一代女』で仕組んだ物語上のことではなく、当時の新聞の艶種記者が面白おかしく書き連ねた雑報にも見えることである。

明治から大正いっぱいまでの花街と梨園との関係はこのようなもので、つまり、役者は芸者に金で買われるものであった。

梨園と云っても、かぶき芝居だけではない。数から言えば、それをも凌ぐ新派系統の大小の劇団に至っては、舞台で芝居をするのが本業ではなく、その前後に茶屋の四畳半で情を売るのが勤めである役者のほうが多かった様子は当時の新聞や雑誌に散見するところである。

この両人を筆頭に、明治期には名妓と称される芸者が、新橋と柳橋を中心に幾人も数え上げられたが、その基準は何かと云えば、その芸者の美貌と達引を発揮して、いかなる政財界の大看板を旦那に持ったか、あるいはどこの人気俳優を真夫《まぶ》にしたか——と云うように、相手の男の格によって、その芸者の値打ちが決められたと云ってよい。

女が親の家を出て、広い世間に顔を晒して稼ぐということは、色を売るの売らないのという以前の零落であり、そこへ落ちたからには芸者として名を売るほかはなく、そこで良くもわるくも、先ず、世間の口の端に上らなくてはお話にならなかった。

著名な男たちとの色恋沙汰は、たとえ醜聞に近いものであっても、名妓と謳われるほどの女たちにとっては身の飾りであった。それゆえ当時の花街と小新聞とは持ちつ持たれつの間柄だったのである。

伊井蓉峰《ようほう》の明治座の経営を助けるため、新橋を挙げて連中をした清香の達引や、あるいは五代目条三郎《くめさぶろう》を六代目菊五郎の女房役に据える運動資金のため、全盛を極めた芸者を辞めて鶴見に待合を経営して大金を貢いだ花香など、明治大正の役者がらみの迷妓伝はそれこそ枚挙に遑が無い。

芸者が役者の後援者である立場であったことから、当然ながら、役者の女房になって亭主を支えることに繋がって、ほとんどの俳優の夫人は芸者あがりというのが相場であり、しかも、女房のほうが威張っていたことは、そうした梨園の夫人たちの晩年を知る私などの実感である。

しかし、この関係に変化が生じるのが、昭和十年代に当時劇壇の両雄たる六代目菊五郎と初代吉右衛門の長女が、それ〳〵後の十七代目勘三郎、八代目幸四郎に嫁いだことであり、これをきっかけに梨園の血縁関係が次第に濃いものとなり、他所から養子を迎えることが少なくなった。逆に言えば、それまでの梨園の妻のほとんどは花街の出身であり、そのために実子が生まれることは少なく、養子を取ることも多かった。それゆえ、私などが若い頃の劇場関係者のあいだでは、およそ役者の系図くらい分かり難いものはない、とされていたものである。

さらに申さば、近頃の梨園の夫人たちは、夫や倅が出勤中の劇場の開場に合わせて玄関に並び、顧客を出迎えて挨拶したり、幕間に席まで出向いて手拭や音物を渡すことはもちろん、楽屋へも出入りすることが当たり前になっているが、どれも戦前では考えられないことで、色気の稼業である役者の女房《かみ》さんは同性の贔屓にとっては邪魔であるから、劇場の表はもちろん、特に親密な客の出入する楽屋へ足を踏み入れることは遠慮したものであったと聴く。

それが現在のように、客を出迎えなければ却って失礼と思われるようになったのは、嘗てのような〝役者買い〟の弊が消え、役者と客との関係が健康的なものになった表われであろうし、また、梨園の夫人が役者を裏から、奥から、甲斐甲斐しく支える存在として振舞うようになり、マスメディアもそうした姿を好意的に取り上げるようになるにつれ、まるで昔からの梨園の慣習のように、当事者たちも思い込んでいるふしがある。

梨園の夫人たちが歌舞伎座の大間《おおま》に居並ぶようになった、その初めが誰であったかを、昭和廿年生まれの波乃久里子さんに尋ねたところ、即座に、三代目時蔵夫人である小川ひな、初代白鸚夫人の松せい子、の名が挙がった。時蔵夫人は昭和の初めの赤坂で嬌名高き名妓であり、白鸚夫人は初代吉右衛門の愛娘で、双方ともに才気と見識と社交術を以て夫を支え、子供たちを育てた人である。力のある芸者あがりと、名優のむすめという組み合わせは、梨園の顧客が花柳界から素人の主婦層に移り変わる、昭和三十年代の梨園を象徴しているようにもみえる。

実際、その頃から、芸者を娶る役者は減り、それに代わる嫁御寮としては経営者の家庭の令嬢を迎えることが多くなった。しかし、そのどちらも襲名などの折に、看客の動員ならびに経済的な後援を望むことができる点では似ている。

打ち見たところ、花柳界出の梨園の夫人の殿《しんがり》は、今の田之助丈の前の奥さんではないだろうか。新橋の踊りの名取芸者で、後には築地で〝中川〟という屋号の料亭を営んで居られた。

それが今では大学出の令嬢、女優、あるいは同じ梨園から嫁ぐ夫人が多くなり、劇場に出向いて顧客を迎えるのはもちろん、みずから運転して亭主を送迎したり、当世の芸能プロダクションのマネージャー顔負けの敏腕を揮う女房《かみ》さんも現れるようになったのである。

しかし、戦前しばらくまでの梨園で、役者を裏から支えていたのは番頭と呼ばれる男たちであった。

現在の番頭は主に後援会の切符の手配をする男女を指すが、昔の番頭は役者の送り迎えから、奥役や表の仕切場との交渉はもちろん、他人に聞かせられない役者の金策、贔屓との逢引きの手配、自邸の長火鉢に陣取ってあれこれと差配する奥さんとの連絡、ときには楽屋で衣裳屋の前にまわって帯を締める手伝いまで、得てして我儘な役者の性格を噛みこんで、忠義一途に努めたものと聴く。そうした老人の幾人かは、未だ、昭和の終わり頃までは残っていたものであり、大きい役者の番頭ともなれば、案外と内福であったように憶える。

以上述べた如く、梨園の夫人が芸者でなくなり、養子を取ることが少なくなったかわりに、実の父子の血筋で繋がることが多くなったことは、敗戦後の世間一般の核家族化の流れとも一致し、とりわけ昭和の暮れ方の勘三郎家と芝翫家の婚姻によって、梨園の殆んどが親類となってからは、数代続く家柄ということにマスディアが注目し、芸能社会におけるロイヤルファミリー的な扱いをするようになり、ことに襲名公演のときなどは興行会社も利用するようになったふしがある。これは歌舞伎役者に顕著なことで、能や狂言の人たちは、今のところ、そうしたテレビ的な幻想を商法にすることは少ない。これは未だに能や狂言が興行で食べては居らず、昔ながらの〝稽古ごと〟を生業とする家元制度によって成り立ち、その弟子であって客でもある特定の顧客を相手にしていることに由るのかもしれない。となると、ぼつぼつ世襲化が見られる文楽が、そのうち梨園の真似をして、尊大振るようになることが危ぶまれる。

少し話が進み過ぎたので、昭和十年代に戻すことにして、以上述べたような芸者による〝役者買い〟の延長とも言える〝連中〟を劇界の弊風と感じ、関東大震災後のサラリーマン層の増加を見込んだ東宝株式会社の小林一《いち》三《ぞう》が、これまでの興行の慣習を改めようと、花柳界の見物には頼らないと云う発言をしたところ、各地の芸者組合のボイコットを喰らい、やむなく謝罪をしたのは昭和十年代のことである。

昭和も未だ十年の日本演劇界、特に東京の歌舞伎の世界は、昔ながらに花柳界とはとても深い縁故があり、極端に言えば、芝居は、花柳界の後援あって初めて成立する状態にあったのである。

（坪内士行『越しかた九十年』青蛙選書、一九七七年）

この一件を見ても、昭和十年代までの大劇場は、いわゆる狭い意味での〝庶民〟が、当たり前のように行ける場所ではなかったことが分かる。

こうした状況に変化が見られるのは、敗戦後から立ち直る昭和三十年代を過ぎてからのことで、花柳界の婦人たちが占めていた大劇場の看客席を代りに埋めるようになったのは、云うところの団体客つまり大型バスに載せられて、芝居と云うよりは歌舞伎座を見に来る、弁当付きの看客たちであった。

こうした旅行会社や簡易保険などが送り込んでくる団体客の多くは、生れて初めて歌舞伎を見ると云う人たちであり、ただ舞台上の役者の顔を番付と比べるのが精一杯で、初手から演劇としての主題や解釈などには無頓着であり、お楽しみは幕間の食事やおみやげにあったわけである。

いっぽう、昭和三十年代の半ばに料亭や芸者の数が頂点に達し、戦前に勝るとも劣らぬ景気を見せた全国の花柳界も、昭和三十九年の東京オリンピック以後、戦後生まれの世代から見放されて次第に衰微し、平成に入って細川連立政権の料亭政治自粛の触れにより、多くの料亭が廃業に追い込まれ、安政以来の柳橋なども消えて了った。

それでも、つい三十年ほど前までの、いわゆる〝ど・ち・り〟(歌舞伎座の七・八・九側)の席で見ていた常連といえば、一流地の芸者あるいは俳優の番頭に席を取らせる富裕な家庭の婦人たちであった。

彼女たちも名妓と同じく娘時代から長唄浄瑠璃あるいは舞踊の稽古のひとつもして居り、いわゆる芸一般を見る眼も耳もあったわけである。

さらに狭く限って言うならば、当時は一流どころの名妓の生き残りも健在で、東京で言うならば新橋、柳橋、赤坂、関西ならば大阪の南地あるいは北陽、ならびに京都の祇園先斗町などの老妓たちは、舞台の上の大歌舞伎の役者たちと同じ師匠について、若い頃から修業をしているわけであり、眼の前で演じる役者の芸が良ければ誉めるし、わるければ直接会って遠慮なしに故障を言ったものである。

それだけに役者たちにとっては気の置ける存在で、ときと相手によっては、御曹司と幕内で呼ばれる若《わか》俳優が老妓に剣呑《けんの》みを喰わされる場面を実際に見掛けることもあった。

今思えば、当時は役者にとって、自分の親父どころか祖父《じい》さんを知っている油断のならない老妓たちが、舞台に近い席にずらりと顔を並べていたおかげで、芸の水準も保たれていたように思われるのである。

さて、往時の芸者による〝役者買い〟に話を戻すと、そもそも俳優と云う稼業が、元来は舞台を勤めるだけのものではなかったことは近代以前ではあたりまえのことで、今さら世阿弥や阿国を引くまでもないことであり、これが明治大正昭和まで引き継がれていたところで何等不思議なことはない。

元来、歌舞伎《しばい》見物と云うものは、花柳界と同じく、見栄の場所であったのだが、これなど、現在では最も分からない話になっているらしい。

私の知る昭和の暮れ方の芝居町には、わずかとは言え、その名残りがあり、名題役者を贔屓にしようというような企業の経営者の中には、朝三暮四の営みに心忙しく、他人を押し退けて稼いだ銭かねを、このときとばかり、花街や梨園で気前よく散財して心を洗うというふうに見えた。

したがって、そうした顧客にとって演劇の鑑賞などという気はさらに無く、ドロン〳〵の終演《うちだし》後に贔屓の役者を料亭やレストランに招いての、後座の宴席のほうが大切であり、そこに芝居道楽の本来の道楽としての面白みを感じていたようであった。その伝で行けば、興行師や役者に歓迎される看客と云うものは、自分が惚れた役者のためならば、その出勤中の劇場を貸し切るか、そこまで行かなくともできるだけ多くの札を引き受けると云うのが、なによりの条件であることは言うまでもない。

その上で、贔屓にする役者に楽屋見舞を届けることはもちろん、その弟子にも番頭に対しても、それ相応の祝儀を出すのはあたりまえで、我が贔屓役者の幕を見終ったならば、他の幕は打ち捨てて劇場をあとにし、兼約をしておいた料理屋やレストランに先に入って楽屋から駆けつける役者を待ち受け、ねぎらいの言葉を送ったならば、もう芝居の話は一切なしで、あとはゆったりと、馴染の芸者に取巻かせて、遠慮無用に遊ばせてやると云うのが役者を買うときの心得とされた。

もとより、こうした芝居道楽の本筋は演劇そのものに偏するのではなしに、自分の惚れた役者への贔屓ごゝろであるから、招かれた役者のほうでも、いまさら聞きたくもない素人劇評などに悩まされることもなかった。

さらには普段から贔屓役者の家庭の冠婚葬祭の折の音物にも心配をしてやるならば、お互いの親しみは愈々増すのはもちろん、万が一、その役者の身に金銭上の災難でもあれば綺麗にして遣ると云うのが、いやしくも大芝居の役者の庇護者《だんな》の本格であった。

これまで縷々述べてきたように、かぶき芝居と云うのは江戸のむかしから〝贅沢品〟なのであり、現代の〝伝統芸能〟を愛する好劇家諸氏の中には歌舞伎座の観覧料が高すぎるという意見もあるようだが、贅沢は歌舞伎本来の伝統であるからには、費用が高いと非難するにはあたらないのである。

もっと言えば、かぶき芝居の本来は教養のために鑑賞するものと云うよりは、やむにやまれぬ蕩児の心をそそる嗜好品に過ぎない。うろおぼえだが「下宿屋の二階で飯に卵を掛けて喰う奴に、歌舞伎など分らぬ」などと警句を吐いたのは漱石であったか、もっともな見方だと思われる。その悪口の尻馬に乗るならば、茶のひとつも点てられないでは、かぶき芝居のほんとうの味はわからない。

根を洗えば、大道の念仏おどりから野立ち、それに筋立てらしいものが加わるようになって、唱導が元になった浄瑠璃を取り入れて悲劇を確立し、さらに時代ごとの流行りものや、あきらめの上の俳諧味を吹き寄せながら、現在もなお、多様な見どころを加え続けている芸能なのである。それだけに却って、主題だの解釈などと云った解説書さえ読めば済むと云った単純明快なものではなく、日ごろから、舞台の上の俳優と同程度の贅沢に馴れていなければ共感できないもののほうが多い。それゆえに昭和時代までの進歩的知識人の多くは、歌舞伎を痴呆的な芸術として斥け、たとえば加藤周一や木下順二などの例外を除いて、先ず近寄らなかったように思われる。

たしかに近代主義の立場から見れば愚かしい芸術に違いないが、先述したように、平成の〝歌舞伎ブーム〟以後、俳優の庇護者たる特定の顧客も激減し、梨園も不特定の大衆を対手にせざるを得なくなり、そうした悪口も聞かれなくなったというわけだが、かぶき芝居の本質とも言うべき〝色気〟が希薄になった。

さらに言うと、新聞・雑誌やブログの劇評を見れば、俳優の演技に関する印象上の巧拙についての感想あるいは俳優の表情から憶測した役の分析と解釈が目立ち、大小道具や衣裳鬘の適否についての記述が見当たらず、当今の好劇家にとってのかぶき芝居は自身を語るためのテキストでありながら、自分たちの暮しとは遠く懸絶した幻想《ファンタジー》になっているらしい。

それもそのはず、身についた生活体験による形態の洗練についての、秀れた専門家であった昔日の名妓たちの支えた梨園はすでに滅んで久しく、俳優たちは顔も見知らぬ看客ばかりを対手に芝居をすることに馴れ、絵空ごとの底になくてはならぬ実感を忘れつゝあるのだから。

（付記）文中に拙著『名妓の夜咄』（文春文庫、二〇一二年）の一部を引用した。

Ⅲ　近代化の光と影

# 第6章　京阪神のパトロン

河内厚郎

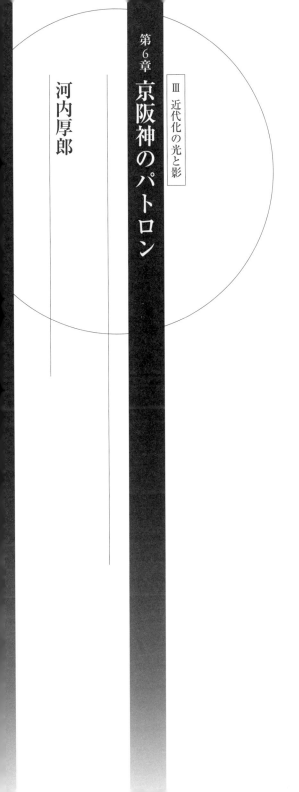

## 一　「タニマチ」と「谷町」

三世実川延若《じつかわえんじゃく》には、もともとの本拠であった大阪の後援者のほかに、「京都井筒会」「神戸井筒会」という後援会があり、昭和末期、神戸文化ホールにおける公文協の公演に、父・二世延若の当たり役を継承する「楼門」一幕の追加上演を、神戸井筒会がタニマチとなって特別にプレゼントしたことがあった。

『双蝶々曲輪日記《ふたつちょうちょうくるわにっき》』や『関取千両幟《のぼり》』の背景となる大坂相撲がまだ健在だった明治時代。大阪の谷町《たにまち》（現・大阪市中央区谷町）七丁目で開業する歯科医が力士から治療費を受け取らなかったり、谷町四丁目で開業する医師が病院内に土俵を設け幕下力士を無料で治療したりしたことに由来するという「タニマチ」は、贔屓筋やパトロンを意味する相撲界やスポーツ界の隠語だが、芸能の世界でも広く使われてきた。その谷町（筋）から上町（筋）にかけては、大阪を代表する寺町である。

平成五年（一九九三）、井原西鶴の没後三百年を記念する芝居が制作され、桂枝雀・段田安則・藤吉久美子ら出演者も決まったものの、肝心の上演劇場が見あたらず、筆者が高口泰行・一心寺住職（当時）に掛け合ったところ、寺の所有地に「一心寺シアター」を建ててくれたのには少なからず驚かされた。その後も、織田作之助賞などを主宰する「大阪文学振興会」の事務局・編集室を無償で提供し、スポンサーにもなっている。

そんな一心寺の附近は「合邦庵室」など芝居名所にも恵まれたところで、谷町筋の西側にひろがる傾斜地には、多くの歌舞伎役者が葬られている。一心寺だけでも、八世市川団十郎、四世市川小団治、三世坂東彦三郎、中村宗十郎、二世阪東寿三郎、川上音二郎らが眠る（川上は明治末期、大阪・北浜に帝国座を建設して終の本拠地とした）。同じく谷町筋の西側に位置する下寺町には夕霧太夫の墓所があり、四月には夕霧太夫の行列が行われている。

下寺町の北に位置する中寺町の薬王寺《やこうじ》には、八世片岡仁左衛門や初代中村富十郎、先々代片岡愛之助、赤穂浪士・大高源吾らと共に、天野屋利兵衛のモデルとなった人物の墓がある。この内《うち》淡路町の商人は天川屋利兵衛と名乗り（天川屋は町年寄を代々つとめた）、のちに『仮名手本忠臣蔵』を初演する竹本座のスポンサーだったことから、自身の登場を売り込んでいたとの説がある。

中寺町の正法寺には初世・三世の歌右衛門が眠っている。文化十年（一八一三）、三世が心斎橋・大丸の前で始めた小間物店「加賀屋」は、のちに店名を「芝翫香《しかんこう》」と改め、宝飾品店として今に至った。同社が事務局となり昭和四十九年（一九七四）、「中村芝翫友の会」が発足。平成五年に「中村芝翫後援会」となった（創業二百年を迎えた二〇一三年、店は御堂筋へと移っている）。

先代芝翫の後援者といえば、「芝居は鴈治郎、料理は播半」と谷崎潤一郎の『細雪』に言わしめ、日本を代表する料亭として英誌等により海外にも紹介された「播半《はりはん》」が有名であった。この播半で修業後、銀座に「つるの家」を開業し、終戦後に料亭「金田中《かねたなか》」を買収、「東おどり」を復活させ新橋演舞場の社長となったのが、岡副《おかぞえ》鉄雄である。料理人として初の文化功労者となった湯木貞一（「吉兆」創業者）も歌舞伎の愛好家で知られ、その姿を客席に見るたび緊張したと、二世尾上松緑は自著に記している。その分家となる「船場吉兆」は先年の騒動で廃業に追いこまれたが、北新地に場を移し、「湯木」の本名で再出発。昨秋（平成二十九年）、襲名まもない豊竹呂太夫の会を催し、好評を博している。

## 二　芝居茶屋

平成二十八年に逝った、文楽の人形遣い、吉田文雀の先祖は、道頓堀の芝居茶屋に布団を供する商売を営んだ。父の代に銀行家となり、歌舞伎や文楽のパトロンとなって、阪神沿線の香枦園海岸に居宅を構えた。四世竹本津太夫は、戦争中、ここに疎開している。

平成十四年の織田作之助賞〈第十九回〉を受賞した小説『芝居茶屋』（三田華《みたはな》・作）は、六代目（菊五郎）の来演で華やぐ、芝居茶屋「稲富」の店先の場面から始まる。予約客の芝居見物用の衣装を、手代や丁稚が運び込むくだりの一節を引用する。

「えー、伊丹小西さま、ご衣裳到着」
「伏見町山本さま、ご衣裳到着」
〔略〕
「御影、村山さま、ご衣裳到着」
〔略〕
「やっぱりで、ございまんな」
と、お政が村山様の帯を見て感嘆の声をあげている。その角帯は菊五郎格子を柄に織らせたものである。見事な趣向で困った時にこの一本で六代目のどの芝居をもくぐり抜けられる。利休鼠に染めた下着は、裏に《重ね扇に抱き柏》音羽屋の紋を置き、その横にさくらの二、三片が楚々と散っている。羽織の裏には風神雷神の雲と太鼓の一部が覗いていた。鏡獅子の弥生の狂い物からの連想と読める見事な趣向である。村山様は朝日新聞の社主でこんないたずらが大好きな方である。芝居の衣裳を前もって届けさせる時、よく電話がかかり「演目と誰がでるか」を確認なさる。電話は普通は秘書で、時にはご自分で掛けて見える。岸和田城主某子爵の子息で村山へ養子に入った人であるが、そんなだから、社のものが、招待切符では遠慮があって書きたい批評が書けないからという考えである。その朝日新聞は全員稲富のお客様である。

（『文学界』二〇〇三年二月）

NHK朝の連続ドラマ『よーいドン』（藤吉久美子主演、一九八二年）の舞台のモデルとされる、道頓堀の前茶屋（座付き芝居茶屋）「稲照」に育った作家、三田純市（一九二三～一九九四）の夫人、三田華が亡夫から聞き取った昔語りが、この小説の骨子となっている。関西弁が流暢な沢口靖子の主演でTVドラマ化の話も出たが、実現していない。「稲照」は二世実川延若の贔屓筋が集った芝居茶屋で、この小説の時代背景は、谷崎潤一郎の『細雪』に描かれた昭和十年代より少し前のことだ。

『細雪』から、三女（雪子）の見合いに付き添う、長姉（鶴子）の着付けを、次姉（幸子）が手伝う場面を引用してみよう。

幸子「これ、いつやったたか、中座へ菊五郎観に行った時に、締めて行ったやろ」
鶴子「ふん、締めて行った」
幸子「あの時、姉ちゃんが息をすると、この帯がお腹のところでキュウキュウキュウ鳴るねんが」
鶴子「そうやったかしらん」

幸子「見合いの席にはあかんと思うわ」
（実は、これは原作の引用ではなく、原作に惚れ込んだ市川崑の監督した映画『細雪』〈東宝、一九八三年〉の台本からの引用である）

先ほどの『芝居茶屋』の一節に戻ると、「御影の村山さま」とは、阪急沿線の御影《みかげ》に今も宏壮な屋敷を構える村山家（大阪朝日新聞社主）の当主、村山長挙《ながたか》のことである。

戦後の村山家は、「天井から音が降り注ぐ」と称賛されるフェスティバルホールを大阪・中之島に建設し、国際フェスティバルを催してきた。日本人が海外の有名音楽家と直にふれる機会など皆目なかった昭和三十三年（一九五八）に始まったフェスティバルはニューヨーク・シティ・バレエ団で開幕し、鉄のカーテンの彼方からレニングラード・フィルを招聘。翌年はストラビンスキーが自作「火の鳥」を指揮。六六年にはカラヤン指揮ベルリンフィルが登場。今も語り草となっている翌年のバイロイト・ワーグナー・フェスティバルの海外初公演では、本場ドイツでも実現し難い顔ぶれによる「ワルキューレ」「トリスタンとイゾルデ」がワグネリアンを熱狂させた。二〇〇八年にはザルツブルグ音楽祭を日本に初招聘。一昨年は指揮者ネビル・マリナーが最後の日本公演を打ち、昨年はバーンスタイン新制作の「ミサ」がお目見得した。例年のように華やかな歌舞伎舞踊もプログラムに組みこまれてはいるが（二〇一七年は片岡愛之助・中村壱太郎・片岡千之助らが楳茂都《うめもと》流で『三人連獅子』を踊り、山村流の家元である山村友五郎や、京都・宮川町の芸妓・舞妓らも出演した）、洋楽志向に傾斜していった観は否めない。京都ベンチャーの財力により二〇一六年に開館したロームシアター（旧・京都会館）もバレエやオーケストラに力を入れており、戦後の関西財界は「和」よりも「洋」のメセナに熱心で、邦楽邦舞は庶民サイドで下支えされてきた観がある。

同じく『芝居茶屋』に名の出てくる「伊丹の小西さま」とは、清酒発祥の地・伊丹で十六世紀から続く小西酒造（白雪）の社長、小西新右衛門のことである。阪急電鉄や宝塚歌劇を創業した小林一三《いちぞう》とは若い頃から格別な親交があり、宝塚大劇場など小林が創った阪急東宝グループの集客施設では「白雪」の広告が今も目をひく。

灘五郷の酒の銘柄に「寿海」や「文楽」があったことが示すように、酒造家のパトロンは珍しくなかった。五世中村富十郎が晩年、西宮市松下町にある、「白鷹」のオーナー・辰馬家を訪れ、これを自家の酒としたのは、愛息・鷹之助の名に因むものだが、「白鷹」は、自社のホール（宮水ホール）で文楽や女流義太夫の会を熱心に催している。富十郎といえば、足袋のこはぜにまで純金を使ったという三世富十郎（一八五九〜一九〇一）は、贅沢華美の咎で大阪市中を追放されて、その版画などを扱っていた堺の一文字屋がパトロンとなって引き取った。富十郎の死後、一文字屋が親戚の中村飛鶴に渡しておいた天王寺屋の名跡を、東京から大阪へ移った坂東鶴之助に、（役者を廃業していた）飛鶴が継がせたが（昭和十八年）、これには梨園を代表する女形となっていた三世中村梅玉が不快感を示している。

初代鴈治郎の相談役を長年つとめた、梅玉の上品な芸は東京でも歓迎され、晩年には梅玉ブームをまきおこしたが、実は大の博打好きで、度胸のよい相場を張り、借金の山だった時期もあると、実子の（高砂屋）福助の義弟から聞かされた。梅玉が大金を借りていた船場の大家の台所に梅玉夫人が一日中つめて手伝っていたとは、三田純市が知人の話として紹介しているエピソードだ。

その梅玉の魅力を「冷えの美」と称え、大正期に一晩かけて芝居茶屋まで船で行った娘時代の思い出を回顧するのが、谷崎潤一郎の終の夫人となった谷崎松子である。松子は生家のあった新炭屋町界隈では、「権太さん」と呼ばれるほど活発な娘として育った。「奥行きも間口も広く、大阪風の旧家の建物で、幾部屋も並ぶ店の間の格子は、新町の九軒の吉田屋に似通って居たのを思い出す。〔略〕ああいう家に谷崎の謂う陰影の妖しい美しさがあるのではないかと思われる」と本家の母屋について記し、「天神祭の頃に所蔵のお迎え人形をその店の間の広い部屋に飾り、公開しました。お迎え人形は兼光さんと呼ばれ、錨を持って太い網を片手にかざし、金襴の衣装をつけた勇者の姿で人の等身よりまだ大きいほどで、勇者らしい威勢を示して佇立していたが、それでいて一抹のあわれさを部屋に漂わせている。歌舞伎のひらがな盛衰記の逆艪の樋口次郎兼光であることを後に知った」とも記すのは、船場の御霊神社の境内に文楽座があった頃、兼光の人形をモデルに作られたものを預かり、それを天神祭の頃に公開したので〈お迎え人形〉と呼んでいたのではないかということのようである。

上方歌舞伎や人形浄瑠璃のパトロンといえば、船場の商家を抜きに語れない。幾度か映像化され舞台でも再演を重ねる『細雪』は、昭和十年代の物語だが、平成三十年一月にBSプレミアムで放映された『平成細雪』（全四回）は、時代を平成に置き換え、バブル崩壊後を生きる四姉妹の物語とした。文楽や歌舞伎に興じる上方町人の末裔たちが住む、（小西儀助商店とおぼしき）高層ビルの谷間にたたずむ船場の旧家が印象的であった。

## 三　町人の都「船場」

大阪の「船場」は、南北約二キロ、東西約一キロ。堀川に囲まれて交通の便がよく、「糸へんの街」と呼ばれて繊維業や金融業が盛んとなり、伊藤忠や丸紅などの商社もこの地から興った。

安土町二丁目にあった「水落家」は、呉服屋を営み享保十四年（一七二九）に没した初代に始まるが、代々女系で、主人が稼いだカネを女性たちが贔屓の役者に使うような家であった。毎月、道頓堀五座のうち二座か三座へは歌舞伎見物に出かけ、囃子の音が子守唄だったという子供たちは（文楽の吉田文雀も同じような環境下で育っている）、物心つく頃には女中相手に芝居ごっこをして遊んだ。幕末に作ったお雛さまは、御殿飾に渡り廊下が付いた先のお后の御殿（別殿）に踊ったり騒いだりしている人形がいて、本殿の官女はふつうの顔、別殿の官女は『妹背山』の官女のようなワルの顔。正面左手（下手）では、上使に行くような格好をした公家が階段を降りかけ、その下には裃を着た白塗りと赤面の侍が座っているという、そんな芝居仕立てのお雛さまを別注で拵えるほどの家ながら、派手になりすぎないよう男たちは引き締めていたという。初代鴈治郎を呼ぶ際も、隣家との間にある背割の下水の細合いを通って庭のくぐり（木戸）から家に入ってもらったということだが、そのとき祖母が琴を弾いて待っていたのは、鴈治郎が「小督局《こごうのつぼね》」の芝居をしていたからである。水落家の成駒屋贔屓は、三世中村翫雀に始まり、その子の初代鴈治郎へと続いた。

男寅《おとら》（三世左團次）が男女蔵を襲名することになったので贔屓してほしいと加賀正太郎（加賀証券）から頼まれた折も、女たちが留守のとき男女蔵本人が挨拶に来たので、対応に出た水落家の七代目は、自分が主人なのを隠し、「ただいま主人は留守でございます」と言って帰ってもらったという。

ただし、市川齋入《さいにゅう》（初代。現・齋入の曾祖父）だけはおおびらに入ってよかったというのは、水落家がカネを貸していた大名に、茶道の石州流の流祖・片桐家の分家があり、水落家も石州流なので、同じ石州流の茶人だった齋入は表から入れたということである。

そんな水落家にうまれた山田庄一の、母方の実家は、心斎橋のそごうの前で「みのや」という扇の商売を営み、銀座の松坂屋の向かいにも店があった。六世歌右衛門が福助から芝翫を襲名するときの扇も「みのや」製、東京の役者はほとんど「みのや」を使っていたという。

平野町に当時住んだ能ワキ方の家元、福王流の中村弥三郎（現・福王茂十郎の祖父）に謡曲を習う旦那衆が当時の船場には多く、さらに両親は北新地の杵屋登美に長唄を、そのうえ母は楳茂都扇性《せんしょう》師に舞を、杵屋佐吉派に長唄も習っていた。そんな上流商家の暮らしぶりを書き留めた山田庄一は、大阪毎日新聞の記者時代、坂田藤十郎や桂米朝や茂山千之丞ら……歌舞伎・文楽・能・狂言・地唄舞・落語・漫才など、四十歳未満の気鋭の関西芸能人たちがジャンルを超えて集まる会「上方風流《ぶり》」を発足させ、昭和三十八年に同名の雑誌の創刊号を出している。演劇評論家の水落潔は、山田庄一の弟に当たる。

## 四　町衆、町人、ブルジョア

住友や鴻池など表通りに店を構える旦那衆から裏通りの下層町人まで、ひとくちに町人といっても、階級的落差は当然あった。上層町人の社会的役割のひとつに、賃貸しの長屋のオーナーとなり僅かな家賃で店子に貸すという慣習があった。落語に登場する長屋の庶民はいうまでもなく借家人の側である。富裕な町人層のパトロネージを庶民も支持するという構図で上方の芸能文化は育ったといえるのではなかろうか。

上層町人の牙城だった船場は、近世初頭に人工的に造られた街で、伏見町や平野町や安土町といった町名が示すように、畿内の由緒ある地から移住してきた有力商人たちが文化の祖型を形づくり（近代以降は近江商人の文化が加わる）、それが古代都市・難波《なにわ》の記憶と合体し（中世都市・大坂本願寺の記憶を潜行させつつ）近世大阪のアイデンティティは確立されていった。なかでも京都方面から移住した商人たちは御所言葉をもたらし、それが転訛して浄瑠璃に通じるような船場言葉を醸成していったのである。

そんな旦那衆たちが明治末期から続々と郊外の阪神間へ移り住む。「なぜ大阪のブルジョアは兵庫県に住みたがるのか?」とよく質問されるが、大阪府北西部と兵庫県東南部は同じ摂津国であったから、明治末期に始まる大阪商人の阪神間移住は摂津国内でブルジョア層が西漸したことになるわけだ。「上方」「京坂」の別の呼び名として「京摂」がある。「京」＋「摂津」の意で、畿内の枢要の地を占める摂津国とは、山城国（京都府）と山崎で接し、和泉国と住吉で、播磨国とは須磨、丹波国とは三田で接し、現在の大阪市と神戸市の大半を含む。今なら「阪神」の呼び名がふさわしいだろうか。

歴史を俯瞰すれば、京都（中近世）→「船場」（近世・近代）→「阪神間」（近現代）という、町衆→町人→ブルジョアの系譜を抜きにして関西の市民文化は語れない。その典型をフランス文学者の多田道太郎（一九二四〜二〇〇七）に見ることができる（筆者は彼と親しく交際した時期があり、共著も何冊か出した）。大正十三年十二月、京都・下京の母方の実家で雪の降る日に産まれた道太郎は、六甲南麓の阪急沿線・岡本の家で育ったが、本業は船場の商家であった。道太郎の誕生時には近所に住む谷崎潤一郎が産着をくれたということで、自分の伯母たちが『細雪』のヒロインのモデルらしいとも語っていた（同様の発言は作詞家の岩谷時子も旧友の告白として明かしている）。道太郎は古典芸能の道へは進まなかったが、同じ岡本に住む伯父の多田侑史《ゆうし》は、終戦後に奈良の薪能を復活させた功労者であり、のちに裏千家の東京事務局長をつとめた。

## 五　甲南人脈

明治三十八年（一九〇五）に南座で『桜時雨』（高安月郊《たかやすげっこう》・作）が初演されたとき、京都の旦那衆が桟敷で香を焚くという風流な芝居見物をしたことが伝えられているが、そんな市中に住む富裕層が大阪では職住分離へと向かうようになる。

明治末期。住友本家や野村徳七、村山龍平らは続々と六甲南麓（現・神戸市東灘区住吉）に居を構えた。『細雪』の舞台となった谷崎潤一郎旧居が公開されている住吉河畔は、正月ともなれば、経営者の屋敷へ年始に向かう社員の列が続き、「もうひとつの住吉詣」の観を呈した。劇評家の戸板康二は、慶応の学生時代、休暇になると、住吉に当時あった実家へ帰省し、初代中村鴈治郎の犬山道節（「八犬伝」）を中座で観劇した得難い思い出を綴っている。

住吉界隈には伝統芸能のパトロンが集結し、たとえば能楽師・手塚（大西）亮太郎（一八六六〜一九三二）の門下には、小西新左衛門・久原房之助・住友吉左衛門（十三世）・野村徳七・弘世《ひろせ》助太郎（日本生命）・楠本善吉（俳人・楠本憲吉の父、「なだ万」経営者）ら関西の有力パトロンが集まった。個人所有の能楽堂としては日本一といわれた大阪能楽会館の建設に住友家は土地を提供している。今も摂津（阪神地域）で盛んな「煎茶」の世界もそんな旦那衆が支えてきた。

東京海上保険専務や川崎造船所社長を歴任し広田内閣で文相をつとめた貴族院議員の平生《ひらお》釟三郎《はちさぶろう》が、政界の黒幕といわれた久原房之助（立憲政友会総裁）らに財政支援を仰ぎ、安宅弥吉や伊藤忠兵衛らの協力も得て、大正八年（一九一九）、住吉の地に旧制甲南中学校が開校した。翌年の戦後恐慌で最大の資金提供者だった久原が破産すると、岩崎久弥や野村徳七らの資金提供者を募って乗り切り、（旧制）甲南高等学校を開校する。

戦前、この甲南中学で、英語を教えながらも教室では芝居の話ばかりしていたという香西《こうさい》精《つとむ》先生に、六代目（菊五郎）の良さを教えてもらったと、教え子の武智鉄二は回顧している。戦後、「兵庫米穀」の社長となり、「武智君があんなに偉くなるとは思わなかったよ」と語っていた香西は、在野の能楽研究家としても知られた。その業績の一つに、世阿弥の研究がある。世阿弥が娘婿の禅竹に出した手紙にある「ふカンじ二代ハ仰せ候しか」が「らカン寺」と読まれていたのを、香西が「フガンジ」と読み直して調べたところ、奈良県田原本に補巌寺があると分かり（今はない）、世阿弥の菩提寺が判明したのである。同寺が田畑を寄進したことを記す納張には「至翁禅門八月八日」とあり、「至翁禅門」とは世阿弥の号なので、世阿弥が死んだ日も分かって、同じ帳簿に夫人の法号「寿椿」も見つかっている。

戦後の学制改革で新制の中学・高校・大学となり、現在は松下幸之助の孫・松下正幸が理事長をつとめる、この甲南学園の出身者が、関西の有力なパトロン人脈を形成してきた。その一人、伊丹の酒造家を祖とする豪商・鴻池家にうまれ、『道八芸談』や『栄三自伝』を著した鴻池幸武は、昭和十六年（一九四一）、大谷廣太郎（先代中村雀右衛門）の研究公演として『絵本太功記』十段目「尼ヶ崎」を演出している（東京・飛行館）。武智鉄二が演出ノートのようなものを克明に描いて、早稲田大学の演劇博物館にいた鴻池に送り、二人で演出した。梨園の外部の者が歌舞伎の演出をするというのは当時としては異例中の異例であり、豪商・鴻池の息子だから役者たちも黙っていたのである。この公演が、役者の型や口伝に影響されず原作の意図を尊重する、いわゆる「武智歌舞伎」へと継承されていくことになる。武智に仕込まれた五世富十郎は、坂東鶴之助の時代、京都にあった安宅産業の寮に住んだということであり、生活も遊興も丸抱えの〈武智&安宅〉メセナであったが、武智家が破産状態になってからは、甲南人脈のバックボーンがなければ武智鉄二の演劇・芸術活動はとても続けられなかったとは、東京へ拠点を移した鉄二と日生劇場等で共に仕事をした、三男の武智節造《せつぞう》（平成二十五年死去）から直に開いた話である。

当時、関西財界人となっていた甲南OBの友人たちが「武智君にばっかりおカネを使わせては申し訳ないから、皆で財政的に面倒を見よう」と、関西歌劇団の上演した野外オペラ『アイーダ』（甲子園球場・大阪球場、武智鉄二演出、朝比奈隆指揮）等にも協力する機運になったというのは、誘致が話題となりつつある大阪万博のことが一つにはあり、日本生命（本社・大阪）による日生劇場建設の動きもそうした流れの中にあったということである。安宅英一が中心となって「武智鉄二君後援会」が結成された、昭和三十二年（一九五七）の第一回公演は、大阪サンケイホールにおける『きりしとほろ上人伝』と能・狂言様式による『夕鶴』であった。東京でも三十年代半ば頃から、東大に進学した甲南OBの溜り場となっていた日本橋の明治屋や日本塩業会館などに、東京で仕事をはじめてまもない武智鉄二を助けようと旧友たちが集まっていた。

そんな武智家は、船場の由緒あるブルジョアではなく、徳島県鴨島町上下島（現・吉野川市）の出身で、鉄二の父の従兄弟にあたり、同町の駅前に銅像が建つ、曾我廼家五九郎《そがのやごくろう》（本名・武智故平《こへい》）は、大正時代、浅草の喜劇王として知られた。フランキー堺や瀬戸内寂聴も一族に連なるという、異色・異能の一族である。

## 六 「船乗り込み」今昔

昭和二十六年（一九五一）、松竹創業者で大阪松竹を統括する白井松次郎と名優・二世実川延若が逝き、二十九年に阪東寿三郎が逝くと、関西歌舞伎は内紛に明け暮れるようになった。昭和三十年代半ば、関西歌舞伎は危機的な状況に陥る。昭和三十六年（一九六一）一月に道頓堀中座、二月に大阪新歌舞伎座と歌舞伎がかかった後、商業劇場では古典歌舞伎の空白がつづき、ついに十三世片岡仁左衛門が立ち上がった。現在もOMS戯曲賞を主宰するなど舞台芸術のメセナに尽力する大阪ガスの配慮により、昭和三十七年、御堂筋に面したガスビルのレストランで、「仁左衛門歌舞伎」旗揚げの記者会見が行われた。

役者のスポンサーとは、切符を買ってくれる人、劇場を満員にしてくれる人をさす。仁左衛門家が京都・蹴上《けあげ》にある松下幸之助の別邸を訪れて支援を請うたところ、松下は即座に公演を一日ぶん買い取り、その場でシャープ創業者・早川徳次郎に電話をかけ、早川も二百枚を買い取っている（京都南座のお茶子を経て、大阪ミナミで芝居茶屋を営んだ後、神戸八千代座の座主となった巽《たつみ》テルは、常にみずから二千枚は買い取っていたという。余談ながら筆者も歌舞伎公演一日ぶんを二百万円強で買い取った覚えがある）。

「経営の神様」といわれたパナソニック（旧・松下電器産業）創業者の松下幸之助は、西宮市名次町の自邸で催す花見の宴に仁左衛門を招くようになり、幸之助の孫の嫁である昌子（日生劇場を創った日本生命会長・弘世現《ひろせげん》の孫、二〇〇九年死去）は現仁左衛門の贔屓だったが、昭和五十年代に入り関西での歌舞伎興行がいよいよ衰微していく状況下（それでも昭和四十九年などは、大阪新歌舞伎座四ヶ月、京都南座三ヶ月、道頓堀の中座と朝日座が一ヶ月ずつ、朝日座では歌舞伎・文楽合同公演もあったという具合に盛り返した観もあった）、大阪・中之島のロイヤルホテル（現リーガロイヤルホテル）で二世鴈治郎や十三世仁左衛門らを励ますパーティが関西財界により催されたりしたものの、あらたな展開は見られず、松下電器の労組が母体となって昭和五十三年（一九七八）に「関西で歌舞伎を育てる会」（現在、筆者が代表世話人をつとめる「関西・歌舞伎を愛する会」の前身）が結成されることになる。この自発的な動きに松竹も呼応し、翌年には道頓堀の朝日座で本格的な歌舞伎興行が実現したのである。

その折、初代中村吉右衛門一座の来阪以来ほぼ半世紀ぶりに復活した「船乗り込み」に加わった十七世中村勘三郎は、大正十三年（一九二四）の来阪時にも乗船しており、行儀よく膝をそろえて群衆にお辞儀する吉右衛門や米吉（のちの十七世勘三郎）の姿を見物したと、のちに劇作家として大成する北条秀司は証言する。長堀川の材木河岸にあった北条の生家は初代中村鴈治郎を後援する「鴈治郎会」の幹部だったが、昭和三十年代に上方出身の役者を集め「七人の会」を毎日ホールでプロデュースした、山口廣一《こういち》の生家は、新町のかしわ料理屋で、やはり歌舞伎をこよなく愛する家であった。

「関西で歌舞伎を育てる会」が発足したのは、前年の大阪新歌舞伎座における顔見世（八世沢村宗十郎・初代沢村藤十郎の襲名披露）の不入りが直接の契機で、当事者の藤十郎が各界へ熱心に働きかけたことが実を結んだ。作家の小松左京らと共に代表世話人に就いた高畑淳一（松下労組の委員長、のちに取締役）は三世市川寿海（一八八六〜一九七一）の贔屓であった。芝居の世界では珍しいといわれた篤実な人柄と爽やかな口跡に惚れて寿海贔屓となった歌舞伎ファンが戦後の関西には多く、大阪・美章園《びしょうえん》で育った俳優・橋爪功の一家も寿海の後援会に入っていたという。

阪東寿三郎と共に「双寿」と呼ばれた寿海が関西歌舞伎の座頭格に収まってしまったことが、上方歌舞伎の正統な後継者を自負する二世鴈治郎の心証を損ねたことは想像に難くない。昭和十〜二十年代、大阪松竹はのちの三世富十郎や十世嵐雛助、八世澤村訥子《とつし》など少なからぬ俳優を東京から加入させ、なかでも丸本物より新歌舞伎を得意とする寿海（市川雷蔵の養父）が中心的存在となった。鴈治郎は映画界へ転出する際、「播州歌舞伎にでも行こうかい」と発言したが、元禄期に大坂の役者の指導により成立した播州歌舞伎は、今も上方歌舞伎には不可欠な丸本味を濃厚に残すからであろう。

とはいっても、東西間の役者の交流は昔から繁くあって、幕末の八世団十郎の来阪時に出来た「蝙蝠」という応援歌では、「蝙蝠が出て来た浜の夕涼み」と北浜の地名を読み込み、「いなさぬ〳〵いつまでも」と贔屓ぶりを示す唄をうたいつつ、船を進めて乗り込んだという。明治初期の関西を舞台に五代友厚の名をあらためて世に知らしめた、ＮＨＫの連ドラ『あさが来た』にも「船乗り込みの季節やなあ」というヒロインの印象的な科白が出てきたが、そんな船乗り込みを東京の二大名優が競ったことがある。

明治二十五年（一八九二）二月十四日。翌月の浪花座に出演する初代市川左団次は、高麗橋の越後屋呉服店（のちの三越）に立ち寄り、正午の午砲《ドン》を合図に、（三十石船の発着点だった）八軒家から船に乗り込んだ。天満の青物市場から大川を下って北浜の証券取引所へ、そこから堂島川に入り堂島の米穀取引所へ向かい、朝日・毎日の両新聞社へ挨拶をしてから西横堀川を南下する頃には夕刻となり、新町橋で船に灯を入れ、道頓堀川で両岸のお茶屋や芝居茶屋からの出迎えを受けて、浪花座へ入ったのが午後七時であった。

三月の角座に出演する五世尾上菊五郎も、左団次と同じコースで船を進めたが、堂島の旦那衆へ挨拶に行ったときの服装というのがまずかった。山高帽に靴を履きフロックコートという出で立ちが顰蹙を買ったのである（これは村松梢風『名優船乗込』におもしろく描かれている）。堂島の旦那衆、天満の青物市場、川口のざこば（魚市場）……、芝居の大スポンサーのなかでも、先物取引発祥の地として名をとどろかせた（シカゴの穀物市場より一世紀先んじた）、堂島の米穀取引所関係の旦那衆は、〈じき〉や〈じき旦〉と呼ばれて芝居や花柳界から畏敬された。役者が〈じき〉へ挨拶に赴く際には、紋付羽織袴の正装で足には冷飯草履を履くのがしきたりだったのである。結局、菊五郎のほうから詫びを入れることで〈じき〉の衆も後援にまわったが、このときの船乗り込みの盛大さは、松竹映画『残菊物語』（一九六三年、大庭秀雄監督）のラストシーンであざやかに再現された。

当時すなわち明治中期の上方劇界では、成駒屋（初代鴈治郎）と松嶋屋（十一世仁左衛門、当時は我當）が花形役者として人気を競うようになっていた。鴈治郎家はミナミの玉屋町、片岡家は黒門市場の北側の高津十番丁にあり、どちらも高津神社が氏神であった。『夏祭浪花鑑』の名場面で知られる、七月十七日の高津の宵宮の日、片岡千代之助（十三世片岡仁左衛門の幼名で本名）に男衆が付いて黒門の家から下大和橋を渡っていくと、中村扇雀（のちの二世鴈治郎）が男衆に提灯を持たせて向こうからやって来る。ライバルで知られた父（初代鴈治郎と十一世仁左衛門）の贔屓同士の仲の悪さを知る二人は、子供心にも知らん顔して真っすぐ前を向いたまますれ違ったと、仁左衛門は後年なつかしく回顧している。

現在は国立文楽劇場の建つあたりが、その仁左衛門家のあったところで、そこから千日通りの斜め向かい側、谷口歯科ビルのワンフロアーが、現在、歌舞伎資料館（嵐徳三郎記念館）となっているのは、谷口歯科医が徳三郎の後援者だったからである。片岡一門や徳三郎により文楽劇場で『夏祭浪花鑑』が上演された際（昭和六十一年）、黒門市場の男衆たちが「長町裏」で祭りの衆に出演したのは話題となった。

谷口歯科医はじめ元禄寿司の社長など、大阪に本格的な夏の到来を告げる船乗り込みに浴衣姿で加われるというのが、今の関西では稀少なステータスのようになっている。

## 七　戦前までの芝居町

山口廣一が上方歌舞伎を残すべく昭和三十三年（一九五八）に始めた「七人の会」（堂島・毎日ホール）では、笹瀬連《ささせれん》の手打を復活させ、話題となった。昭和四十年（一九六五）前後に林又一郎が指導した「宝塚義太夫歌舞伎」（宝塚大劇場）でも手打が披露されている。

戦前の芝居町で正月の見ものといえば「大手連」「笹瀬連」の〈手打〉であった。茶屋の軒に連中の印のある箱提灯をかけ、黒の金巾木綿の着付に白綾に金の縫箔を混ぜた帯をしめ、緋色の毛羽に定紋をつけた長頭巾を被り、手に小さな拍子木を持った連中が左右の両花道に並んで役者の褒言葉を唄いはやした。

連（連中）とはファンの団体のことで、大手連・笹瀬連は見連《けんれん》・組・組見《くみけん》とも呼び、享保頃以後、顔見世になると（戦前までは中座や角座でも顔見世が行われた）役者を祝って一座の俳優に進物を贈った。最古の笹瀬連は享保五年（一七二〇）に船場の笹屋小兵衛と瀬戸物屋伝兵衛がはじめた連中で、大手連は享保二十年（一七三五）上町の河内屋孫兵衛・大和屋八郎兵衛の発起による。ほかにも明和七年（一七七〇）以来の藤石連、安永四年（一七七五）に出来た花王連《さくら》などがあった。

〈組見《くみけん》〉とは、役者の連中見物のことで、芝居小屋の入口にだれそれ後援会の看板が出ると、前もって切符を引き受ける芸妓衆が両桟敷に並んだ。正月三ヶ日に櫓を潜ると縁起がよいというので芸妓たちは競って桟敷へ坐りたがった。人気芸者は、角座の桟敷から中座の桟敷へ、さらには浪花座へと一日のうちに芝居と客を掛け持ちし、最後は川向こうの宗右衛門町のお茶屋の座敷で果《は》太《て》鼓を聞くというのが戦前の芝居町の正月風景であった。そうした費用に加え、〈芝居花〉という割増の玉代を旦那衆たちは出さねばならなかった。

天保年間の遊里の番付によれば、大坂・新町が東大関、江戸・吉原が西大関、東関脇は大坂・島之内（南地の中心部）、西関脇が京・祇園とある。芝居町の道頓堀に隣接し、鴈治郎家はじめ歌舞伎役者の居住区でもあった南地は、そのなかに五花街を抱える大きな遊里で、南地五花街の事務所は松竹座の隣にあったが、そんな大阪のお茶屋文化も衰退はなはだしく、芸妓学校を抱え上方舞の名手・武原はん等を輩出した「大和屋」も平成十五年（二〇〇三）秋に看板を下ろしたが、節分の二月三日に仮装で着飾る「お化け」の風習を北新地は今も伝えており、文楽からは桐竹勘十郎が『曽根崎心中』お初の人形を遣って参列する。特設舞台で舞うのは老妓が主となってしまった。現在この「お水汲み」に尽力している一人が、サントリー副会長で甲南ＯＢの鳥井信吾である。

大阪の舞台へ出たがらなかったという二世左団次の贔屓で聞こえた、松本さだの連中が京都や神戸で観劇する際には、祇園の芸妓が桟敷に並ぶのが壮観であった。役者の夫人や興行主の娘たちで成る「古娘会《こむすめかい》」の観劇日は、初日の明けた二日目、席は桟敷の真ん中と決まっていた。そうした玄人節の観劇文化とは一線を画し、郊外に住むファミリー層に向けた新しい観劇文化を開拓したのが小林一三であった。

庄野潤三の『水の都』には、船場の主人と奉公人の心の絆を伴う人間模様が戦後も引き継がれたことの一端が記されている。しかし戦後は、税制のせいで、船場や堂島の老舗は株式会社となり、株主となった旦那衆も世代交代していくと、相続税で財産を取られ、オーナーとしての発言力は失われていった。実際に経営する社長や専務（昔の番頭）は地方出身のサラリーマン役員が主になり、スポンサーを請うても「それは経理を通してくれ」となっていく。

そんな新関西人のために即興的な笑芸を提供したのが吉本興業だったという見方もできるだろう。昭和十年代に書かれた織田作之助の『夫婦善哉』を仔細に読むと、主人公夫婦が世帯をもつ黒門市場の路地裏長屋、男の実家がある梅田新道、女の実家がある上汐町など、そこに登場する街々は豪商が軒を連ねた昔ながらの旧市街ではないことに気づく。船場や島之内や天満といった旧都心にはあえて足を踏み入れないよう注意深く設定されており、『細雪』に登場するような老舗の料亭も出てこない。作之助が描きたかったのは、伝統的な大阪町人ではなく、拡大膨張しつつある近代大阪の、マージナルな領域に棲息する庶民群像であった。それでも作之助の育った界隈は「今頃は半七さん、何処にどうしてござろうぞ」の名文句で人口に膾炙した『艶容女舞衣《はですがたおんなまいぎぬ》』の舞台であり、蝶子の三味線で語った柳吉の浄瑠璃が素人の義太夫大会で二等賞をもらうところで『夫婦善哉』は終わっている。つまり、新旧の大阪文化の端境期を描いたことになろう。

戦後は、経営の神様と呼ばれた松下幸之助でさえ「自由にカネが使えない」と周囲にこぼしていたものだが、自由にカネを使えた社長は安宅英一が最後あたりであろうか。安宅産業の創立者である安宅弥吉は、武智鉄二とは甲南の同級生となる次男の重雄を後継者に当初は指名していたということだが、実際に人事権を濫用して同社破綻の引き金をつくった英一のコレクションは中之島の大阪市立東洋陶磁美術館に収蔵され、東京音楽学校の優秀な卒業生に奨学金を出す安宅賞（一九三八〜）は英一の長男・昭弥により東京藝術大学で現在も続けられている。弥吉の娘の登美子は、戦前にベルリンフィルを指揮した作曲家・貴志康一と芦屋・精道小学校の級友で、住友化学社長・長谷川周重の夫人となった。

## 八　家元と寺社

昭和二年（一九二七）八月に作成された「三都歌舞伎人気鑑」という、役者の顔写真や屋号・紋・本名・得意役などを記した俳優名鑑を見ると、関西の俳優たちのほとんどは大阪市内に在住。それが大正から昭和にかけて、四世片岡我童（のちの十二世仁左衛門）や三世梅玉、林又一郎らが阪神間へ居を移しはじめる。筆者の母校、西宮市立大社小学校（摂津越水城址）の先輩ＯＢ、市村吉五郎（二世）の実父は十二世片岡仁左衛門だが、十二世は四世片岡我童の時代、正田証券という有力なパトロンがついていた。その夫人と娘の紹介で、宝塚の清荒神《きよしこうじん》（清澄寺）も仁左衛門の後援者となった。関西一円の料亭から「竈《かまど》の神様」として信仰を集める清荒神は、七世松本幸四郎以来、高麗屋の有力な後援者でもあり、その血をひく現・海老蔵、婚約時の挨拶先に関西では、清荒神と裏千家を訪れている。

　京都の明倫小学校旧校舎が京都芸術センターへうまれ変わる際、関係者が真っ先に裏千家に話を持ちこんだところ首尾よく事が運んだという経緯があり、かつては旦那衆のパトロネージに支えられた裏千家は、今ではコーディネーター的なパトロンにも転じたといえるだろう。大阪大学総長をつとめた物理学者の熊谷信昭（平成三十年一月死去）は現・仁左衛門の関西後援会長であったが、夫人は裏千家の出身である。昭和五十三年（一九七八）、宝塚映画製作所が、中野良子や中村吉右衛門の主演する『お吟さま』を熊井哲監督で撮った際も、裏千家が制作費を負担している。

（参考文献）
片岡秀太郎著、坂東亜矢子構成『上方のをんな――女方の歌舞伎譚』アールズ出版、二〇一一年
香村菊雄『船場ものがたり――大阪慕情』神戸新聞出版センター、一九七六年
『関西文学』二〇〇〇年四月号、特集「船場文化を語る――地歌・谷崎・商家の教養」

神崎宣武『大和屋物語――大阪ミナミの花街民俗史』岩波書店、二〇一五年
権藤芳一『上方歌舞伎の風景』和泉書院、二〇〇五年
中村鴈治郎（二世）『役者馬鹿』日本経済新聞社、一九七四年
前川佳子構成・文、近江晴子監修『船場大阪を語りつぐ――明治大正昭和の大阪人、ことばと暮らし』和泉書院、二〇一六年
三田純市『道頓堀百年史――道頓堀　川／橋／芝居』白川書院、一九七五年
同『遥かなり道頓堀』九芸出版、一九七八年
山口廣一『西と東の歌舞伎』演劇出版社、一九八〇年

Ⅲ 近代化の光と影

# 第7章 根岸興行部と浅草芸能の変遷

原健太郎

## 一　浅草の望楼建築

都内最古の寺院である浅草寺の五重塔は、昭和四十八年（一九七三）に再建されたものである。元の塔は、昭和二十年（一九四五）三月十日の東京大空襲で本堂とともに焼き払われている。五重塔が初めて建立された年月は不詳だが、寛永年間（一六二四―四五年）にはすでに存在していたらしい。その後、幾度かの被災焼失をへて、慶安元年（一六四八）に三代将軍家光によって再建された。だがこれも、安政年間（一八五四―六〇年）に頻発した大地震によって多大な損傷を受ける。

五重塔の補修工事が始まったのは、明治十九年（一八八六）のことである。このとき、下足料一銭をとって参詣客を足場にのぼらせ、最上層の屋根近くから市街を眺望させた。工事費の補塡が目的と伝えられる。

面白いのは、この趣向に刺激を受けた寺田為吉という興行師が、翌二十年（一八八七）十一月、浅草公園六区に「富士山縦覧場」［図①］なる高層施設を開場したことである。高さは、当時の五重塔（約三三メートル）と肩を並べる三二・八メートル。裾周り二七三メートル、頂上周り三二・八メートルと、木造とはいえ立派な建築物だった。入場料一銭五厘。富士信仰とかかわる富士塚の役割も担っていたと考えられるが、見物客が詰めかけたのはわずかの間で、明治二十三年（一八九〇）の春頃には取り壊された。

同年十一月、この人造富士と入れ替わるように、浅草千束町（現・台東区浅草二丁目）に「凌雲閣《りょううんかく》（通称・浅草

図①　富士山縦覧場を描いた大判錦絵（三枚続き）『浅草公園冨士山繁栄の図』（幾英画、1887年／国立歴史民俗博物館蔵。たばこと塩の博物館開館25周年記念特別展『大見世物 ～江戸・明治の庶民娯楽～』〔2003年11月1日～12月14日〕図録所収）

十二階）」が開業する。こちらは十二階建ての尖塔で、高さ約五二メートル。当時、日本でもっとも高い建物だった。基本設計にあたったのは、明治政府のお雇い外国人技師のひとり、英国人のウィリアム・K・バートンだった。十階までは八角形の煉瓦造り、十一・十二階は木造で、日本初のつるべ式エレベーターが設置された。上層階には望遠鏡が備え付けられ、東京全市のみならず関東一円の山々が一望できた。入場料は大人八銭、子供四銭。

凌雲閣は東京の一大名所として親しまれたが、関東大震災で半壊し、やむなく解体された。長岡の生糸貿易商福原庄七がパリのエッフェル塔（一八八九年開業。高さ三二四メートル）をヒントに起案したとされるが、形状や高さもかなり違うことから、福原の心を騒がせたのは富士山縦覧場のにぎわいだったのではないかと思う。

工事現場に踏み入らせ、料金を徴収した浅草寺関係者をふくめ、いにしえより浅草には、アイデアに富み、時代感覚に秀でた興行者が数多く存在した。なかでも、明治期から今日まで続く興行会社「根岸興行部」（現・株式会社根岸興行部）の仕事は、そのまま浅草における娯楽と芸能の変遷史を見るようである。

## 二　浅草公園六区の誕生

浅草寺本堂西側の「奥山」といわれた地域には、江戸時代後期より、香具師《やし》や大道芸人が集結し、小屋掛けの宮地芝居や見世物小屋、水茶屋などが建ち並んでいた。見世物小屋の多くは、雨の日は休業をしいられる葭簀《よしず》張りの粗末なものだったが、そこで曲独楽《きょくごま》や居合抜き、軽業、馬芝居、住吉踊り、女力持ち、ろくろ首、地獄極楽など、さまざまな芸が披露され、籠細工、生人形《いきにんぎょう》などの展示物が、人々を非日常の世界に招き入れた。

それまで日本橋葺屋町《ふきやちょう》（現・中央区日本橋人形町）にあった吉原遊廓が、浅草寺北側の浅草田圃に移されたのは明暦三年（一六五七）、今からおよそ三六〇年前のことである。この年の正月、江戸市中の大半が焼失する大火（いわゆる「振袖火事」）が発生。町の大整理を迫られた幕府は、治安や風紀上の都合から吉原遊廓をそっくり浅草へ移し、営業を再開させた。時代は下り、水野忠邦の天保の改革（一八四一―四三年）により、歌舞伎を上演していた中村座、市村座、森田座の三座が、江戸市中より浅草猿若町（浅草寺の北東）に所替えとなり、ここに芝居町が形成された。「悪所《あくしょ》」といわれた遊廓と芝居小屋が、観音信仰と結び付いたことにより、いきおい浅草の街は庶民文化の要衝として発展をとげた。

森田座は十一代目森田勘彌の時代に守田座に改名されるが（このとき、森田の姓も守田に改められた）、十二代目守田勘彌が座元になってから新富町（京橋）に移転し、新たに新富座を開場した。新富座は当時もっとも大きな劇場であり、当代の人気俳優「團・菊・左」（九代目市川團十郎・五代目尾上菊五郎・初代市川左團次）を競演させるなど、歌舞伎の黄金時代創出の大舞台となった。十二代目守田勘彌は、團十郎とともに演劇改良運動に力を尽くし、明治二十年（一八八七）、初めて天覧歌舞伎を催した。明治二十二年（一八八九）、木挽町にさらに大きな

図② 根岸浜吉（浅草の会編『写真に見る浅草芸能伝』浅草の会、1990年所収）

劇場、歌舞伎座が開場すると、競争相手にもかかわらず座頭に迎えられた。

根岸興行部の創業者根岸浜吉［図②］は、守田勘彌の遠縁にあたった。そうした関係から、勘彌の元で興行師としてのイロハを学んだ。

明治政府がヨーロッパの先進諸国にならい、各府県に公園を開設することを決めたのは明治六年（一八七三）三月だった。このとき東京府は、上野寛永寺（上野公園）、芝増上寺（芝公園）、富岡八幡宮（深川公園）、王子飛鳥山（飛鳥山公園）とともに、浅草寺境内を公園用地として候補にあげた。明治十五年（一八八二）には公園地改造事業が開始され、浅草田圃の埋め立てと大池（瓢簞池）の開鑿《かいさく》工事がおこなわれた。

明治十七年（一八八四）、浅草寺境内は六区画に分けられ、公園として使用されるようになった。六区画とは、一区・浅草寺本堂周辺、二区・仲見世、三区・伝法院、四区・奥山、五区・花屋敷周辺、六区・浅草田圃埋め立て地区であり、関東大震災後、新たに浅草寺裏の僧侶たちの住まい周辺が七区に指定された。浅草田圃を埋め立てた六区には、のちに凌雲閣がそびえる千束町から、南に伸びる通りを中心に、わが国最大の興行街が形成されることになる。

明治十八年（一八八五）、六区に仮設の見世物小屋設置の許可がおり、それまで奥山で営業していた小屋掛け芝居や見世物小屋が移転。香具師や大道芸人も、このときいっしょに移された。一見みすぼらしく、猥雑な空気を孕む諸種芸能が、神聖な浅草寺本堂からもっとも離れた地域に追いやられたのである。

## 三　根岸浜吉と常磐座開業

根岸浜吉は、文政十年（一八二七）、常陸国（現・茨城県北東部）筑波郡小田村に生まれた。守田勘彌をたよって上京、新富座の立見席を差配する仕事を皮切りに興行師としての歩みを始める。義侠心に富んだ人物で、幕の内外のいざこざを手際よく収めるなど、勘彌の懐刀として活躍した。

明治十九年（一八八六）、勘彌の元を独立。見世物小屋設置の許可がおりたばかりの浅草公園六区を新天地と定め、「道化踊り」の興行場建設の申請を警視庁に提出する。道化踊りとは、仮面を付けた踊り手が笛や鉦の囃子で群行する、薩摩地方の民俗芸能だが、明治新政府成立の頃、東京に移植されて大流行した。しかし興行が許されていたのは、深川区（現・江東区の北西部）、牛込区（現・新宿区の北東部）など、一部の地域だけだった。公園本来の目的とは異なるとの趣旨で、いったんは不許可となるが、翌二十年（一八八七）十月、浜吉は牛込区にあった赤城座を転座するかたちで許可をとりつけ、六区三号地に常磐《ときわ》座を開場した。木造の平屋建てではあったが、浅草公園六区に誕生した初めての劇場である。名称は、浜吉の故郷、常磐《じょうばん》（常陸国と磐城国の総称）に由来する。

常磐座は道化踊りの興行を目的に開業されたが、浜吉は新富座時代の経験と人脈を生かし、やがて歌舞伎や新派劇の公演をおこなうようになる。この年、根岸興行部を設立。浜吉は、すでに還暦を迎えようとしていた。

浅草公園六区は、南北に走る通りを中心に、北側の浅草千束町（現・台東区浅草二丁目）に面する一号地から、南側の新畑町（現・台東区浅草一丁目）に接する三号地・四号地まで、四区画に細分されていた。一号地の東側と二号地の北側には、大池が広がっていた。三号地の常磐座に続いて、大盛館（一号地／江川玉乗一座）、清遊館

（一号地／浪花踊り一座）、第一共盛館（一号地／青木玉乗一座。のち大勝館）、日本館（二号地／都をどり一座。のちに四号地に移転。跡地にオペラ館）、電気館（三号地／電気応用の器具などの展示。のち映画常設館）、明治館（三号地／太神楽亀吉一座）、日本パノラマ館（四号地／アメリカ南北戦争のパノラマ興行。富士山縦覧場の跡地。のち遊園地ルナパーク）、珍世界（四号地／博物標本展示。のち富士館）などが続々と開場。明治二十五年（一八九二）頃には、常設館二十九館、仮設小屋十九軒を数えた。

営業は十年間という期限が定められていたため、常磐座はいったん閉館したのち、明治二十九年（一八九六）九月、煉瓦造り二階建ての劇場として再開場した。

明治四十一年（一九〇八）十月、浜吉は常磐座の北隣地に、前年、上野公園で開催された「東京勧業博覧会」で評判を呼んだ観覧車を移設した。家族で楽しめる娯楽施設の導入は、大正期に浅草公園四区の木馬館に設置した、回転木馬に連なるものである。同年九月、六区四号地の珍世界跡地に富士館を開業。ただし三年後に、経営は日本映画界初の株式会社、日本興行に移管される。

この頃浜吉は、同郷の青年山田喜久次郎の後見人となり、興行師としての道を拓かせている。反幕府運動の渦中にあった水戸藩士と、少年時代に接していた喜久次郎も、浜吉同様義俠心にあふれた人物で、「鉄砲喜久」なる通り名を持っていた。浜吉と力を合わせて六区興行街の発展に尽くし、浜吉の死後も根岸興行部を支えた。十二代目守田勘彌にも義俠の血を想わせる逸話が残されており、この時代の興行師に共通の気風があったことがうかがわれる。

明治四十四年（一九一一）十月、浜吉は、観覧車撤去後の跡地に金龍館を建設。同劇場は、常磐座とともに六区興行街の先頭を走り続けることになる。翌四十五年（一九一二）五月、浜吉は八十五歳の生涯を閉じた。

## 四　小泉丑治とジゴマ騒動

浜吉の死後、根岸興行部の経営を受け継いだのは、娘栄《えい》の婿小泉丑治《うしじ》［図③］と、その長男吉之助である（吉之助は根岸家の養子となり、根岸姓を継いだ）。丑治もまた、浜吉と同じく筑波郡小田村の生まれだった。常磐座の表記を「常盤座」に改めると、映画（当時は活動写真と呼ばれた）の興行に重きを置くようになる。

それまで電気の実験や電気応用の器具などを見せていた、六区三号地の電気館が、施設を改造し、わが国最初の映画常設館になったのは明治三十六年（一九〇三）十月である。活動写真業者の大手、吉沢商店が経営したもので、当初は日露戦争の戦況を伝える実写映画などを上映していたが、明治四十一年（一九〇八）、同社が目黒に撮影所を建設してからは劇映画の製作本数がいっきょに増加し、上映作品の色合いも変わった。もっとも国産の劇映画は揺籃期であり、歌舞伎や新派劇の代用品とも思しき安直なものが多かった。「目玉の松ちゃん」こと尾上松之助主演の、忍術ものや豪傑ものが観客を魅了していた。

当時の主な活動写真業者には、吉沢商店のほか、横田商会、エム・パテー商会、福宝堂などがあり、常盤座では、福宝堂製作の国産映画と同社配給の外国映画が上映された。まもなく金龍館も映画の興行を開始し、やがて福宝堂のフラッグシップ館となった。切符売場を備えたモダンな洋風建築と、洋装の案内嬢による出迎えサービスは、従来の芝居小屋とは明らかに違う雰囲気をかもしだしていた。映画の常設館が全国にまだ百とない時代だったが、活動写真業者にとって浅草の常設館はステータスシンボルであった。

明治四十四年（一九一一）十一月、福宝堂製作の二本の映画『観音岩』（新派悲劇、川上眉山原作）、『猫嫌ひ』（新派喜劇）とともに、金龍館で封切られたフランス映画『探偵奇譚ジゴマ』（一九一一年、ヴィクトラン・ジャッセ監督、福宝堂提供）は、大きな社会現象を惹き起こした作品として知られている。殺人や放火、強盗など、悪の限りを尽くす悪漢ジゴマを追う、探偵ポーリンを主人公とする物語で、過激な犯罪シーンが反響を呼び、劇場は連日超満員となった。原作は、レオン・サージが『ル・マタン』紙に連載したピカレスク小説である。

配給元の福宝堂は、翌月ただちに、『女ジゴマ』と題した外国作品を浅草福和館で封切った。しかしこれは、邦題に「ジゴマ」の文字をあしらっただけで、原作とは何ら関係のない作品だった。翌四十五年（一九一二）五月、『名探偵ポーリンの殉職とニッカーターの復讐』が金龍館で封切られると、人々は大挙して劇場に押し寄せた。本作が、「ジゴマ第二篇」と銘打たれた『探偵奇譚ジゴマ』の正統な続編だったからだ。こうなると他の活動写真業者も指をくわえて見ているわけにはいかず、この年、『日本ジゴマ』（吉沢商店）、『新ジゴマ大探偵』（エム・パテー商会）、『続日本ジゴマ改心録』（吉沢商店）など、急ごしらえの類似映画を続々公開。映画界はジゴマ・ブームで沸き立った。

だが、問題はここからで、これら一連の映画に刺激された子どもたちが、おもちゃのピストルで子女を脅す遊び「ジゴマごっこ」が頻発したのである。「東京ジゴマ」「血桜ジゴマ」などを名乗る不良少年グループが現れるにおよび、大正元年（一九一二）十月、警視庁は「ジゴマ」と名のつく映画や演劇の興行を禁止した。

ちなみに、警視庁が「活動写真興行取締規則」を発令し、フィルムの事前検閲を始めたのは大正六年（一九一七）。軍国主義政策を背景に、「映画法」が施行されたのは昭和十四年（一九三九）十月のことである。

図③　小泉丑治（浅草の会編『写真に見る浅草芸能伝』浅草の会、1990年所収）

明治四十五年三月、丑治は、金龍館の隣（それまでは芝居茶屋

図④　大正8年（1919）頃の浅草公園六区。右手前から金龍館、常盤座、東京倶楽部。路地をはさんだ隣の、ドーム型の屋根の建物が電気館。左奥には凌雲閣（浅草十二階）が見える（浅草の会編『写真に見る浅草芸能伝』浅草の会、1990年所収）

があった）に東京倶楽部を開業した。こうして六区三号地の通り沿いに、南から、金龍館、常盤座、東京倶楽部と、根岸興行部が経営する劇場が三館並んだ［図④］。東京倶楽部は、映画の弐番館・参番館としてのスタートだったが、まもなく封切館に昇格した。

大正五年（一九一六）八月、電気館で初めて開催された「ニコニコ大会（通称・ニコ大）」は、フォード・スターリング、メーベル・ノーマンド、ロスコー・アーバックル（デブ君）、チャールズ・チャップリンらが出演した古物の短編喜劇を十数本並べたものだったが、これが他の劇場でも催されると、どこも大ヒットとなった。また、「連続大活劇」と呼ばれる短編の活劇シリーズが、幅広い層に支持された。『マスター・キー』（ロバート・Z・レオナード主演、大正四年九月電気館）、『名金《めいきん》』（グレース・キューナード主演、大正四年十月帝国館）、『拳骨』（パール・ホワイト主演、大正五年三月帝国館）などが代表的な作品で、続編が十数本公開された人気シリーズもあった。各種の演劇興行が中心だった浅草公園六区は、こうして映画の全盛時代を迎えた。

## 五　三館共通システム

浅草六区興行街の歴史を語るときに欠かすことができない、金龍館・常盤座・東京倶楽部の三館共通券の導入は、大正五年（一九一六）五月である。根岸興行部直営の三館を一・二階とも廊下で連結し、いずれかの劇場に入場すれば三館の演し物《だしもの》を自由に見て回ることができるという、斬新な興行システムである。当時、浅草の映画封切館の入場料は七銭が相場だったが、三館共通で二階席二十銭、一階席十銭という設定は、割安感を伝えるのに十分だった。丑治のアイデアによるもので、これが爆発的な人気を呼んだ。

ちなみに、三館共通システムが開始された頃の番組は、

・金龍館……喜劇／曾我廼家五九郎《そがのやごくろう》一座

・常盤座……新劇／芸術座第二回新劇普及興行（『サロメ』ほか）

・東京倶楽部……映画／アメリカ製の悲劇映画・喜劇映画・探偵映画など

といった具合で、なかなかバラエティに富んだラインナップだった。

島村抱月と松井須磨子の芸術座が初めて浅草に出演したのは、大正五年四月、常盤座における第一回新劇普及興行で、『復活』（トルストイ作）、『サロメ』（ワイルド作）、『嘲笑』（中村吉蔵作）等が演じられた。『復活』の劇中で須磨子が歌った「カチューシャの唄」（島村抱月・相馬御風作詞、中山晋平作曲）も評判となり、興行は成功裏に幕を閉じた。だが、小山内薫をはじめとする一部の芸術至上主義者からは、痛烈に批判された。

あなた方は笑おうとして芝居へ来る見物を十分笑わせました。泣こうとして芝居へ来る見物を十分泣かせ

ました。中にも、あなた方が見物を喜ばせたものは、あの有名な「カチュシャの唄」です。ああ。「カチュシャの唄」。それはトルストイでもありません。ロシアでもありません。日本の歌です。私どもが小学時代から頭へ深く刻み込まれた所謂「唱歌」のセンチメンタリズムです。〔略〕『復活』以降のあなた方は、もう西洋のどんな優れた作家にも、どんな有名な脚本にも、少しも「恐れ」などは感じないようになられたようです。「須磨子を中心として、センチメンタリズムで観客を捉まえる事」唯それだけがあなた方の為事になったようです。（小山内薫「『生ける屍』に就いての論議」一九一七年十一月、『旧劇と新劇』玄文社、一九一九年／菅井幸雄編『小山内薫演劇論全集』第一巻、未来社、一九六四年）

小山内は浅草の観客を「八公熊公」（『新演芸』一九一七年一月号）と呼び、この公演を金儲けの手段と断じた。小屋掛け芝居や大道芸などの大衆芸能、大衆娯楽の本拠地である浅草に、「新劇」が持ち込まれること自体、我慢のならないことだったのかもしれない。むろん、抱月はただちに反論している。

たゞ場所が浅草であるためにといふ非難なら、それは実に愚かな批難である。興味さへかはらなかつたら蒔絵の重箱に盛らうが素焼の皿に盛らうがそんなことは問題でない。私は寧ろ、蒔絵の重箱に盛られたものが、更に素焼の皿に盛らせて、浅草の大民衆の巷に提供されることを最も意義ある痛快のことゝ信ずる。錦の衣を着たものと、襤褸を纏ふたものと人間の価値に何の差別があるか。（一九一七年二月、島村抱月談話筆記、「民衆芸術としての演劇」、『抱月全集』第二巻、天佑社、一九一九年〔複製発行＝日本図書センター、一九七九年〕）

この議論は、ほどなくして「浅草オペラ」が浅草の街で花開いたことで、大方の決着がついたと見てよいだろう。抱月の放った言葉が正論であったことを、浅草の観客が証明してみせたのである。しかしながら、浅草をめぐる芸術論、観客論として、二人の議論は今日もなお有効性を失ってはいない。

大正二年（一九一三）、丑治と吉之助が根岸興行部を株式会社組織にすると、山田喜久次郎は、その傘下に「常盤興行」を設立。大正六年（一九一七）一月、六区一号地の西側（映画常設館キリン館の跡地）に観音劇場を、同年四月には、六区三号地の常盤座東隣に公園劇場を開業した。

観音劇場の経営は、喜久次郎と丑治が信頼を寄せた喜劇俳優、曾我廼家五九郎に一任した。曾我廼家喜劇の正統な後継者でありながら、五九郎は舞台では上方弁を使わず、女形を廃して女優を育てたり、下座音楽をやめて洋楽を使用したりと、つねに演劇に新しい形式と内容を求めた。壮士劇の俳優から出発し、曾我廼家五郎のもとで喜劇を学んだ五九郎は、明治四十三年（一九一〇）七月、有楽座で曾我廼家五九郎一座公演をおこなったが、これは東京における喜劇専門劇団の初名乗りといわれている。明治四十五年（一九一二）春、一座は帝国館を皮切りに、吾妻倶楽部、常盤座、金龍館、観音劇場と、もっぱら浅草で公演をおこなった。

看板の喜劇公演のほか、木村駒子や池内萍《ひょうろく》緑らが脇を固めるかたちで翻訳劇（『復活』『ヴェニスの商人』等）に取り組むなど、舞台にはさまざまな性格の演劇が並べられた。丑治と喜久次郎は、五九郎のプロデューサーとしての感覚を買っていたのである。また五九郎自身も、関東大震災後に大ヒットした「ノンキナトウサン」シリーズによって、本来の喜劇俳優として人気を博した。昭和四年（一九二九）七月、浅草公園四区の水族館二階演芸場に旗揚げされた「カジノ・フォーリー」に、エノケンこと榎本健一が登場するまで、五九郎は「浅草の喜劇王」の名をほしいままにした。

一方の公園劇場は、市川左團次一座から中村又五郎を引き抜き、小芝居興行で評判となった。大正十一年（一九二二）十一月には、新国劇の沢田正二郎が出演。激しい立ち回りを演じて喝采を浴びる。この気運に乗って、明石潮《うしお》、金井修《しゅう》、酒井淳之介、近江二郎などの新しいスターが現れ、「剣劇」は大正後期から昭和前期まで一大ブームとなる。昭和九年（一九三四）、大江美智子、不二洋子らの登場で、新たに「女剣劇」が人気を集めるが、公園劇場はこれらの興行の中核を担った。

常盤座、金龍館、東京倶楽部に加え、常盤興行経営の観音劇場と公園劇場が出揃った大正六年（一九一七）四月、根岸興行部は浅草六区興行街の中枢を手中に収めた。

## 六　根岸吉之助と浅草オペラ

伊庭孝《いばたかし》と高木徳子《とくこ》を中心とする「歌舞劇協会」が、浅草で初めて公演をおこなったのは大正六年（一九一七）一月のことである。伊庭が旧知の新劇俳優内山惣十郎と共作したミュージカル（「歌舞劇」といった）、『女軍出征《じょぐんしゅっせい》』だった［図⑤］。この舞台の成功をきっかけに、浅草公園六区は、「浅草オペラ」といわれる新しい音楽劇に席巻されることになる。

伊庭孝は新劇の黎明期に活躍した人物だが、かつて帝劇で歌劇『ファウスト』（グノー作）を演出するなど、演劇と音楽・舞踊との融合に強い関心をもっていた。一方の高木徳子は、アメリカでクラシックバレエを学んだ舞踊家で、帰国後、歌やダンス、音楽劇などを並べたヴァラエティショウを各地で催していた。この二人と、本格的な歌劇の上演を計画するも短時日で瓦解した「帝劇歌劇部」の残党が手を結び、実現したのが、大正五年（一九一六）十月、甲府・桜座における歌舞劇公演『海浜の女王』（伊庭孝作）だった。一党は、翌年、東京・赤坂の演伎座正月興行に出演。ここでも『古塔譚（古塔物語）』（伊庭孝作）などの歌舞劇を上演し、評判を呼んだ。

この演伎座は、根岸興行部が経営にあたっていた。明治二十五年（一八九二）に開場した古い劇場で、当初は歌舞伎や書生芝居などを上演していた。根岸興行部の手に渡った年月ははっきりしないが、明治三十四年（一九〇一）一月には、座主の名義が根岸浜吉になっている。もっとも、歌舞劇協会が出演した大正六年には、すでに浜吉は死去しており、根岸興行部は丑治と吉之助の時代に移っていた。当時二十代半ばの吉之助は、演伎座でおこなわれた歌舞劇なるものを、根岸興行部の本拠地、浅草に持っていきたいと考えた。

大正六年一月、歌舞劇協会は浅草常盤座に出演し、『女軍出征』を上演した。演伎座の正月興行を打ち上げた、同じ一月のことである。伊庭は、第一次世界大戦直後でもあり、戦争を題材にした作品を上演しようと、兵士が不足したために女性が戦地に赴くという諷刺的な物語を書いた。コミカルでわかりやすい内容と、高木ら女性ダンサーの魅力で、常盤座は連日大入りとなった。

もともと伊庭には、「帝劇オペラと違った歌とダンスとドラマのある和製ミュージカルスの一座を作りたい」（内山惣十郎『浅草オペラの生活』雄山閣出版、一九六七年）という思いがあった。それでアメリカ帰りの高木と手を組んだわけだが、澤モリノ（帝劇歌劇部第一期生）、小島洋々（同）、岸田辰弥（帝劇歌劇部第二期生／のち宝塚歌劇団演出家）、天野喜久代（帝劇歌劇部第二期生）、杉寛（帝劇歌劇部第三期生）ら、帝劇歌劇部の出身者を多数座員に迎えたことで、当初目論んでいた趣向にも変化が生じたようだ。トウダンスを売り物にした高木は、ほどないうちに伊庭の元を去っている。

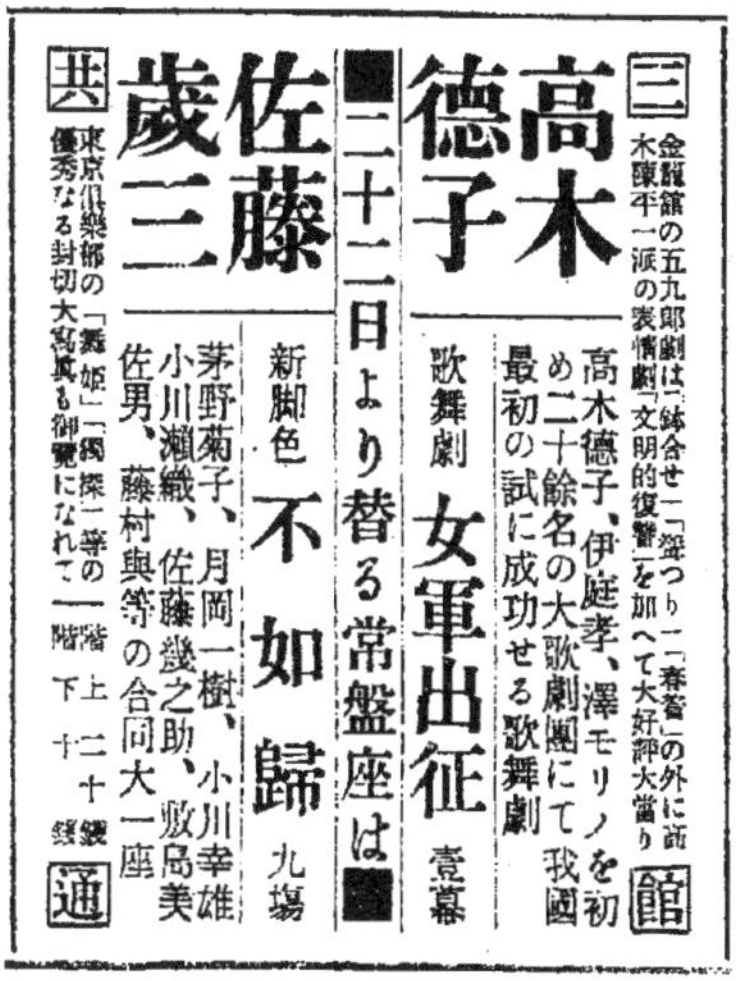

図⑤　歌舞劇『女軍出征』が浅草で初めて上演されたときの新聞広告（『都新聞』大正6年〔1917〕1月22日付）

『女軍出征』が出た翌々月、大正六年（一九一七）三月には、早くも西本朝春《ちょうしゅん》と鈴木康義《やすよし》の「日本歌劇協会」が、浅草のみくに座で開演。十月には、作曲家の佐々紅華《さっさこうか》を中心とする「東京歌劇座」が、浅草の日本館に旗揚げされた。石井漠《ばく》（帝劇歌劇部第一期生）、澤モリノ、杉寛、天野喜久代、河合澄子（帝劇歌劇部の指導者ジョヴァンニ・ヴィットリオ・ローシーが赤坂に設立したローヤル館出身）、岩間百合子（同）、高田稔（石井漠門下）らが集結。のちに清水金太郎（帝劇歌劇部声楽教師）・静子（帝劇歌劇部第二期生）夫妻も参加した。

東京歌劇座の旗揚げ公演では、オペレッタ『カフェーの夜』（佐々紅華作）、新舞踊『明暗』（山田耕作作・石井漠振付）が、『女軍出征』とともに上演された。『カフェーの夜』は、日比谷公園内のカフェーに集う客たちを活写したユーモラスな物語である。モダンガールのおてく（天野喜久代）、高襟《ハイカラ》紳士の木佐（杉寛）のほか、大工の熊、老村長、ロシア舞踊家、女給など、浅草の観客にとって馴染みのある人物ばかりが登場した。この時期、浅草の劇場にしばしばかけられた『カルメン』（ビゼー作）、『リゴレット』（ヴェルディ作）、『セビリアの理髪師』（ロッシーニ作）、『天国と地獄』（オッフェンバック作）、『ボッカチオ』（スッペ作）など、外国を舞台にした歌劇と較べてはるかに親しみやすい舞台だった。

『カフェーの夜』で歌われた、「ワイフ貰って嬉しかったが／いつも出てくるおかずがコロッケー／今日もコロッケー／明日もコロッケー」の歌い出しで知られる「小唄コロッケー（コロッケの唄）」（益田太郎冠者詞・外国曲）は、実際にこの舞台を見ていない者たちにまで口ずさまれるほど流行った。

大正七年（一九一八）三月には、浅草での歌劇公演に懐疑的だった原信子（帝劇歌劇部プリマドンナをへてローヤル館）の「原信子歌劇団」が、田谷力三《たやりきぞう》（ローヤル館出身）らを引き連れて観音劇場に陣をしいた。同年四月には、日本歌劇協会が「アサヒ歌劇団」と改称して日本館に出演。ここに、「新国劇」の俳優だった戸山英二郎（のち藤原義江）が加入した。

前記、小山内薫の芸術座に対する批判のごとく、一部の芸術家にとって、浅草の街は近づくべからざる「悪所」と映っていたようだ。ところが、実際に根を下ろしてみると、この地に集う観客が、旧態依然とした見世物や芝居ばかりでなく、近代的な芸能をも十二分に受け容れることを知るのである。もちろん、それは享受する側にとって何より感動的な体験だった。伊庭や佐々の創作オペラとともに、ヨーロッパの歌劇や喜歌劇を大胆にダイジェストして、日本語で歌う浅草オペラの試みは、帝劇やローシーが目指した歌劇の姿とは異なっていたかもしれない。だが、浅草の観客に、これまで接したことのない芸術の風味あふれる娯楽を提供したことはまちがいない。

こうして、それまで映画人気で沸いていた浅草六区興行街は浅草オペラ時代に移行した。日本館をはじめ、金龍館、観音劇場、駒形劇場等のオペラ常設館が覇を競い合った。

## 七 「根岸大歌劇団」結成

大正九年（一九二〇）九月、金龍館に結成された「根岸大歌劇団（大合同根岸歌劇団）」〔図⑥⑦〕は、浅草の興行街に激震を走らせた。浅草オペラの黎明期をともにリードした伊庭孝と佐々紅華を文芸部に擁したばかりか、清水金太郎・静子夫妻、高田雅夫・せい子夫妻、石井漠、天野喜久代、安藤文子（ローヤル館出身。「東京歌劇座」から「七声歌劇団」「新星歌劇団」）、柳田貞一（「三越少年音楽隊」から「原信子歌劇団」）、田谷力三、戸山英二郎など、華やかで実力のある歌手や舞踊家が集結したからである。

浅草オペラの熱狂的なファンを「ペラゴロ」といったが、彼らが贔屓の劇場や歌手たちを中心に各所で群れを組み、ときに周囲から厄介者あつかいされるようになったのは、根岸大歌劇団の旗揚げ以降といわれている。す

図⑥　根岸歌劇団に新星歌劇団などが合流した「大合同歌劇特別大興行」（金龍館）初日の新聞広告。四隅に「三館共通」の文字があしらわれている（『都新聞』大正９年〔1920〕９月２日付）

なわち、この頃より、大正十二年（一九二三）九月、関東大震災による劇場倒壊で座員が散り散りになり、その実体が失われるまでが浅草オペラの黄金期であった。

この時期、吉之助の仕事を強力にサポートしていたのが、二歳年下の従弟根岸寛一だった。のちに日活多摩川撮影所長をへて満映理事となる、日本映画発展期の重要人物のひとりである。田坂具隆監督『明治一代女』（昭和十年）、伊丹万作監督『赤西蠣太』（昭和十一年）、熊谷久虎監督『蒼氓』（昭和十二年）、内田吐夢監督『限りなき前進』（昭和十二年）などの名作は、貫一の日活多摩川撮影所長時代に生まれた。

叔父小泉丑治のすすめで根岸興行部に転じる以前、貫一は『読売新聞』の記者であった。根っからの文学青年で、里見弴《とん》、菊池寛、直木三十五といった作家たちとの付き合いもあり、彼らからの信頼も厚かった。無名時代の高田保を根岸大歌劇団の文芸部に招き、劇作家への道を拓いたのも貫一だと思われる。

浅草オペラは、帝劇や赤坂ローヤル館で失敗した歌劇の上演を、変則的な形ではあったが浅草の街に定着させ、人々を魅了した。だが、露骨な大衆迎合に走ることがなかったのは、作曲家や歌手、舞踊家ら、歌劇の内側の人々が揺るぎない矜持を保ち、そんな彼らを、見識ある興行サイドが支えたからである。浅草オペラは、それゆえ大正文化を代表するムーブメントとなりえたのだ。

そしてここに、根岸興行部の三館共通システムが大きく機能していることに注目したい。三館のひとつ、根岸大歌劇団の牙城であった金龍館は、浅草オペラ黄金期の中心的劇場であった。このシステムがあったからこそ、映画や喜劇、新派、浪花節などを楽しみに浅草へやってきた人々が、ごく自然に歌劇に接することができたわけである。赤坂の演伎座で評判をとった歌舞劇を、ただちに浅草へ移植した吉之助の先見性も見事だが、三館共通システムを上手に利用し、結果、浅草オペラという音楽劇を形成するにいたった、浅草の観客たちの感性こそを称賛すべきか。

図⑦「大合同根岸歌劇団第一回特別大興行」の大入りを報せる広告（『都新聞』大正９年〔1920〕９月４日付）

しかし、関東大震災によって、浅草の興行街は壊滅した。劇場関係では、公園劇場、常盤座、金龍館、東京倶楽部、日本館、帝国館、富士館、三友館、電気館、御園座、世界館、観音劇場が焼失。前述の通り、凌雲閣は半壊し、動物の展示などを見せた遊戯施設、花屋敷も焼け果てた。浅草公園は、奇跡的に残った観音堂、五重塔ほか一部の建物をのぞき、焼け野原になった。ちなみに震災時、常盤座は「天勝《てんかつ》一座」の初日の幕が上がった直後だった。

震災の翌月、丑治は、金龍館、常盤座、東京倶楽部の三館を、廃材などを組み合わせて応急的に建て直したが、これも昭和二年（一九二七）十一月、火災で焼失。昭和四年（一九二九）七月に常盤座を、昭和六年（一九三一）十二月に金龍館と東京倶楽部を鉄筋コンクリート三階建てに新築するが、根岸興行部の底力もここで尽きた。未曾有の自然災害に直面した根岸興行部は、大阪から東京に乗り込んできたばかりの大谷竹次郎・白井松次郎兄弟の松竹合名会社に救済を仰ぎ、三館の経営権を譲り渡した。

劇場を失った浅草オペラが、かつてのにぎわいを取りもどすことはなかった。その黄金期はわずか六年ほどであったが、わが国に本格歌劇が根付く強固な地盤を築いたばかりか、昭和期の演劇界を彩る「レヴュウ式喜劇」をはじめ、映画や流行歌の世界に多数の人材を送り出した。

昭和八年（一九三三）四月、浅草松竹座を本拠とするエノケン率いる「ピエル・ブリヤント（エノケン一座）」に対抗して、古川緑波・徳川夢声らの「笑の王国」が旗揚げされたとき、常盤座は、松竹の傘下となった常盤興行が経営する劇場だった。飛ぶ鳥を落とす勢いのエノケンに対する、松竹の企業内牽制策としてつくられた劇団だったが、名作のパロディ路線などが当たり、たちまちエノケン一座に匹敵する人気劇団にのしあがった。

根岸興行部が経営する劇場は、丑治が震災前に買い取っていた浅草公園四区の昆虫館、わずか一館だけになった。

## 八　安来節の人気

大正七年（一九一八）、丑治は、浅草公園四区の昆虫館（正式名・通俗教育昆虫館。明治四十年、昆虫学者の名和靖が創設した教育参考品展示場）を買い取り、一階に回転木馬を設置した。ジンタ（小編成の楽隊）の演奏に合わせて、エナメル塗りの十八頭の木馬と数台の自動車が回るだけのものだったが、子どもばかりか大人たちにも愛され、浅草の名物となった［図⑧］。二階では昭和六年（一九三一）まで昆虫の展示を続けるが、その後、演芸場に改装し、芝居や各種演芸の興行を始めた。当時、まだ十代半ばだった吉之助が館主となった。

地方からの勤労者が増加しはじめた明治末頃から、東京や大阪などの大都市では、故郷を懐かしみ、お国自慢のできる民謡が盛んに唄われるようになった。さまざまな会場で、民謡大会も開催された。なかでも、島根県の民謡「安来節《やすぎぶし》」は、歌い手と三味線、鼓に太鼓という編成による音楽ショウを展開し、人気を呼んだ。安来節だけでなく、各地の民謡や流行歌なども歌われ、滑稽味のある「どじょうすくい」の踊りも観客を楽しませた。

吉之助は、大阪では大正の初め頃より評判になっていた安来節を、浅草の観客にも見てもらいたいと考え、大正十一年（一九二二）六月、人気上昇中の安来節一座「大和家三姉妹」を招き、常盤座で初公演をおこなった。客席は連日満員となり、この公演をきっかけに浅草では安来節が大流行した。六区興行街では、ほかに、遊楽館（一号地）、玉木座（二号地）、大東京館（四号地）、松竹座（四号地）などで興行がおこなわれた。

> 余程踊りたくて抑えきれなくなったのであろう、セビロ姿の中年男がいきなり舞台へとび上がり、よろける足どりで靴をぬぎ、あやしげな手つきで踊り出した。驚いた進行係は、横手からとび出して来、靴を片手に酔っ払いを引摺り込んだ。とんだ剽軽者だが、一向おかまいなく、美声は続き、舞台と客席が一つになって手拍子面白くうたい、雰囲気は盛り上がってゆく。（一瀬直行『随筆浅草』世界文庫、一九六六年）

図⑧　回転木馬が設置されていた頃の木馬館（年代不詳）。昆虫館の看板がまだ残されており、2階には「人魚・鯨ノ一部公開」の文字が見える（織田邦夫編『（新装本）写真にみる昭和浅草伝』五十歳からの同人仲間『夢々舎』、発行年不詳、所収）

だが、関東大震災で六区興行街が灰燼

木馬館の灯消すな…六区の大だんな
根岸吉之助さん死去
安来節と共に四十年
浅草演芸に燃えた半生

九　根岸浜吉と木馬館

図⑨　根岸吉之助の死去にあたり、その功績を詳述する新聞記事（『朝日新聞』昭和52年〔1977〕11月19日付）

に帰すと、安来節の人気は急速に衰えた。公演場所を失ったのだから当然のことである。しかし、吉之助は、被災を免れた木馬館の二階で、安来節を継続することを決意。昭和十三年（一九三八）からは常打ちとした。

昭和三十年代に入ると観客が減りはじめたが、落語、漫才、浪曲、講談などを交互に登場させる寄席形式に切り替え、安来節を生きながらえさせた。人員・装置・衣裳等すべてにおいて大規模な、浅草オペラの復活は断念せざるをえなかったが、安来節の孤塁は守ったのである。こうして、昭和五十二年（一九七七）六月に「安来節木馬館さよなら公演」をおこなうまで、三十九年間興行を続けた。

安来節の最終公演がおこなわれてから、およそ五か月のちの昭和五十二年十一月、吉之助は八十五歳で死去した〔図⑨〕。多彩なゲストを迎えておこなわれた一か月間にわたる「さよなら公演」の収入は、永年木馬館に勤めた安来節の座員たちにすべて渡された。晩年は足を痛め、東京・調布の自宅で療養し、二年近く浅草におもむくことはなかった。安来節の興行が幕を閉じることも、家族の配慮で直接告げられることはなかったという。

現在、根岸興行部が経営する劇場は、木馬館のみである。安来節が撤退したのちも、寄席興行を続けていた二階の演芸場は、昭和五十二年（一九七七）七月、東京・十条の篠原演芸場（昭和二十六年開業）に貸し出し、大衆演劇（旅興行に軸を置く劇団が演じる剣劇や人情劇）の常打ち小屋となっている。正式名称は浅草木馬館大衆劇場である。そして、かつて回転木馬でにぎわった一階部分は、昭和三十一年（一九五六）十二月、木馬館を鉄筋二階建てに再建したのを機に、貸し小屋に模様替えした。こちらの名称は、当初、木馬館一階劇場などと呼ばれていたが、昭和五十年（一九七五）、正式に木馬亭となった。日本で唯一の浪曲定席として知られている。

吉之助の跡を継ぎ、根岸興行部四代目の経営者になったのは、息子の根岸浜吉である［図⑩］。創業者の名前をもらい受けた命名に、父吉之助の思いが込められている。

下町一帯が焼き払われた東京大空襲でも、木馬館は奇跡的に被災を免れた［図⑪］。木馬は取り外され、回り舞台のみが残されていたが、場内には、何組かの戦災家族が身を寄せ合って暮らしていたという。吉之助と浜吉の戦後は、これらの人々にお金を渡して立ち退いてもらうところから始まった。古材を集めて回転木馬を修復し、娯楽を失った子どもたちを元気づけた。この間、昭和二十年（一九四五）一月に、浜吉にとって祖父にあたる丑治が死去する（享年八十一）。

図⑩　（2代目）根岸浜吉（浅草の会編『写真に見る浅草芸能伝』浅草の会、1990年所収）

木馬館の再建時、吉之助から経営の一切をまかされることになった浜吉は、陰りがさしてきた安来節の興行と格闘する一方で、階下の劇場に何かよい演し物はないかと苦慮していた。回転木馬はあきらめ、映画や芝居の興行を試みてみたが、なかなかお客がつかない。テレビ時代が始まり、人々の娯楽も多様化した。そんな折、関西の業者からストリップの興行が持ちかけられた。

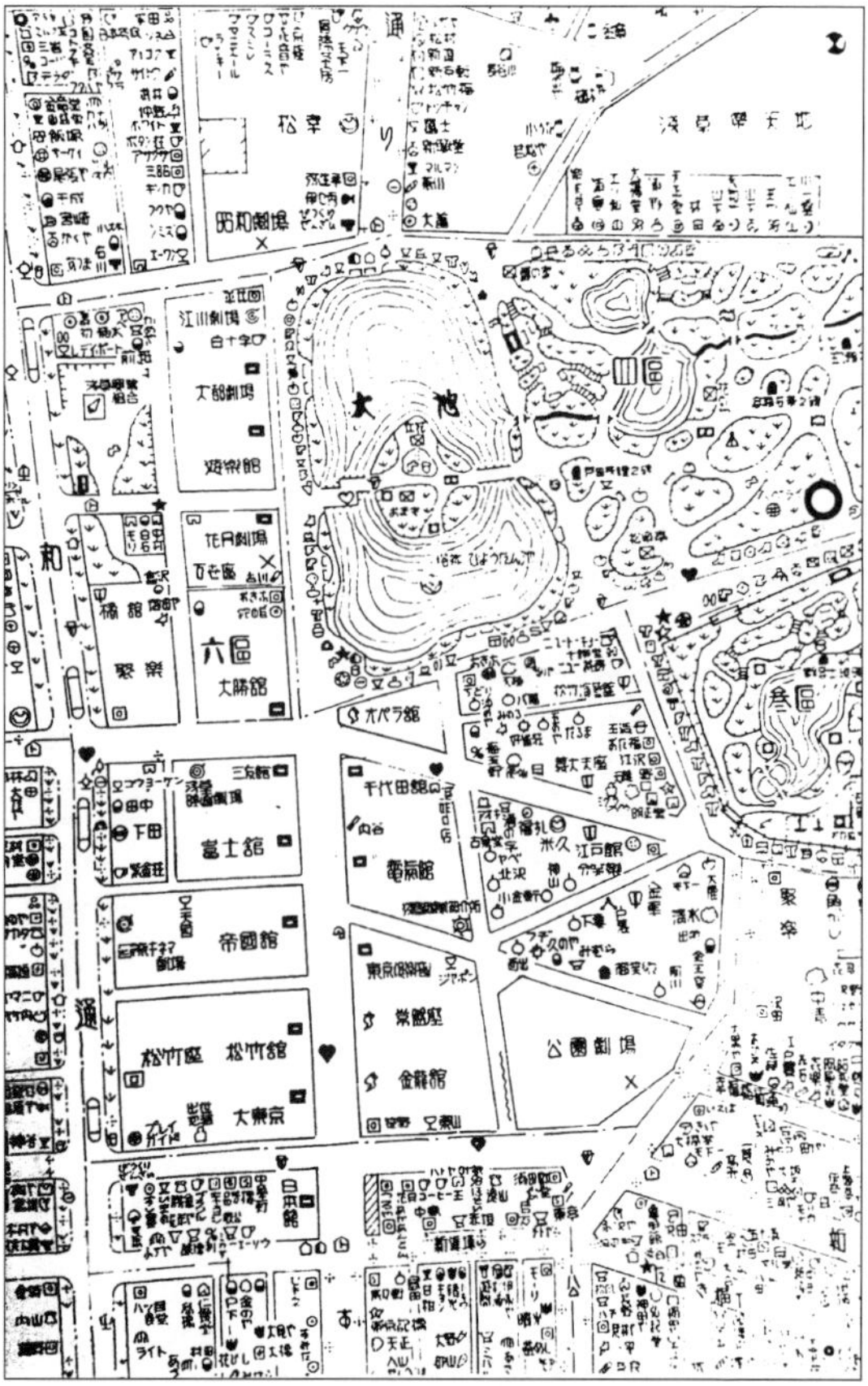


図⑪　東京大空襲まぎわ（昭和19年〔1944〕4月頃と思われる）の浅草公園六区周辺を描いた絵図（織田邦夫編『（新装本）写真にみる昭和浅草伝』五十歳からの同人仲間『夢々舎』、発行年不詳、所収）。右上の○印（筆者記入）のあたりが木馬館（もと昆虫館）

昭和二十二年（一九四七）一月、新宿の帝都座五階劇場で始められた「額縁ショウ」は、泰西名画に見立てたモデルが額縁のセットのなかで、乳房と上半身のヌードを見せるというだけの趣向だったが、これが一年もたたぬうちに、動くストリップ・ティーズへと発展。昭和二十四年（一九四九）から二十七年（一九五二）頃にかけて、ストリップ興行は最盛期を迎えた。浅草ロック座、浅草座、大都劇場、浅草国際セントラル劇場、フランス座、美人座、浅草ロマンス座、浅草カジノ座などの常設館がひしめいた浅草は、さながらストリップの解放区であった。実際、「額縁ショウ」以前に、戦後の浅草ではすでに、女性の裸を売り物にするショウがおこなわれていた、という証言がいくつもあるほど、浅草と裸ショウの関係は深い。

昭和三十年代に入ると、関西ストリップの「特出し」攻勢に押され、浅草のストリップ人気も下火になったが、関西方式を取り入れた浅草ロック座などは大入りを続けていた。浜吉は、この話に乗らないわけにはいかなかった。ところが、劇場をストリップ仕様に改装した直後、申し入れてきた業者が病に倒れてしまい、話は取りやめになった。そこへ声をかけてきたのが、二階の劇場に出演していた浪曲師東家楽浦《あずまやらくうら》だった。今度は、浪曲興行の提案である。

古くは浪花節といっていた浪曲が、講談にとってかわり寄席で人気を集めはじめたのは、明治三十年代である。以来、隆盛を誇っていたが、「虎造節」で一世風靡した二代目広沢虎造が、昭和三十四年（一九五九）に脳溢血で倒れ、五年後に死去した頃には、衰退のきざしを見せていた。浪曲定席だった東京・千住の栗友亭《くりともてい》が、漫才の定席に変わった昭和三十五年（一九六〇）、多くの浪曲師は仕事場を失った。木馬館一階劇場で浪曲興行をおこない、それを成功に導くことは、浪曲の未来を憂えたベテラン浪曲師東家楽浦にとっても、ストリップ興行の計画が頓挫した根岸浜吉にとっても、共通の悲願となった。

図⑫　昭和59年（1984）7月頃の浅草公園六区（現・六区ブロードウェイ）。右手前から浅草松竹映画劇場（もと金龍館）、浅草トキワ座（もと常盤座）、東京クラブ（もと東京倶楽部）。浅草興行街は不振にあえぎ、芝居や演芸の実演が影をひそめていった（筆者撮影）

昭和四十五年（一九七〇）五月、日本浪曲協会と根岸興行部の共催により、木馬館一階劇場で「木馬浪曲会」が開幕した。引退した浪曲師が高座復帰するなどの話題も手伝い、二十日間の興行は上々の入りとなった。浅草における浪曲定席は、昭和十八年（一九四三）に強制疎開で取り壊された金車亭《きんしやてい》（六区三号地）以来、二十七年ぶりの復活だった。だが、客足がよかったのは数年で、しだいに空席が目立つようになった。

昭和五十年代になると、浅草興行街は不振の極みに陥った［図⑫］。浅草の街そのものが、若者たちから見棄てられた観を呈していた。昭和五十八年（一九八三）十一月には、色物興行の浅草松竹演芸場（松竹経営）が閉館し、六区興行街の演芸場は、落語定席の浅草演芸ホール（東洋興行株式会社経営）のみとなった（同館上階に色物専門の浅草東洋館が開館するのは、平成十二年一月である）。映画館への客足も遠のいていた。

昭和五十九年（一九八四）十一月、浜吉は脳出血のため六十二歳で死去した。木馬亭で倒れ、意識が戻らないままの闘病生活だったという。浜吉もまた、浪曲定席を守るために苦しい現実と闘っていたのである。

## 十　木馬亭の今

浜吉の後を受け、現在、根岸興行部の代表をつとめているのは、浜吉より六歳年下の妻京子である。浪曲の興行は一日から七日までの昼席のみとなったが、夫の遺志は受け継がれている。

「エノケン一座」の文芸部員をへて、戦後は「空気座」（昭和二十二年八月の新宿帝都座五階劇場、『肉体の門』公演で知られる）の旗揚げにも加わった作家の吉村平吉が、昭和五十年（一九七五）十一月、木馬亭で「浅草ふきよせ乃会」を始めた。かつて浅草にあった興行物を回顧・検証しようというもので、往年の芸人や踊子、座付作者らを木馬亭の舞台に引っぱり上げた。会は昭和五十九年（一九八四）九月まで、ほぼ毎月一回のペースで百回催された。

香具師の口上を集大成した芸人、坂野比呂志のもとに集まった青年たちによる「坂野比呂志大道芸塾／浅草雑芸団」（当初は大江戸観光クラブ）が、木馬亭で「ほおずき市大道芸フェスティバル」をおこなったのは、昭和六十一年（一九八六）七月だった。以来、平成十七年（二〇〇五）まで二十年間、毎年、浅草ほおずき市の二日間（七月九日・十日）、大道芸や見世物をテーマにイベントを開催した。上島敏昭を中心とする一党は、今日も実演・研究活動を熱心に続けている。

図⑬　近年の木馬亭。お笑い浅草 21 世紀の公演期間中。平成 26 年（2014）3 月（筆者撮影）

平成十年（一九九八）一月には、喜劇俳優の橋達也が、劇団「お笑い浅草21世紀」を木馬亭に旗揚げした。浅草で途絶えた喜劇の常打ちを目指したものだった。橋の死去（平成二十四年）後、若手の大上《おおがみ》こうじ、めだちけん一らによって劇団は引き継がれ、現在も毎月八日間、新作喜劇の公演を継続している。この一座と浪曲師らによる節劇公演も、木馬亭で開催されている。

これらの活動は、当然のことながら根岸京子の理解と協力のもとにおこなわれている。

いちはやく浅草公園六区に劇場を持ち、映画や浅草オペラ、安来節など、その時代その時代の新しい芸能を牽引し、浅草興行街の繁栄に貢献した根岸興行部――。今、「奥山おまいりまち」といわれる通りにぽつんと佇む木馬亭に、かつての栄華をしのぶことはむずかしい［図⑬］。しかしながら、浅草という街の娯楽がどうあるべきか、興行者として何をなすべきかを自らに問い、試行錯誤しながら、これほど長きに渡ってバトンを渡し続けた人々をほかに知らない。木馬亭の木戸で来場客にやさしく微笑む京子の姿には、今なお強い意思が感じられる［図⑭］。

根岸興行部が初めて浅草に設けた劇場常盤座は、昭和六年（一九三一）に松竹の手に渡った後、昭和四十年（一九六五）、松竹の関連会社中映に移管され、浅草トキワ座と改称。実演劇場から映画館に転向するが、映画人気の衰えに抗し切れず、昭和五十九年（一九八四）に休館。その後、地元商店の女性経営者らが組織する「浅草おかみさん会」が借り受け、演劇や演芸、コンサートなどの会場として運営されるが、平成三年（一九九一）九月、ついに閉館にいたる。この年、金龍館（浅草ロキシー映画劇場をへて浅草松竹映画劇場）と東京倶楽部（東京クラブ）も閉館した。

かつて三館が立ち並んでいた跡地には、今、浅草ＲＯＸ・３という五階建の商業施設が威容を誇っている。

# エノケン魂 浅草に健在

## ゆかりの劇場で生誕110年公演

「浅草の喜劇の灯を消すな」と旗揚げした劇団「お笑い浅草21世紀」が、喜劇俳優エノケン生誕110年を記念して、ゆかりの公演を「木馬亭」（台東区浅草2丁目）で催している。初日の13日に、劇団が16年間活動を続けられたお礼として、席亭（経営者）の根岸京子さんに感謝状を贈った。

お笑い浅草21世紀の舞台＝台東区浅草2丁目の木馬亭

## 16年分、名物おかみに感謝状

浅草21世紀は1998年1月に初公演。毎月、オリジナルの軽演劇などを上演してきた。その活動を支えたのが木馬亭だ。浪曲専門で130席ほどの小さな寄席を、コメディアンの橘達也さん（2012年死去）が根岸さんに頼み込んで借りた。

木馬亭は舞台に袖もなく演劇には不向きだが、劇団員が工夫してきた。浪曲公演のない期間に、8日間で11回の舞台を毎月続けている。エノケン生誕100年の2004年秋は、ゆかりの「君恋し」を上演し、芸術祭大賞（演芸部門）を受けた。今年は生誕110年にあたり、やはりエノケン喜劇の代表作「最後の伝令」に取り組むことにした。

根岸さんは、明治時代から浅草の娯楽を支え、エノケンとも関わりのあった「根岸興行部」の5代目社長。84年に亡くなった夫の後を継ぎ、木馬亭を守ってきた。入り口にいつも座っている名物おかみだ。浅草21世紀の舞台は毎月、最終日に後ろの席から見続けてきた。

「ここでお芝居を、と言われたとき『この小さな舞台ではどうかな』と話した。2、3年で終わりかなと思っていたけど、こんなに長く続くとは」。16年の歳月に感慨深そうだ。

感謝状は「東京喜劇研究会」と連名。13日の1回目の公演のあと、満員の客席で、座長の大上こうじさん(56)が手渡した。大上さんは「エノケンの代表作を、ゆかりのある根岸さんの木馬亭でできるのも何かの縁。陰で支援してくれる木馬亭がなかったら、公演を続けることができなかった。ほんの少しでもお返しできたのかな」と話す。

今月の公演は20日まで、午後1時（19、20日は午後4時も）から。当日券2500円。問い合わせは浅草21世紀（03・3844・2130）。

感謝状を手にする木馬亭席亭の根岸京子さん

### エノケンと「最後の伝令」

東京喜劇研究会の平島高文さん(80)によると、エノケンこと榎本健一（1904～70）は根岸興行部が抱えていた歌劇団に22（大正11）年に入団。29（昭和4）年、今の木馬亭の隣にあった劇場で、劇団「カジノ・フォーリー」の旗揚げに参加した。

エノケン原案、菊谷栄脚色の「最後の伝令」は、米国南北戦争を題材にした喜劇。31（昭和6）年に浅草で初演され、翌年再演。浅草で本格的に上演されるのは82年ぶりという。

図⑭　平成26年（2014）4月、長年にわたる喜劇発展のための貢献に対して、木馬亭席亭の根岸京子に、お笑い浅草21世紀と筆者が事務局をつとめる東京喜劇研究会の連名で感謝状が贈られた（『朝日新聞』平成26年〔2014〕4月16日付）

Ⅳ　近代産業とモダン文化

# 第8章　鉄道と保険

## 帝劇から日生劇場まで

神山　彰

近代演劇のパトロンとして大きく機能した企業を見ていくことは、産業構造の変化を考えることに繋がる。本章で扱う鉄道は、百貨店と繋がり、それぞれの文化活動と重なる。関連する第1章、第9章、第11章を参照いただくと共に、多少重なる点もあることはご了解いただきたい。

## 一　新しい興行地

我々は、芝居を見にゆく際に、まず、切符を準備し、開演時間を確かめ、鉄道なり自動車なりの交通手段を考え、劇場や公演地に赴く。しかし、「切符」「開演時間」「鉄道」いずれもが完備したのは、明治期末からの「制度」である。

それらは、明治前期の演劇改良運動での提案や論議が前提となって実現した。そこで否定された徳川期以来の芝居茶屋の機能については、時代、地域、劇場の格などにより違いがある。現代の習慣からは愚劣に思えても、右記の「制度」がなく、「芝居」の通念が違う時代には茶屋制度は必要だったこと、それに伴う面倒さや金銭の代価として得る「快楽」を無駄と考えるのが、近代的思考ということは、第1章の第五節「社交場としての興行」のところで述べた。

夏目漱石は、芝居好きの家族が前夜から支度にいそしみ、牛込の家から濠沿いに夜半から船で浅草まで芝居に行く様子を『硝子戸の中』で活写している。また、彼自身幾つかの著名作で芝居茶屋を通して、客席に至る際の官能的な情景を描いている。

文学者や演劇人だけでなく多くの著名人は、謹厳実直一辺倒の演劇論と反する、芝居の隠微な快楽に馴染んでいた。その二面性や裏表の矛盾の面白さを知らずして、単に近代以前の興行制度を二項対立的に批判するのは図式的である。

しかし、明治政府の掲げた近代化の指針の一つが、「時間」の節約である。「時は金なり」は、時間厳守と料金の明確化という「鉄道」の属性と重なる、開化の象徴的格言である。明治期の歌舞伎の散切物や新派の演目に登場する「ステンショ（駅）」の場での発車に間に合わぬ老人や庶民の役柄は、まさに「鉄道」という近代産業の牽引する「時代に乗り遅れる」暗喩としての役割を担ったことは、拙論で論じたことがある。(1)

「京都演劇改良会」の会長は、「京都電気鉄道会社」創設者の高木文平だった。同社は市街鉄道であり、高木は名誉職、お飾りだったかもしれないが、いかに鉄道が「近代化」「改良」を一般の人々に実感させる「メディア」の役割を担っていたかを感じさせる。

明治四十四年（一九一一）開場の帝国劇場（以下「帝劇」）の功績は、それまでの改良運動や第1章で扱った興行師たちの地道な仕事を踏まえたものである。ただ、帝劇はやはり、演劇興行において無類で独特のイメージを作ってきた。それは、今日まで、ジャンルを問わず当然のように流通し、受容し、行われている仕組み全般に関わる。

まず、帝劇がどうして過去の興行システムから脱却できたのか。一つは地理的ロケーションが、近世の劇場が存立した寺社地とも興行地とも関わりない、皇居前という権力の目前に位置したことが大きい。そこは「芝居町」という土地の柵《しがらみ》がなく、芝居茶屋の背景にある様々な勢力とも無縁である。

二つには、いかがわしい「芝居者」や「興行師」でなく、渋沢栄一を筆頭に貴顕名士の権威によって作られたことである。丸の内は明治初期に三菱が「開発」した訳だが、そこには、鉄道のもう一つの属性である「土地開発」が絡んでくる。

院線（後の省線・現ＪＲ）の有楽町駅開設が、明治四十三年（一九一〇）、実に帝劇の開場とも、軌を一にしていた。なお、それ以前、明治四十一年（一九〇八）に有楽座が開場している。有楽座は第1章で触れたように、女優養成も行う重要な劇場だが、正式名称は「演芸場」であり、ここでいう興行ではなく、良心的貸劇場というのが相応しい。なお、同座会長の柳澤保恵《ほけい》は、第一生命の初代社長だったから、後述するが保険と演劇は不思議な縁があるといえる。また、有楽町駅直近の日劇と鉄道の関係に対する小林一三《いちぞう》の着眼には、第4章で触れた。

## 二　帝国劇場と山陽鉄道

帝国劇場〔図①〕は渋沢栄一が名目上トップに立ち、実際には、慶應義塾と三井系列、山陽鉄道の人材と人脈により開設された。西野恵之助、山本久三郎をはじめ、その経営陣はそれぞれ魅力ある人物群で、経営学の分野でも研究がされている。

ここで注目すべきなのが、鉄道の属性がそのまま、劇場経営に生かされたことである。

「切符」制度、「開演時間」明記（時間厳守）、客席の「等級」制度、料金の明記――それらは明治日本の、あるいは近代の推進した合理性とスピードという価値観と通底する鉄道の必須の条件であり、それが演劇・劇場の近代化に適用されたのである。明治初期からの各種「改良運動」に共通し、演劇に即しては、興行時間短縮に代表される無駄な時間・金銭・関係の排除という、効率性と合理性を重んじる価値観は、劇場に関しては帝劇が始めた訳ではないが、最終的に完成したといえるだろう。

図①　関東大震災後、新装会場の帝劇、左が東京會館（『帝劇の五十年』東宝株式会社、1966年）

それはさらに、三井─慶應義塾人脈を生かして、有名な「今日は帝劇、明日は三越」のコピーに表現されるように、多彩な付加価値を持つ「娯楽施設」的側面をもった「百貨店」と共有する、近代消費社会のスタイルの転換にも繋がった。西洋戯曲の翻案も行い、著名な茶人、数寄者でもある高橋義雄（箒庵《そうあん》）は、そこで大きな役割を果たす。また、先に挙げた有楽座（第一次）、帝国劇場（第一次）と三越本店（日本橋）の建築の設計者は、共に横河民輔《たみすけ》だった。横河の劇場建築への基本的態度は、舞台と客席の「空間分割」にあり、それを可能にする「電気照明」と「調光器」の前提があった。

帝劇は、また、消費を促すスタイルを備えていた産業である、鉄道と百貨店に加え、「ホテル」との関わりも考えた。これは、鉄道のさらなる属性が「観光」であることを考えれば、当然だったかもしれない。ロンドンの「サヴォイ」（劇場とホテル）をモデルにして、イメージされたのが現在も隣接する「東京會館」である。山本久三郎は、欧米視察後「営業面から見ても、劇場がホテル・料理店を兼業する」という信念を持ち、サヴォイ同様、地下通路を作り、宿泊施設も作った[2]。だが、皇居前の立地上、ホテル業は許可されなかった。

そういう文化的文脈のなかで、ともかく、帝劇は、まだ四十数年前には丁髷で暮らしていた人々の、江戸以来の官能的な快楽と肉感性を存分に湛えた、多くの文人の描いた芝居茶屋の時空と断絶することを行った。

その代わりに、帝劇が提供したのは、「野島が初めて杉子に会ったのは帝劇の二階の正面の廊下だった」（武者小路実篤『友情』）という新世代の、茶屋での隠微で密やかな逢曳きと違う、誰に見られても構わない開放的で明朗健全な空間だった。それは、それ以前の有楽座にあった、自由劇場の観客たちが醸し出す、やたらに憂鬱気なインテリぶった客層のものとも違っていた。帝劇の最新のテクノロジーを備えた電気照明の文字通りの明るさ、ロビーの特権的気配を、当然、批判する知識人もいたが、大半のテクノロジーがそうであるように、人々は一年も経てばその制度、習慣に吸収されていく。

また、帝劇の座付作者の役割を果たした、益田太郎冠者《たろうかじゃ》の名物であった女優劇では、「高速度喜劇」が趣向を変えて復演され、話題となった。「世はスピード時代と申します」に始まり、早口で森律子が述べる口上は、まさに「速度」「スピード」という近代と鉄道の価値観と共有していた。帝劇の上演年表に「高速度剣劇」などがあるのを見ると、当時の時代の欲求が実感される。後に、宝塚や松竹歌劇のレヴューでも『汽車の踊り』などが上演されているが、バレエ・リュスでも『青列車』という作品がココ・シャネルの衣裳デザインで上演されるのが一九二〇年代である。

こうしてみると、近代演劇が自明に享受している興行システムや価値観が、鉄道と密接に結びつくという以上に、鉄道のシステムを演劇に移行したのが実感される。

帝劇は、経営上の問題から、一時は松竹の経営下に移り、その後、東宝の傘下となる。これは、三井―慶應義塾の人脈からしても、小林一三の手に落ちるのは必然だったと同時に、鉄道事業との関連で見ると、阪急資本との結託が体質的に合っていたように思える。

後に、東急が、そして戦後は西武が、演劇事業や興行に関わる。東急や、まして西武の時代には、切符、開演時間等の興行制度は一般に浸透しているが、鉄道と演劇の縁は深いものがある。それは、劇場の存立する、「土地」との関わりにも繫がる。

### 三　鉄道と土地――近代の消費スタイル

鉄道は、都市計画、街づくりと密接に絡み合う。明治十一年（一八七八）守田勘弥《かんや》が新富座を築地に新開場したのも、ある時期まで父祖の興行地だっただけでなく、鉄道の「新橋ステーション」に近く、築地と横浜の「居留地」を結び付ける思いもあったのであろう。

大手鉄道会社の全てが、百貨店、ホテル、遊園地を経営し、ほとんどが野球をはじめスポーツとも関連するのは、まさに、それが近代の「健全な消費スタイル」と結びつくからである。

順不同で、阪急、阪神、南海、国鉄、東急、近鉄、西鉄、西武のいずれもが、一時期は職業野球チームを保有した。山陽鉄道でさえ、「山陽クラウンズ」という「二軍」のみ存在するというある時期までの不思議な制度下で、球団を保有していたのである。

もちろん、それは、観客動員が鉄道運賃や周辺の飲食などの関連企業の収入に結びつくことを考えてのことだが、それが採算の取れるものでないことは、現在では、阪神、西武以外が、野球からは撤退したことからも理解できる。ただ、それは、企業戦略として「健全」「明朗」のイメージを作るための有効なメディアでもあった。

そうしてみると、それらの著名電鉄のうち、演劇や劇場経営に大きく関与した会社が少ないのは悲しい。その直接的な利得や「健全」イメージと結びつきにくいのが、演劇の特性だからかもしれない。

元来温泉地で昭和四十年代まで芸者衆の置屋もあり旅館の居並ぶ宝塚の地を変貌させた小林一三の異常なまでの「健康明朗志向」への妄執は、東京では渋沢栄一提唱の田園都市事業に反映され、東急の五島慶太を引き込んだ(3)。小林の「土地論」ともいうべき分野は実に興味深いが、本書では関わりない(4)。

ただ、開発に際し「調布村には芝居小屋が出来て、東京の俳優が出演したりなど(5)」と劇場（劇場名、立地等不明）を売り物にしている。

小林は、東京でかつて栄えた寺社地である浅草、水天宮、深川が、精彩を失う過程も実感しているが、自分に無縁の土地とはいえ、あの世代としてはドライで、その世界へのノスタルジアが感じられない。小林の著作を見ても、白井鐵造《てつぞう》の作った虚像のパリへのノスタルジアを感じる客層に共感していたとは思えず、自身の生誕の甲州にもそれを感じていないようだ。

これは、東急の五島も、後発の西武系の、芸術路線に多大な功績を残した堤清二の趣味にも通じるが、電鉄系の芸能路線には、松竹や菊田一夫など興行師の演劇に比べて、過ぎ去っていくもの、滅びゆくものへのノスタルジアは薄い。

西武鉄道自体は堤康次郎から堤義明に経営は継承されているが、堤清二の「西武流通グループ（セゾングループ）」は直接の関連はない。ただし、立石康則『堤清二とセゾン・グループ』（講談社文庫、一九九五年）によると、「セゾン文化」の建前を支えた「金」は鉄道と切り離せない。堤の趣味は、前衛美術の中にあるそれには共鳴した点も見られるが、鉄道に関わる属性が、元来ドライなものである。ノスタルジアなどに拘っては土地開発などできないだろう。現状の開発を見ても、それは同じである。「パルコ文化」や「西武劇場（パルコ劇場）」は、堤清二の趣味でなく、パルコの社長だった増田通二《つうじ》の大きな所産であり、その対立から「セゾン劇場（ル・テアトル銀座）」を堤が強引に作る過程は、立石の同書に興味深く描かれている。

## 四　近鉄そしてＪＲと四季

その意味で、忘れられがちだが、「鉄道と演劇」関連で特異なのが、近鉄の佐伯勇である。一九五八年に文楽協会の設立に尽力し、大きなパトロン的役割を果たした。文楽への情熱は晩年まで衰えず、国立文楽劇場の土地の誘致や設立にも深く関わった。現在も文楽劇場には、胸像が設置されている。佐伯は、多くの鉄道の経営者と異質で、清元や義太夫に愛着を示し、古い芸能へのノスタルジアを隠さなかった[6]。

戦後開館し、直ぐに映画館となって名称も変わっていた「近鉄劇場」は、一九八五年に再開場したが、二〇〇二年に閉館されている[7]。なお、近鉄は、一時期ＯＳＫ（現・日本歌劇団）への支援も継続していたことも特記したい。

また、辻井喬《たかし》（堤清二）が、五島慶太と堤康次郎歿後「私鉄業界の両雄[8]」として佐伯と対比する、名古屋鉄道の土川元夫の関連する名鉄ホールについては、第1章で触れた。

鉄道と演劇の関係で、従来と異質なそれを構築したのが、国鉄民営化以降のＪＲと四季であろう。

浅利慶太によると、一九九八年、電通の当時の成田豊社長が尽力して、ＪＲ東日本会長、社長の「御好意と理解を得て、四季は東京に二つの本拠劇場をもつことが出来た。「ＪＲ東日本アートセンター、四季劇場春・秋」である[9]」ということになる。その後、電通と組んで二〇〇二年に「電通四季劇場「海」」を開場する。

併行して、四季は、大阪、名古屋、福岡と、ＪＲの土地に、仮設劇場を設け、北海道にまで展開してゆく。四季とＪＲの関係は複雑で説明が難しい。関連書を参照していただきたい[10]。ただ、浅利の人脈と活用能力は、実業を伴わない演劇人としては破格のものといえるだろう。

なお、一九八三年『キャッツ』の公演の頃から、四季の興行が「ぴあ」のコンピューターによるチケット販売ルートを開拓したのも、重要な問題だが、ここでは触れるにとどめておく。

## 五　「ホール」の意味と仁寿生命

「ホール」という用語が日本で定着したのは、関東大震災後、昭和期である。カーネギーホール、クヰーンズホールなどの名は、一部の音楽ファンには知られていたが、大正までは、「会館」「講堂」であり、「コンサートホール」は「音楽堂」だった。「日本青年館」「共立講堂」などは、かつての命名の名残といえる。公会堂のような公的施設と違う、企業が開設する空間は、「倶楽部」の勃興と並び、大正期から徐々に増えていたが、復興期の東京を先頭に主要都市に「ホール」が一般化するのは、都市空間が広がり、「ビルヂング」が連なる、昭和モダニズムの風俗とも関連する。関東大震災でそれまでの生活様式が失われ、変質したこと、劇場も数件を除き焼失し、主要役者は関西に一時移ったこともよくいわれる。邦楽や演芸が、「ホール」で行われるようになるのも、その時期である(11)。

ただ、百貨店や新聞社のように、顧客の需要や販売戦略と結びつく企業が、「文化事業」に手を広げるのは、その性質上理解しやすいが、生命保険の参入は、企業利益のメリットは少ない。生命保険は大正期までは一般への浸透度低く、関東大震災でキチンと支払われたことから信用を増したというが、「当時は命を金銭に換算することに人々の抵抗が強く、生保は将来有望なヴェンチャービジネス。少しでも社会的信用を高めるために、具体的なかたちでの安心感を与える必要がある」ので、「目に見える資産」として「立派な本社ビル」に「立派な会堂」が備えられたという(12)。

仁寿《じんじゅ》生命（後の東京生命・現T&Dフィナンシャル生命保険）の五、六階に定員六百人の仁寿講堂［図②］が昭和六年（一九三一）内幸町に開場し、「テアトル・コメディ」の旗揚公演が行われ、以後、音楽会、児童演劇にも使用された。同劇団主宰の金杉惇郎の妻で女優の長岡輝子はこう回想している。

図②　仁寿講堂のロビー（『悲劇喜劇』1979年7月）

昭和六年（一九三一）二月十日仁寿講堂で旗揚公演をした私達のテアトル・コメディは、それから昭和十一年迄続いたが、今なおこの講堂のあった建物は戦災にも焼けず建っている。新橋第一ホテル宴会場の隣りにある今の東京生命がそれである。仁寿生命が野村生命となり、敗戦後は米軍に接収され軍人の宿舎として使われ、財閥解体によって東京生命となって今日に及んでいる。この年月の間に中は改築されて講堂もロビーもなくなり、かつてはロビーの窓からガードの上を走る国電が見られたところも、部屋が増築されてふさがれてしまった。

この建物が出来たのは昭和四年だというから、私達がこの講堂を使い出したのは出来て二年にもならない時で、まだ真新しい当時のデラックスなビルだった。

あの当時、群小劇団の使った講堂は報知講堂、朝日講堂、飛行館、日本青年館、青山会館、市政会館、蚕糸会館、三会堂と、今思い出してみても、廊下もせまく、仁寿講堂のようにロビーにた

っぷり場所をとり、ゆったりした長椅子などのある講堂はなかった、仁寿講堂の収容人員は五百くらいだったと思う。(13)

会場は、左翼演劇全盛の時代の築地小劇場とは対照的な仁寿講堂（現朝日生命ビル〔「東京生命ビル」の誤り〕）だった。講堂の廊下はサロンふうに広い場所がとってあり、ソファーなどもしつらえてあった。この講堂に目をつけたのは金杉惇郎で、慶応の野球部のピッチャーをしていた吉沢英弥さんの父君が仁寿生命の専務だった関係で便宜をはかってくださった。(14)

続いて、昭和九年（一九三四）に現存する明治生命の建物の内部にも講堂ができ、音楽会が開催されている。

## 六　第一生命ホールと矢野一郎

そして、現存する第一生命ビルが竣工したのが、昭和十三年（一九三八）である。そこの六、七階に「大集会室」が設置され、これが後に「第一生命ホール」となった。

第一生命ホールは、個人的には、実に懐かしい空間である。四季、劇団NLTなどの演劇、大野一雄や笠井叡《あきら》らの舞踏、数回のコンサートと、ある時期よく通った。裏側の入口からエレベーターで上ると、独特の空間のオーラを感じた。わけても特徴的だったのが、格別に立派で大理石張りの「ダンスもできる」広さのトイレで、小柄な日本人ならスッポリ入ってしまいそうな小便器だった。私はGHQの本部時代、進駐軍の人々の体格用に特注したと思っていた。しかし、これは建物建設時の石坂泰三社長の考えで作ったもので、GHQの人々でさえ驚いたという。

第一生命は、女子職員のためビル内に定時制の「日比谷女学校」を作り、教育・文化活動を重視した。劇作家の山田時子はここの出身だった。そして何より、戦後に社長となった矢野一郎が、音楽好きで趣味に生きる人間だったことが大きい〔図③〕。戦後の占領軍の本部で、「接収期の日比谷地区には、押さえつけられた発表の機会を窺う熱意溢れる芸術家たちと、発表する場所と、チャンスと〔略〕舞台を心から欲し、反応する観衆がいた。ここでの経験の積み上げは、一九五〇年代後半のお濠端ブロードウェイ黄金期を準備」し、「接収解除後の第一生命ホールで一気に展開する華やかな演劇や音楽活動[15]」と、渡辺和《やわら》が書く時代の掉尾の幸福感を、私は一九七〇年代に味わえたことになる。占領下の第一生命ビル周辺の雰囲気をリアルタイムで現場で生きた経験は、林光『私の戦後音楽史』（平凡社ライブラリー、二〇〇四年）、大竹省二『遥かなる鏡――写真で綴る敗戦日本秘話』（中公文庫、二〇〇〇年）にも鮮明に描かれる。

図③　国際ロータリークラブ大会で指揮する矢野一郎（『ホールに音が刻まれるとき――第一生命ホールの履歴書』ぎょうせい、2001年）

矢野は府立一高・帝大出のエリートだが、財界ではビッグネームとはいえず、「生保会社」社長としての実績や評価はいま一つらしい。しかし「この若社長の決断で、「第一生命ホール」が生まれたのだから」、矢野の業績は「倉敷紡績の大原總一郎やサントリーの佐治敬三、資生堂の福原義春とも並ぶ、戦後を代表する文化人経営者[16]」と渡辺和は書く。この中で演劇に関わるのは、矢野だけだから、ここでは特筆すべき存在なのだ。

戦前から一般公開しなかった集会室は、占領下の会場難もあり公開されるまで、部外者は近くの帝劇や東京會舘関係者も知らなかったという。最終的に矢野の「独断に近い」形で改装もオープンも決まった。やがて抵抗がなくなるホール名も、大手生保会社が歌舞音曲の商売にするのに疑問多く、「第一生命という名をチケットに刷るのも、最初はとても抵抗があった[17]」という。

重要なのは、これが矢野一郎の本業から離れた、強度の「趣味」の産物だったことである。いくら芸術的成果を挙げても、生保の業績に関係しない。ともかく、彼は芸術好きだったのだ。興行はしていないし、莫大な金をつぎ込んだわけでもないが、彼の趣味と独断を強硬に押し出さなければ、あの夥しい人々に活躍の場を与え、強度の思い出を残した「第一生命ホール」は存在しなかったという意味で、芸術の大きなパトロンといえるだろう。

矢野は一九九五年まで生きたが、第一生命ホールは、平成と年号が変る一九八九年に閉館した。その後、晴海に同名で開館したが、演劇とは関わりない。

私は、劇団四季の舞台をよく見たが、浅利慶太は「演劇人としての青春時代の成功も失敗も刻んだこの劇場には複雑な感情を抱いているようで[18]」、第一生命ホールのことをほとんど書いていないのは不思議である。

## 七　日生劇場の特質と独自性

### 1　「理想」の反映としての劇場

日生劇場については、浅利慶太や石原慎太郎が、何度も語っている[19]。二人は当初、政治家の紹介で東急の五島

図④　日生劇場開場当時の左より、石原慎太郎、弘世現、五島昇、浅利慶太（『日生劇場』日本生命会館、1964年）

昇に会い、渋谷での展開を希望する。五島が、渋谷は東急の事情で無理として、日本生命の弘世現《ひろせげん》を紹介したという展開である。開場に至るまでの様々な事情は、関連書を参照されたい[20]。実際、開場時の日生劇場の社長は五島昇であり、石原、浅利は取締役、弘世は相談役だった［図④］。開場約一年後の冊子の役員連名が、「ABC順」となっているのが当時は珍しく、いかにも日生劇場らしい[21]。また、株主にも、財界人の中に、浅利、石原二名が入っているが、これは、「文化の庇護者として有名」な藤山愛一郎が「私が出してあげよう」と「立て替えて下さった[22]」のである。藤山は、父の藤山雷太が第一次歌舞伎座の出資者・大株主であり、周知されていた劇団民芸の細川ちか子との関係もあり、戦時中は移動演劇連盟会長も勤めた、新劇の隠れた立派なパトロンだった。ただ、民芸は「商業資本」批判の建前から、日生劇場には、四年間出演しなかったけれども——。

　浅利、石原両役員の行動力を見ると、二〇歳代で「パトロン探し」に、一流の政財界人に臆せず接する明治期の演劇人以来の気風が継続していたと共に、政財界人の文化への金の出しっぷりにも、明治期以来の「伝統」を感じる。日生、東急以外に、野村證券、三井不動産などの社長が出資に尽力し、塩野義製薬も開場公演には大きな協力をしている。

別に彼らは、アヌイもジロドゥも知らなかったろう。有力者の紹介故に断れない事情や打算もあろう。だが、そこに、西洋の芸術を受容して展開してきた日本の「文化・芸術の向上発展」という決り文句の中に、自分の祖父や曾祖父世代が目指した理想や気概の名残を感じたに違いない。また、自分は実業の世界にいても、自分やかつての友人たちが夢中になり、あるいは身を投じた世界への郷愁や共感もあったと思う。そういう「理想と友情」という旧制高校世代のエリートが共有していた教養の美質が、まだ生きていた時代だったのだ。

図⑤　日生劇場地下のレストラン・アクトレス。内装デザインは上野リチ（『日生劇場』日本生命会館、1964 年）

以後の新制世代となると、その種の美質は失われ、忘れられ、「古臭い教養」として軽視される傾向がある。また、法改正や会社組織や経営法の変化・変質により、美術、映画や野球までも、「ワンマン社長」の「趣味」や「鶴の一声」で投資できる時代ではなくなってしまった。文壇、画壇、楽壇、劇壇という世界の喪失とも、それは関わるだろう。

もちろん、浅利が言うように、「日生劇場にしても、その設立の動機は、はっきり言えば、日本生命という会社のPRとサービスにあ」るので、テレビに巨額の宣伝費を使うより、「大衆的でより高い作品を生み出し得る劇場を作る方が、PRとしては正道であると、日本生命の経営者が判断したにすぎない」「むしろ美術館にしたらという意見もあったという」[23]。

そして今思うと、日生劇場開場の一九六三年から六六年の帝劇再開場、国立劇場開場までが、戦後の「理想」を反映した「大劇場」時代の掉尾を飾る時代だった。日生劇場は、日比谷公園の前という立地条件や、日比谷公会堂を望み、旧帝国ホテルに隣接する景観を考えて、それらを生かし、当時としては圧倒的オーラを放つ内装や「アクトレス」というレストラン〔図⑤〕などの付加価値を加えた村野藤吾設計の建築の魅力にもあった。以後、劇場は純粋空間化が価値となり、そういう想像力を離れたと思える。これらの点は、本シリーズの拙稿「「近代化遺産」としての「大劇場」」（『商業演劇の光芒』所収）で論じたので繰り返さない。

終戦から十八年にして、有楽町・日比谷興行街の完成が見られた訳だが、その後、続々と周辺の由緒ある建築が消え去り、景観が一変したことは、日本の首都の都市計画の杜撰さを実感するところである。

## 2 日生劇場の特質

次に、日生劇場の特質について、触れたい。

弘世現は前述の冊子で「劇場創設の意義」を述べ、芸術は「人及び人々の心をアウフへーベンする糧」と書き、「国民文化の向上に寄与するとともに、わが国の将来を担う青少年の情操教育にも資したいものと念願する」[24]と続ける。

開場当時十三歳の少年だった私の「情操」に影響を与えた日生劇場は、確かに半世紀以上、多彩で生涯忘れ難い思い出を与えてくれたと思うと感慨深い。

弘世が、現在も続く「青少年劇場」に拘ったのは、子供の頃、島村抱月の芸術座で初代水谷八重子出演の『青い鳥』に感動した、自身の経験による。また、弘世が海外勤務で接した多彩な劇場文化を「支えている国家、あるいは民間資本の投資の大きさを実感[25]」していたことが大きい。こういう少年時の濃密な思い出や青年期の貴重な経験を記憶に留め、長じて実行に移す財界人があの時期まではいたのである。

また、財界人として、小林一三に企業イメージを高めるには劇場を持てと言われたこともあると弘世は述べている。日生劇場は、少年期に「家族」で楽しんだ「国民娯楽」を、生涯の思い出として留めるという意味で、小林の理想の反映にも思える。ただ、阪急のような鉄道関連事業と違い、第一生命と共通する「企業利益との関連」がない。百貨店や鉄道と違い、顧客が増えたり、直接利益が生じることはない。のちに、それが問題となり、大蔵省理財局に担当役員が呼ばれたり、開場後には、衆議院大蔵委員会に弘世現社長が参考人として呼ばれ、野党議員から、生保会社なら劇場に何十億掛けるくらいなら無料の療養所を設けるなど業務に関係あるものに還元すべきと質されたりしている。

それ以上に、当時の一部の新劇界から、日生劇場と関わることは「金融資本への屈伏」「アメリカ資本主義の手先」という強い批判がされたのは、私の記憶にもある。

浅利が推進しようとしたプロデューサー・システムにさえ、荒唐無稽な非難がされた。

日生劇場批判の代表的演劇人・尾崎宏次《ひろつぐ》は、「プロデューサー・システム」は「安保以後の資本攻勢の一環」で「運動体としての新劇を解体させる力」という木下順二の講演を引き、そのシステムが「商業演劇への転向を合理的にみせかける」と論を進める。さらに、戦後、ピカデリー劇場で行われたプロデュース公演も「アメリカ戯曲の押し売りみたいな線」で「時期がぴったり朝鮮動乱と合致して」おり、GHQの「方策」とした。転じて日生劇場は石原、浅利を「プロデューサーに任命し、千田是也、福田恆存、武智鉄二を演出家として契約」したが、「この現象は吉田史子が西武デパートの経営者堤清二とむすびついており、石原や浅利らは五島昇と直結し、「出資者の利益のために働かざるをえない状況がまちかまえている」という。それは企業の「利益代表になることであって〔略〕商業主義への身売りである」。結論として、「プロデューサー・システムの呼びかけは〔略〕なにかが変っていくということに興味がないのである」となる。[26] こういう言説が、インテリが真面目に読む雑誌に発表されるのが、日生劇場の開場前年の時代だった。俳優座が日生劇場で『ハムレット』を上演した際も、新劇を支える重要な動員組織だった東京労演は「独占資本の劇場」として動員を拒否し、「硬直した姿勢を改めようともしなかった」と倉林誠一郎も書いている。[27]

浅利は、企業と文化の結びつきが「六〇年代には非難され、七〇年代には必要性が認識され、八〇年代になって常識となった」[28] と言う。しかし、第二国立劇場（新国立劇場）議論が具体化した一九八四年でも、「ミュージカルは商業的だから芸術の殿堂、二国〔第二＝新国立劇場〕には相応しくない」[29] という意見が著名新聞を利用した人々から、出されていたのである。

だが、「必要性が認識され」「常識となった」時代には、確かに企業メセナという文脈での文化支援は滲透していく。それは、先に見たように、四季に対するJRとの関わりに見られるが、それは、第一生命や日本生命のように、時の社長の強度の趣味や青年期の濃密な思い出から生まれる類のパトロン文化とは異質のものである。

また、浅利が語るサルトルの『悪魔と神』上演時の、主演の二世尾上松緑の挿話が私は好きである。松緑は浅利に「見物のご機嫌はどうですか」と聴いたことをとりあげ、浅利は「観客の反応」でなく「見物のご機嫌」が大事なのだという。[30] サルトルの解釈やテーマ第一の人々には、そういう語彙は出て来ない。それどころか、だから歌舞伎役者はダメだと、かつての新劇人の多くは言っただろう。だが、浅利の美点は、いかに難解、高級な芝居だろうと、「見物のご機嫌」を大事にし、忘れないことにあるのだ。そこにこそ、第1章で触れた、浅利が度々引くルイ・ジュヴェの言の真髄がある。それが、観客がなければ成立しない演劇人の「偉大なる屈辱、恥ずべき崇高さ」という「我々の職業の秘密」なのだ。

浅利は、経理や経営についていては、日生の経理担当常務や会計監査の担当者から学んだと言っているが[31]、戦前の帝劇同様、開場から六年半後の昭和四十五年（一九七〇）五月から、演劇公演の自主制作は中止となる。以後は貸公演になるのだが、日生劇場は所謂「商業演劇」の劇場という、団体が七割を占める大衆的な劇場のイメージにはならなかった。有名な越路吹雪のロングリサイタルの客層のような、他の劇場には見られない、独特の気配を漂わせる「日生劇場付き」の客層を育てたことは大きい。レストラン、食堂やショップでの売上げなど計算に入れていない劇場構想だったからでもあるが、村野藤吾設計の白亜の建物自体が漂わせる品格とオーラの吸収力が多大だったろう。レパートリーとしては、翻訳劇、創作劇、ミュージカル、オペラ、ポピュラーミュージックから歌舞伎まで、幅広いが、立派な劇場の少ない一九八〇年頃までは、外国劇団公演は、やはり、日生劇場が似合う気がした。そこにも、弘世現の若き日の「理想」は生きていたように、感じたものだ。渡辺和が第一生命ビルについて言った「ビルそれ自体が、景観に向けて何かを語ろうとして存在するメタファー[32]」は、日生劇場の建築にも適合する。

日生の自主公演撤退と入れ替わるように、一九七三年に西武劇場が渋谷に開場する。西武については、この章では扱わないが、印象深いのは、堤清二（辻井喬）が「財界のなかに知的な人、人間としての魅力」ある人として、「すぐ名前をあげることができる人物[33]」を列挙し、印象的な挿話を書いている。それを見ても、西武の「企業の文化戦略」であるには違いないが、やはり、実業家、財界人、個々人の思い出や懐旧に関わるもの、青年の日の旧制高校的「理想」や「友情」という価値観に負うところ大きいように思える。

（1）拙稿「「もの」の構造として見る散切物」、『近代演劇の来歴——歌舞伎の「一身二生」』森話社、二〇〇六年。

(2)『東京會舘いまむかし』東京會舘、一九八七年、一一五頁。
(3)猪瀬直樹『土地の神話』新潮文庫、一九九三年、三四頁。
(4)猪瀬、三三頁。
(5)猪瀬、五七頁。
(6)演者からは、佐伯は文章にあるほどの愛着はなく、さほど好きとも見えなかったという思い出も聞くが、財政援助を続けたことは間違いない功績である。
(7)近鉄劇場については、宮川龍太郎『近鉄劇場終演まで』新風舍、二〇〇五年。
(8)辻井喬『抒情と闘争』中公文庫、二〇一二年、一六五頁。
(9)浅利慶太「四季劇場　竣工式典挨拶」、『浅利慶太の四季』著述集1、慶應義塾大学出版会、一九九九年、四二三頁。
(10)『浅利慶太の四季』著述集1・3、慶應義塾大学出版会、一九九九年。松崎哲久『劇団四季と浅利慶太』文春新書、二〇〇二年。
(11)渡辺和『ホールに音が刻まれるとき——第一生命ホールの履歴書』ぎょうせい、二〇〇一年、一一頁。
(12)渡辺和、一四頁。
(13)長岡輝子「仁寿講堂とテアトル・コメディ」、『悲劇喜劇』一九七九年七月。
(14)長岡輝子『ふたりの夫からの贈りもの』草思社、一九八八年、一三頁。
(15)渡辺和、五九頁。
(16)渡辺和、八二頁。
(17)渡辺和、九八頁。
(18)渡辺和、二一〇頁。
(19)浅利慶太『時の光の中で』文藝春秋、二〇〇四年、『浅利慶太の四季』著述集1・3。石原慎太郎『わが人生の時の人々』中公文庫、二〇〇五年。石原の同書は、時代の生動感が漂い、多様な人間関係も含めて興味深い。
(20)浅利、石原前掲書。
(21)東京プロモーション編『日生劇場』日本生命会館、一九六四年。
(22)浅利『時の光の中で』四八頁。藤山愛一郎との関わりについては、石原の前掲書でも興味深い挿話と共に触れられている。

(23) 浅利「演劇界の将来とプロデュース公演」、『浅利慶太の四季』著述集1、一五四頁。
(24) 弘世現「劇場創設の意義」、『日生劇場』三頁。
(25) 浅利「日生劇場の昨日と明日」、『浅利慶太の四季』著述集1、一六四頁。
(26) 尾崎宏次「プロデューサー・システムへの危惧」、『文学』一九六二年二月。
(27) 倉林誠一郎『劇団は生きている』芸団協出版部、一九九六年、一九八頁。
(28) 浅利「『日生名作劇場』と子供たちの夢」、『浅利慶太の四季』著述集3、一八七頁。
(29) 浅利「第二国立劇場を潰すのはだれだ」、『浅利慶太の四季』著述集3、二〇七頁。
(30) 浅利「恥ずべき崇高さ、偉大なる屈辱」、『浅利慶太の四季』著述集1、四一九頁。
(31) 浅利「わたしの道」、『浅利慶太の四季』著述集3、三五一頁。
(32) 渡辺和、一八頁。
(33) 辻井、一六五頁。

Ⅳ 近代産業とモダン文化

# 第9章 緞帳の調製と百貨店

## 進上幕の近代

村島彩加

## はじめに

本章では、劇場で使用される緞帳と百貨店との関連に着目したい。

そもそも、劇場で使われる幕は大きく二つに分けられる。緞帳と、そして引幕である。『演劇百科大事典』によると、緞帳（もしくは緞帳幕）は「上下に動かす幕」であり、引幕は「左右に動かす幕」だという。[1]

現在、国内の各大劇場では緞帳が主流として用いられている。歌舞伎座や国立劇場等、歌舞伎を上演する劇場では引幕も用いられているが、公共ホールや新設の劇場ではまずお目にかかれない。また、歌舞伎座でも公演のたびに備え付けの複数の緞帳が紹介されており、それを目にした方も多いことだろう。しかし近代以前、幕府の官許を受けた江戸三座が用いていたのは座ごとに配色の違う三色の布をはぎ合わせた引幕であり[2]（それは現在も定式幕として残っている）、緞帳を用いるのは格下の宮地芝居、おでこ芝居などであった。そのため、大芝居に対する小芝居を蔑視する呼称として「緞帳芝居」という名が用いられたことはよく知られている。つまりかつての日本の劇場においては、引幕の方が格上で、緞帳というと、一段、いや、かなり下った印象を与えるものだったのだ。だが、現在ではその立場はすっかり逆転してしまったように見える。

この「引幕と緞帳の逆転現象」の起こりは、明治時代末期にさかのぼる。そしてその時期こそ、江戸以来の大手呉服商が次々と百貨店化に舵を切り始めた時期と重なるのだ。現在、歌舞伎座の緞帳紹介で「提供は◯◯株式会社、調製は××でございます」と言われるとき、「調製」として名が挙がるのは大手百貨店であることが多い。「調製」とは、「きまりなどに合うようととのえてつくること。注文に合わせてこしらえること」である。[3] つまり注文に合わせ「調える」、意匠の依頼や素材の調達、織りといった様々な工程をプロデュースするという行為を指す。本章では引幕から緞帳への切り替わりと日本における百貨店誕生との時期的な関連、そしてこの「調製」という行為に着目し、従来の演劇研究において着目されることの少なかった「引幕から緞帳へ」の変遷に目を向けてみたいと思う。

また、同時に着目しなければならないのは「提供」者である。幕、特に引幕は、座を象徴する三色の定式幕を除き、江戸以来、贔屓《パトロン》から特定の役者や座に対する後援のしるしとして進上されるものであった。その最たるものは、襲名・改名等に際しての「祝儀幕」だが、江戸～明治期の記録を見てみると、通常の興行においても、贔屓から引幕を贈られることは稀ではない。したがって、ここでは贔屓から役者に贈られるそれらを「進上幕」と呼ぶこととしたい。

現在でも、歌舞伎役者の襲名興行等では「○○丈江」と記された引幕が贈られており、その名残はある。また、緞帳もほとんどが劇場の自前ではなく、提供されたものだ。しかし歌舞伎座をはじめとする大劇場で用いられる緞帳・引幕の提供は大概大企業によるもので、個人や個々の役者の後援会から贈られたものは滅多にお目にかかれない。これは本書のテーマである「興行とパトロン」を考える上で非常に重要な問題である。

以上の指摘をふまえ、本章では贔屓から特定の役者に後援のしるしとして贈られる「進上幕」の提供が、個人から大企業へと移る過程を中心に検証していきたい。そして、緞帳調製に百貨店が関わってきた背景も同時に検証することで、現在の劇場における緞帳主流の流れはいつから起こったのか、その変遷も探ってみたい。

## 一　贔屓と幕——進上幕の内と外

本書のテーマ「興行とパトロン」に則し、ここからは「はじめに」で指摘した「贔屓と幕」との関連から、稿を進めていきたい。

近代以前は演劇といえば歌舞伎であったから、「贔屓」もいきおい歌舞伎のそれを指すことになる。筆者は前頁で「贔屓」に「パトロン」とルビを振ったが、まずは「贔屓」の定義を確認しておきたい。『演劇百科大事典』によると、「贔屓」は「後援者・ファンをいう。援引《ひき》の延音という」とある。(4)また彼らの行為は、

ひいきは開演ごとに入場券を求め、または第三者にも見物をすすめ、さらに、幟・花輪・幕などを贈り、団体のひいきは、後援会を組織して総見を行ったり、贈り物をしたり、俳優または劇団の人をかこんで激励したりまた後援会の機関紙を発行したりすることもある。

とされている。ちなみに『日本国語大辞典』における「パトロン」の定義は「特定の芸術家、芸術上の主義・活動に経済的、精神的な保護を与えたり作品を買い上げたりする人や機関」(5)である。江戸の贔屓の「開演ごとに入場券を求め、または第三者にも見物をすすめ」るという行為は経済的な支援に当たるだろうし、「幟・花輪・幕などを贈」るという行為は精神的な支援と言えるだろう。つまり「贔屓」＝「パトロン」と言って差し支えはないはずで、本章はこれらの定義に則って論を進めていきたいと思う。

さて、前述のように、贔屓が後援する役者に幕（引幕）を贈ることは江戸以来、明治に到るまで通例であった。

その場合、多くは個人の贔屓からではなく、同じ役者を後援し、「連中《れんじゆう》」という観劇団体を組んで総見を行う、贔屓の集合団体から贈られることがほとんどだった。江戸時代、五代目市川団十郎に引幕を贈ったことで知られる三升連や、四代目中村歌右衛門を後援したイ菱連をはじめ、上方には大手、笹瀬などといった著名な連中がいくつもあり、彼らはこぞって後援する役者に引幕を贈った。そうした風習は明治になっても継承され、例えば明治十三年（一八八〇）に四代目中村芝翫に贔屓から贈られた引幕と水引幕は「合計五十有余幕なり」と新聞記事に記されている。これらの幕は興行中、幕間に次々と引かれては見物に紹介された。花柳章太郎は、六代目尾上菊五郎、初代中村吉右衛門が活躍した頃の市村座時代を振り返り、

六代目には、音羽会、吉右衛門には、胡蝶会、吉見会、三津五郎は是好会と云うようにその頃少年俳優であった時蔵、男寅に迄、引幕は受与《ママ》され、そのかずは限りなく、幕の重みで、吊金が切れることがしば〳〵であった。

と回想している。さらに花柳は、公演中におけるそれらの紹介について、

大勢の出方（案内人の男）が花道へ並んで、音羽会御連中様、有難う存じますと幕間に礼をのべる時は、見物の誰しもが、金を費いたい気になり、又出費した人達は鼻をうごめかす訳だ。

と記した。当時の市村座は現在のような時間の定められた幕間がなかった。花柳いわく「悠長な」幕間に、それぞれの役者に贈られた引幕が次々と引かれ、紹介されることは芝居見物の大きな楽しみであり、当時新派の下積

み役者だった花柳は、それを見るたびにいつか自分も引幕を贈られたいという思いに駆られ、その一心で芸を磨いたという。贈られる引幕の数はその役者の人気の多寡を示すものであり、贈り主たちにとっては自分たちの贔屓役者の名を記した幕が引かれ、紹介されることはこの上もない嬉しさ、晴れがましさであったことだろう。もちろん贈られる役者の得意は言うまでもない。

しかし引幕を贈るということは、それなりに金がかかることであった。花柳はまた「引幕が贈られゝば、総見は付きものであり、総見の祝儀は、楽屋と表と付け届けが渡る訳である」とも書いており、贈る側の物入りであったことは、想像に難くない。

一方、こうした役者に対する後援――式亭三馬の『客者評判記』で言うところの「贔屓定連《ひいきのじようれん》」のそれ――に対して、前にも指摘したように、特定の座を後援する「座贔屓《ざびいき》」というものもあり、特に魚河岸や吉原といった芝居に縁の深い地域からは、特定の座に引幕を贈るという習慣があった[9]。しかしその習慣は近代以降消滅するため、本節ではあくまでここに指摘するのみとしておきたい。

さて、ではこうした贔屓から贈られる引幕はどのように製作されていたのか。ここからは、その点に目を向けていきたい。

江戸から明治にかけての引幕製作については、絵師の伊藤晴雨《せいう》（一八八二～一九六二）、ならびに作家の山岸荷《か》葉《よう》（一八七六～一九四五）が詳細な記録を残している[10]。この両者の証言によると、近世から近代にかけ、引幕製作を請け負ってきた、通称「幕屋（引幕屋）」の多くの前身は更紗屋だったという。山岸は次のように書いている。

浅草蔵前に、大多という幕屋があった。これが中興の祖で、その本職は、更紗の模様師であった。続いて、この大多の系統から出た、更紗屋が、金になるところから、大方引幕屋を営業とするようになった。曰く、本所林町のさら文、日本橋浜町のさら安、代地の大利、浅草小鳥町のさら美濃が重なるものであった[11]。

伊藤もまた、

高サ凡十五尺横十二三間程の絵〔略〕、それもそれだけの布を一杯に広げて描く工房〔略〕それは多くの場合引幕屋（更紗職）の工場で描くのである。昔の引幕を作る工場には、相当大きな面積の工場と干場（ほしば）を持っている店もあった。震災前の浅草蔵前の大多（だいた）本所林町弥勒寺境内のさら文、久松町の更巳之など、引幕の専門店があってそれ〳〵意匠を凝した引幕を競争で製作していた[12]。

と記しており、両者が同じ店名を複数挙げているのも興味深い。また、それらの店名に「更」「さら」が入っていることから、（元）更紗屋が引幕製造を請け負っていたことも確かと言えるだろう。更紗は「人物、鳥獣、草花などの模様を種々の色で染めた綿布。江戸時代、インド、ペルシア、シャムなどから渡来。印華布。花布。シャムロ染」である[13]。引幕の素材については木綿であることがしばしば指摘されており（稀に縮緬もあったというが[14]）、更紗が綿布であることから、更紗屋が幕屋になることが多かったというのは頷ける。

では、意匠についてはどうだろうか。興行に際して進上された引幕の中でも、その意匠の奇抜さで知られているのは、明治十二年（一八七九）、いろは新聞社の仮名垣魯文が、新富座で上演された『霜夜金十字辻筮《しもよのかねじゅうじのつじうら》』を記念して贈った引幕だろう。絵師・河鍋暁斎が当時の人気俳優たちを妖怪になぞらえて描いた奇抜な意匠であった。しかし、そうした凝った意匠の進上幕は、近代以降目立つようになったもののようだ。前出の伊藤は、小芝居にも引幕が許されるようになった後の本所寿座で見た引幕について、昔風な「あばれ熨斗」か、役者の定紋を真ン中に染出し、何々丈江しん上ひゐきゟ《〔より〕》と書いた一種の型にはまったものばかりであったのを覚えている。そして一面に小紋更紗が染め出されていた。(15)

と証言している。しかし興味深いのはその続きで、その寿座の引幕の意匠について、伊藤の母親が次のように語ったというのだ。

母に聞くとこれが昔の三芝居のあった頃の引幕の型だと教えられたから、昔の芝居の引幕はいたって単純なものに違いない。

この伊藤の記録からは、近代以前の引幕の意匠がごく単純でバリエーションも豊富ではなかったことがうかがえる。

次節で詳述するが、江戸以来引幕が禁じられていた小芝居の劇場に引幕が許されたのは明治三十三年（一九〇〇）一月のことであるから、明治十五年生まれの伊藤が目にした寿座の引幕というのも、それから間もない頃だったかもしれない。が、時期はともかく、意匠についての言及は貴重なものと言えるだろう。「小紋更紗」とあるので型染めであったと考えられるが、それは次の、山岸による引幕の主な意匠に関する証言とも一致する。

例の大多はじめ、更紗屋（幕屋）は、梅素、素岳両翁の図案に基いて、型を置き、刷毛を採って、可也の同数になる、引幕を製作したのである。(16)

ここで名が挙がっている「梅素」「素岳」は、それぞれ梅素薫《うめもとかおる》（絵師、生没年不明）、永井素岳《そがく》（書家、一八五二〜一九一五）である。梅素は明治期の見巧者連中・六二連の中心的な存在であり、永井は五代目尾上菊五郎、九代目市川団十郎の書の指導者でもあった。いずれも劇界にゆかりの深い画家・書家が、一般の贔屓が役者に贈る引幕の意匠を手がけていたことは実に興味深い。伊藤もまた「引幕全盛時分の作家」として梅素・永井の両名を挙げ、さらに「浅草石切河岸の柴田是真」「後には先代鳥居清忠」「若柳柳湖」なども引幕の意匠を手がけていたと証言している。むろんこうした型染めのほか、先に挙げた新富座の妖怪引幕のように、絵師が直々に筆を揮う場合もあった。

以上の証言から鑑みるに、一般の贔屓が役者に引幕を贈るに際しては、市井の「幕屋（引幕屋）」に発注すると、梅素・永井らをはじめとする絵師や書家の作成した図案から意匠を選び、あとはその店の職人が筆を執って製作するというのが一般的だったようだ。つまり、多くの場合は幕屋が、引幕製作の様々な工程をプロデュースする「調製」と共に「製造」も行っていたと見て良いだろう。

## 二　引幕から緞帳へ

前節末で、江戸〜明治期における贔屓よりの進上幕（引幕）の調製・製造について言及したのを受け、本節では、それが緞帳へと変わってゆく過程を検証したい。同時にそれは、日本の大劇場における幕の主流が引幕から緞帳へと移ってゆく過程を検証することとともなる。

すでに言及したが、江戸時代より、引幕を用いることができたのは官許の劇場のみで、それ以外の宮地芝居・

おでこ芝居などといったいわゆる「小芝居」では、緞帳が用いられていた。しかしそれは今日のような厚地の織物ではなく、「粗末な白の地の布に墨で、贈った者の名を書いて、その上に大きく座主の名と「のし」の彩色した絵がえがいてあるくらいのもので、ひどくなると、布を捲く心棒の竹棹が露わに出ているのがある」[17]という質素なものだった。では、今日のような豪華な織物の緞帳はいつから現れたのだろうか。

大劇場における緞帳使用の嚆矢について、今日も歌舞伎座をはじめ多くの劇場の調製を務める川島織物セルコンの美術工芸部長（一九九六年当時）の長瀬稔は、

現在のような上下に開閉する緞帳は、明治12年（1879年）新富座でアメリカのグラント将軍観劇記念に贈られた引き幕を緞帳として用いるようになったのが始まり[18]

としている。このグラント将軍よりの進上幕は、当初引幕として贈られたものの、重さゆえに引くことが叶わず、緞帳として用いたという。その実態はどのようなものだったのか。同年二月に創刊されたばかりの『歌舞伎新報』には、次のように紹介されている。

新富座主へ彼賓客グラント君より贈られたる緋羅紗の贔屓幕ハ切地の巾が四尺五寸で十三布幕の丈は一丈三尺五寸にて真中へ（太平）の二字に下の方へグラントヨリと記し根岸の市川遂菴《ママ》[19]の筆にて都《すべ》て金糸十本の縁《へり》とりの白羅紗で伏縫とのこと当時浅草の故人縫秀[20]の倅中村銀次郎が細工中のよし而して同君へ此緋羅紗を売主ハ通り三丁目の松葉屋吉兵衛代価も崇敵《すてき》に貴いはなし[21]

ここで注目すべきは「緋羅紗」という、その布地であろう。羅紗は「紡毛織物の一種。縮絨（しゅくじゅう）し毛羽（けば）をたてた、織目が現われない厚地のもの。古くは陣羽織、火事装束、羽織、合羽（かっぱ）など防雨・防寒に用いられた[22]」というものだ。厚地で重い織の地に、さらに同じ羅紗で文字を縫い付けたこの幕が、かなりの重さであったことは容易に想像がつく。

しかし、こうした外賓よりの幕の贈呈があったのも、それが重くて道具方が難儀をしたのも、この時が最初ではない。明治十一年（一八七八）六月の新富座新築再開場式に招かれた、英国全権行使パークスを筆頭とする在日外国人三十三名が、グラント来場に先立つ二月、守田勘弥に引幕を贈っている。それは、

紫の絹で松竹梅の丸の中へ差渡し六尺有かたばみの紋が三所色糸の縫でいつもの宛名の所へ守田氏と白糸で縫た書は市川万《〔ママ〕》庵[23]先生が書れたので巾が四布程あり升下に在東京外国人中と有て実に目覚しい立派な物[24]

であった。しかしこの幕も、

新富座へ外国人から贈られた例の縫の引幕を二三日跡に勧進帳の幕へ引こうとして文人の幕の後ろへ下ろすと袷せ絹にて重いゆえか針金がきれて落たという[25]。

と報じられている。また、同時期には「横浜の蘭人中」から天幕[26]が贈られ、それは、

地が萌黄色の輪《〔ママ〕》な天鵝で真中は座元の紋左右ハ古代模様の中から竺仙さんが見だしたと云かたばみ艸の様な

風流な紋を金糸といろ糸で縫出て新富座長守田氏へ在横浜蘭国人中よりの文字を横に並べて左右へ割って白糸縫にした眼を驚かす程の物(27)

であったという。このように、明治十一年の新富座新築再開場以降、勘弥の改良志向もあって同座を訪れる外賓が増えると共に、彼らから従来の引幕とは異なる素材を用いた幕が贈られるようになったと考えられる。

しかし、こうした外賓よりの幕の贈呈は、同年秋の『西洋奇談漂流劇《せいようきだんひょうりゅうかぶき》』における外国人俳優出演で失敗した、勘弥の極端な西洋志向が薄れると鳴りをひそめてしまう。次に緞帳が表舞台に現れてくるのは、明治二十年代のことだ。

『演劇百科大事典』には、先に紹介したグラント氏の幕の後、大劇場における緞帳使用が一般化したのは「明治二二年の歌舞伎座開場式に用いてから」とある。そこで当時の新聞を調べてみると、『読売新聞』同年六月十一日に「西陣の幕」と題された建築中の歌舞伎座の幕に関する一報があった。

〔歌舞伎座の〕本舞台へ掛ける引幕を西京の西陣織場へ注文したるに其織出しハ余程美麗に出来少しも継ぎ目などハなき一面織のものにして其代価ハ三千五百円なりと云う

この記事には「引幕」とあるが、西陣に発注した「一面織」の幕であるということから、従来の木綿や縮緬の幕とは異なり、織物であることがうかがえる。果たして十一月の開場式後に発行された同紙における劇評を見てみると、(28)歌舞伎座を「歌舞伎山改良寺の伽藍」と揶揄しつつ、開演と共に「本堂の緞帳を巻上げたり」とあり、おそらく西陣に発注された織物の幕＝緞帳であったと考えられる。

歌舞伎座や新橋演舞場の緞帳も手がけた緞帳製作者であり、その歴史に関する書を著した寺石正作は、略年表「緞帳の沿革」を、明治二十四年（一八九一）の次の事項から始めている。

京都上田帯店（現・川島織物）が東京銀座進出を機会に同店が東京《ママ》演芸協会へ刺繡引幕（平安神宮図）を寄贈(29)

「東京演芸協会」とあるのは、明治二十二年（一八八九）に発足した日本演芸協会のことであろう。同会は明治十九年（一八八六）発足の演劇改良会に始まる、政府主導の演劇改良運動の掉尾となるもので、会長は宮内大臣土方久元である。

寺石は前掲の略年表で月日を特定していないが、同会は明治二十四年十月に中村座で宮崎三昧作『泉三郎』を三代目河竹新七の校正の元、九代目団十郎に上演させている。おそらくこの時に用いられたものと思い調べてみると、次のような新聞記事が見つかった。

今度中村座にて演習する演芸協会の演劇に使用する緋緞子引幕ハ〔略〕西陣の川島織場にて製造したるものにて〔略〕古代緋色の緞子織にして大仏裂に珊瑚珠及び藤、銀杏を加えて一の新模様を案出したる精緻無比の図案なり〔略〕又其仕立方ハ二重巻上げにて仏蘭西の劇場に用ゆるものを参酌したるいと珍らしき引幕なりという。(30)

同記事では「引幕」としているが、緞子という厚手の織物であること、また上下の巻上げ式であることから、これは緞帳と見て間違いないだろう。また同時に着目すべきは、ここで挙げた二つの記事に、現在歌舞伎座をはじめ、多くの劇場緞帳の調製を手がける川島織物セルコンの前身「京都上田帯店」、さらに「川島織場」の名が挙がっていることである。

ここで、川島織物セルコンの歴史を確認しておきたい。同社の来歴は越中国城端《じょうはな》（現・富山県南砺市）出身の上田屋文次郎（初代川島甚兵衛、一八一九～一八七九）が天保十四年（一八四三）に京都六角室町末広路次で呉服悉皆屋を開業したことに端を発する。初代は安政五年（一八五八）、京都で初の洋反物販売を始めるなど、堅実な中にも進取の気性を持つ人物であった。初代甚兵衛の子・辨次郎（二代目甚兵衛、一八五三～一九一〇）も父の性質を受け継ぎ、明治元年（一八六八）より積極的に織物の調査研究を開始、父の死に伴い二代目甚兵衛となる。同十七年（一八八四）には京都・東堀川元誓寺下ルに川島織場を建て、織機二十台余で改良縮緬の製造を開始。その翌年四月、東京で開催された五品共進会に初の美術紋織物（本極織）「葵祭の図」という掛軸を出品したことで、二代目甚兵衛は大きな転機を迎えることとなる。同品がドイツ大使となる品川弥二郎子爵の目にとまり、ドイツ皇帝に献上する織物の製作を依頼されたのである。翌十九年（一八八六）三月、甚兵衛は子爵に同行して欧州に渡り、ゴブラン織りの壁掛けや宮殿の室内装飾を研究する機会を得た。甚兵衛は献上品を無事仕上げた後も欧州で研究を続けていたが、翌年、明治宮殿[31]の装飾織物の特命を受け、急遽帰国することとなる。その後彼は「京都・東京・桐生などの織元に出向き，正殿以下各室の壁紙・緞帳・卓布などのテキスタイル工事の指導[32]」を行った。もちろん、ここでの「緞帳」は出入り口に掛ける装飾を指す。この経験が、劇場の緞帳製作につながった。インテリアデザイナーの中村圭介は、外遊後の甚兵衛の仕事について、次のように記している。

外遊で，ゴブラン織りと綴織りは同じ組織であることを知った彼〔二代目甚兵衛─引用者〕は，帰国後，壁掛けの製作を始め，第3回内国勧業博（明治23年（1890））に「犬追物図」を出品している．このほか，彼の代表作である狩野芳崖原画の「悲母観音像図」（明治28年（1895），106㎝×294㎝）を始め，「富士巻狩図」（明治28年（1895），原画：今尾景年）・「武士山狩図」（明治42年（1909），原画：浅井忠）などの大作をつくっている．これが劇場などの緞帳の源流である．[33]（引用者注記のない〔〕は原文）

甚兵衛は明治宮殿落成翌年の明治二十二年（一八八九）、同十七年に構えた織場を増改築し、紋織物・綴織にさらに注力したと同時に刺繍部を開設。同二十四年二月には宮内省御用達の公許を受け、東京市京橋鎗屋町（現・銀座四丁目）に上田屋帯地店を開店している。

さて、ここまで見てきた中で重要なのは、川島が明治二十二年の時点ですでに広大な織場を構えて大作織物を手がけるようになっていたこと、さらには同二十四年に宮内省御用達を拝命していたことである。先に指摘したように、明治二十四年に川島に緞帳を発注した日本演芸協会は、同二十年（一八八七）四月の天覧劇を挙行した演劇改良会の流れを汲んでいる。宮殿の室内装飾を担当し、宮内省御用達を拝命した川島に、従来の引幕とは異なる西洋の劇場のような豪奢な緞帳を作らせ、それを用いることは、明治十九年の時点で西欧のオペラハウスを念頭に置き「構造完全にして演劇其の他音楽会歌唱会の用に供すべき一演技場を構造する事」を目的のひとつに掲げていた演劇改良会以来の理想の実現への、一つの足がかりではなかったか。

この後、歌舞伎座が二年後の明治二十六年（一八九三）六月の慈善演劇の際にやはり川島に緞帳を依頼するなど、このあたりから大劇場における緞帳の使用が目立ち始める。一方で新聞には、

落語家柳派の連中より今度縮緬の引幕を歌舞伎座へ贈るとの事[34]

開場前より中々の景気マダ今日の所にて引幕の数ハ松駒連より中村福助へ、新升連より市川新蔵へ、茂美寿連より市川女寅へ、京浜三大連より坂東秀調へ、新橋煉化芸妓中より片岡市蔵へ、よし町芸妓中より片岡市蔵へ都合七張のし進上(35)

といった具合に、まだまだ贔屓連中からの進上幕は、興行のたびに舞台に華を添えていた。しかしこの頃から、一般の贔屓に対して劇場側から規制がかかる事例が散見されるようになる。明治二十五年（一八九二）には、大阪で俳優規約に追加条項ができ、その中には、

一　引幕及び水引（膝隠し）釣提燈等ハ各座とも重立たる俳優に限る事、但し芸娼妓よりの贈物ハ一切受けざる事(36)

という文言が見られる。この「芸娼妓よりの」引幕については、前節で紹介した伊藤晴雨も、

「芸者屋の屋号と芸妓の名前（芸名）を引幕に書く事罷りならん」というお布令が出たのは明治二十八年の五月と覚えている。(37)

と記憶している。この証言から見ると、東京では禁止とまではいかなかったようだが、規制がかかったことは東西共通していたようだ。おそらく、これには緞帳の使用増加の背景にあった、劇場の高尚化が影響していると思

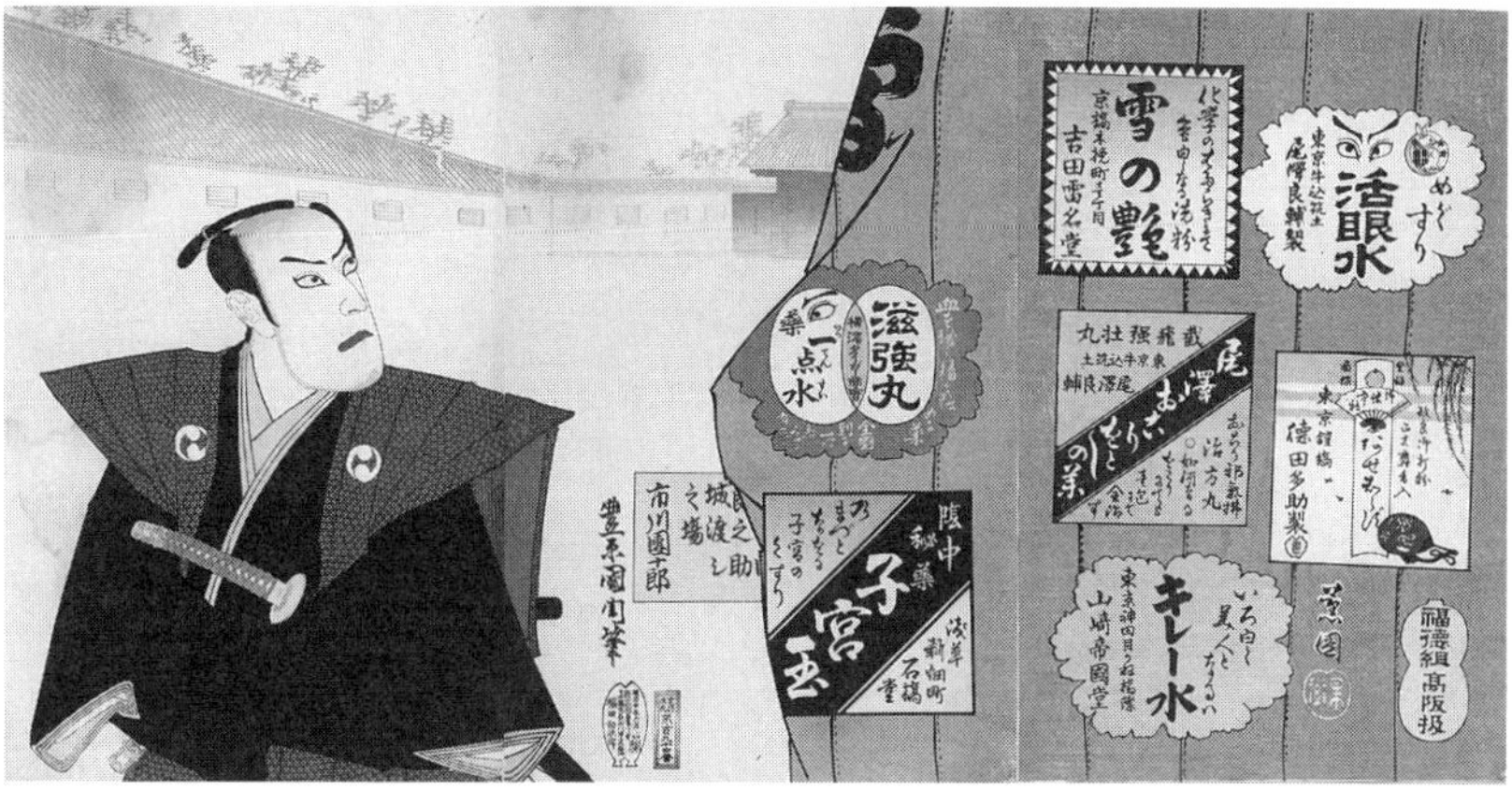


図①　国周画「裏表忠臣蔵」（贈り幕図案・薫園、板元・福田初次郎、明治30年6月）。九代目市川団十郎の大星由良之助。四段目大詰城明渡しの場が描かれている。広告幕の実態を示す好例と思われる（早稲田大学演劇博物館蔵、所蔵番号 100-1030、100-1031、100-1032）

われる。また明治の中頃から、引幕に派手な図案を用いた広告を掲載する「広告幕」が行われるようになり〔図①〕、「浅草柳原の小山船廣社、日本橋の西條広告社など」といった引幕に広告を斡旋する代理店まで出現していた[38]。しかし、そのあまりの数に役者から苦情が出て、受け取りを断るといった、次のような事態も発生している。

> 引幕と広告というものを結びつけて、諸方から、引幕を送って呉れるのは有難いが、所謂広告の引幕ばかり多くなって来たので、故人になった団十郎が、それを非常に厭がって、幕を贈って下さるのは有難いが広告の幕なら一切御免を蒙ると断った[39]。

こうした広告幕の増加も、大劇場が引幕を拒否する一因であったろう。そしてとうとう明治四十年（一九〇七）一月、歌舞伎座が組織改正に際し、以後引幕の進上を受け付けぬという通達を行った。

> 場内の改良と共に全て品位を高むる方針なれば引幕の如き

も従来の広告幕は勿論連中よりの分も総て木綿の引幕は受けず又贈られても引かせざる事となりし多くは緞帳を用うる由なり。[40]

この通達には、引幕進上お断りの理由が劇場の高尚化のためと明記されている。この背景には、明治三十三年（一九〇〇）一月に劇場取締規則が改正となり、従来引幕の使用を禁じられていた小芝居（小劇場）でも用いることが許されるようになった、という出来事があった。そのため小芝居の劇場はこぞって引幕を用いるようになり、大芝居では小芝居との差異化を図るため、引幕の進上を受け取ることに否定的になったと考えられる。

その後も、市村座、明治座といった劇場は引幕の進上を受け入れていたが、明治四十四年（一九一一）に開場した帝国劇場では、歌舞伎座同様、定式幕を除いた全ての幕を緞帳とし、また、大正十二年（一九二三）の関東大震災を契機として、当時東京の多くの劇場の経営を握っていた松竹が引幕の進上を全て謝絶したことから、東京の大劇場における引幕の進上幕は姿を消した。それが復活するのは、太平洋戦争後の昭和二十五年（一九五〇）一月の十七代目中村勘三郎襲名のことである。[41]

## 三　百貨店の緞帳調製——明治四十二年「七千円の大懸賞」を例に

さて、小芝居に引幕が許され、歌舞伎座が引幕の進上幕を謝絶するようになったのとほぼ同時期から、新聞紙上では、百貨店が緞帳の進上幕を「調製」したという、次のような記事が散見されるようになってくる。

澤村訥升の為に高賀会というを設け一月歌舞伎座興行に同人へ贈る緞帳は鳥居清忠の図案にて白繻子地へ小

槌の縫いを出せしものにて白木屋呉服店で調製中なるが其価千五百円なり又片岡十蔵へも松葉会より緞帳を贈るが之は三越呉服店で調製中[42]

なぜここに来て、突然百貨店が進上幕の調製に乗り出して来たのかというと、それは本章冒頭で指摘したように、ちょうどこの頃、日本では大手呉服店が経営方針の転換を行い、「百貨店化」に乗り出した時期だったからである。その先駆けは、明治二十八年（一八九五）十一月に売り場の形態を江戸以来の座売り方式から陳列販売式に改め、同三十七年（一九〇四）十二月に経営を株式会社化、全国の顧客・取引先に「デパートメントストア宣言」を記載した挨拶状を送付した三越呉服店とされる。しかしその前後より、白木屋呉服店、今川橋松屋呉服店なども、こぞって「百貨店（デパートメントストア）」を謳うようになっていた。だがそれは個々の呉服店の「自称」であり、明確な基準はなかった[43]。本章は百貨店史を検証することは目的としておらず、したがって百貨店化の定義を云々することはできない。そのためここでは、

・販売方針を従来の座売りから、陳列販売方式に切り替えた。
・経営を株式会社化した。
・扱う商品を呉服に限ることなく、様々な品物を扱うようになった。
・店舗建築を西洋化、あるいは和洋折衷へと改革した。
・品物の販売以外に、食堂や写真室の設置、展観や余興の上演といった顧客のためのアミューズメントを店舗内で行うようになった。

といった、多くの老舗呉服店が「百貨店化」を謳った際に実行したこれらの変革が盛んに行われた時期——明治三十年代～関東大震災頃——を日本における「百貨店胎動期」として扱うこととしたい。

百貨店化を図る（もしくは果たした）多くの呉服店が、この時期より緞帳調製を盛んに行い出した理由は、その行為自体が自店の宣伝になると考えたからだろう。引幕に比べ一張りの値段が格段に跳ね上がる緞帳は、そうそう誰もが手を出せるものではない。そうした高価なものを調製したことを大々的に喧伝し、さらに劇場に搬入するという行為を人目につくよう華々しく行うことは、それ自体が一種の宣伝である。

また、引幕の広告幕は劇場から拒絶されたが、緞帳に刺繡やアップリケで提供・調製の企業名を縫い付けることは禁じられていなかったようだ。現在でも、歌舞伎座の緞帳には提供企業の名が大きく表れており、さらに緞帳を提供・調製した企業名が、幕間の緞帳紹介の際に読み上げられることで、観客に対する間接的な宣伝となっている。従来の呉服店を脱却し、新たに百貨店として発展していこうとする各店にとって、緞帳はその存在を広く世間に印象付ける大きな道具でもあったのだ[44]。

ただ、ここで留意しなくてはならないのが、本章冒頭でも述べたように「調製」という行為は「製造」ではない、ということである。当たり前だが、百貨店（呉服店）の店員が、豪華な緞帳をせっせと織ることはない[45]。あくまで「調製」というプロデュース行為を「百貨店（もしくは、百貨店化を志す呉服店）」が「請け負う」ことで、その店が従来の呉服店から脱却し、企業として新機軸を打ち出したことを見せようとしたのである。

では、当時百貨店化の途上にあった呉服店が、どのように緞帳調製を宣伝に用いたかを見てみよう。その好例として、ここでは明治四十一～二年（一九〇八～九）、読売新聞社が行った「七千円の大懸賞」というイベントに着目したい。

明治四十一年秋、『読売新聞』紙上で告知されたそのイベント〔図②〕は、読者による全三種の人気投票を行い、各ジャンルの一位に選ばれたものに高額賞品を贈るというものである。その人気投票三種とは、

図②　『読売新聞』明治41年（1908）10月30日広告。締め切りまで残り3日となった「七千円の大懸賞」の経過報告を伝える

（其一）女形俳優人気競べ　尾上梅幸、河合武雄、喜多村緑郎
（其二）「ビール」人気競べ　カブト・ビール、キリン・ビール、エビス・ビール
（其三）牛肉店人気競べ　いろは、常盤

である。各ジャンルで一位に輝いたものには、ビール店には「広告用の旗」二千円分、牛肉店には「膳と盆数千人前」こちらも二千円相当、そして女形で一位を獲得した者には「大緞帳（価格二千円）」が贈られるという触れ込みであった。以上六千円、さらには投票者に抽選で千円が山分けされて、賞品総額はしめて「七千円の大懸賞」という概要である。

その結果、「女形人気競べ」では新派の喜多村緑郎《ろくろう》が一位を獲得し、読売新聞社は賞品の「大緞帳（価格二千円）」の調製を、神田に店を構える今川橋松屋呉服店（現在の株式会社松屋〔松屋デパート〕）に依頼した。

ここで、今川橋松屋呉服店の背景を確認しておきたい。[46] 同店は、安永五年（一七七六）創業の、江戸では越後屋、白木屋、大丸に次ぐ呉服店であった。だが、明治十三年（一八八〇）に類焼、その後は後継者の身持ち放埒といった問題もあり、同店は従業員・品物・店舗はそのままに新たな経営者へ売り渡されることとなった。その際、人柄と商才を見込まれ、買収を依頼されたのが、明治二年（一八六九）に横浜で鶴屋呉服店を開業した古屋徳兵衛である。古屋は松屋呉服店を買い取ってその経営を建て直し、明治三十五年（一九〇二）には同店の二階を陳列式に改装、さらに同四十年には店舗を三階建の洋館に改築した。同社はこの明治四十年をもって百貨店化を遂げたとしており[47]、まさにあの「七千円の大懸賞」が開催された頃は、百貨店としてその存在を様々な形で喧伝している最中であった。

読売新聞社の依頼を受けた今川橋松屋呉服店は、緞帳の意匠を二代目川島甚兵衛に、さらに織方は西陣の織元に発注した。甚兵衛が提案した図案は、

緋緞子地に士農工商の風俗画を薄墨色にて刺繍し之が背景には自然の詩趣に富める幽谷の姿を現出し之にサーチライトの光を染抜きていかにも自然に静寂なる夜景の趣致を味わしむ可く成されたり[48]。

という凝ったものである。読売新聞社ではこれを翌四十二年一月、喜多村出演の本郷座に贈呈し、それを記念して「懸賞緞帳記念観劇会」を開催した。つまり、かつて贔屓の役者に連中が引幕を贈って総見を行った、その行為をそのまま行ったのである。ただし、贈り主は読売新聞社であり、観劇会に参加を希望する者は指定の店で各自券を購入して劇場に向かった。かつての総見の観客とは異なり、彼らは身銭をはたいて幕を贈ったわけでも、共にひとりの役者を推しているわけでもない。観劇会では今川橋松屋呉服店提供の繻珍丸帯一本をはじめ、多くの商店から豪華景品が提供された福引大会もあった。その会場には、確かに人々の興奮と熱気、華やいだ雰囲気があったことだろう。しかし、のちに花柳章太郎が懐かしく回想した市村座の幕間のように、進上幕に一枚噛んだ贔屓の一人ひとりが、自分たちが身銭を切った引幕を誇らしく見上げ、そこに鮮やかに描き出された贔屓役者の名を嬉しく眺めた、その親愛に満ちた空気は感じられたのだろうか。

明治四十二年一月二日、二千円の大緞帳は銀座の読売新聞社で喜多村緑郎をはじめとする本郷座の面々に引き渡された。一同は先頭の一際大きな馬車に大緞帳を積み、「今川橋松屋呉服店」の紅旗を立て巡らせた二台の馬車に分乗、楽隊の演奏と共に「人気競べ第一等当選」の旗数百流を翻して、初春で賑わう町を縫って本郷座を目指した。途中、神田の今川橋松屋呉服店前に足を止め、休憩をとったことは言うまでもない。最後尾の馬車では喜色満面の喜多村と、本郷座の座付き作家柳川春葉が悠然と煙草を燻らせ、「喜多村氏のシルクハットと春葉氏の金縁眼鏡とが午後の光にピカ〱と光」り、「数百人の行人は電車と共に足を停めて此壮観を見送」っていたという。

## おわりに

本章では、近世の芝居見物の中で生まれた「進上幕」が近代以降どのような変遷を遂げたのかを辿りつつ、近代に誕生した新たな企業形態である「百貨店」がそこにどのように関わったのかを見てきた。前節で触れたように、明治末期以降、引幕の進上幕は次第にその姿を消していった。その背景には、既述のように、木綿の引幕に比べ、大劇場が求める緞帳の進上幕は数倍~数十倍の金額がかかった(49)ということもあるが、関東大震災、昭和恐慌、そして太平洋戦争と災厄が続いた世相も無関係だったとは言えない。

百貨店による緞帳の調製はすでに指摘したように明治四十年前後に始まり、現在に至るが、震災と戦争の間の時期に、もう一つ、百貨店と緞帳が関連した出来事があったことに触れておきたい。

それは、化粧品会社の伊東胡蝶園による緞帳図案懸賞募集である。この懸賞はちょうど関東大震災と太平洋戦争の合間の時期に都合四回、歌舞伎座や演舞場に同社が提供する緞帳の図案を募集したというものであった(50)。興

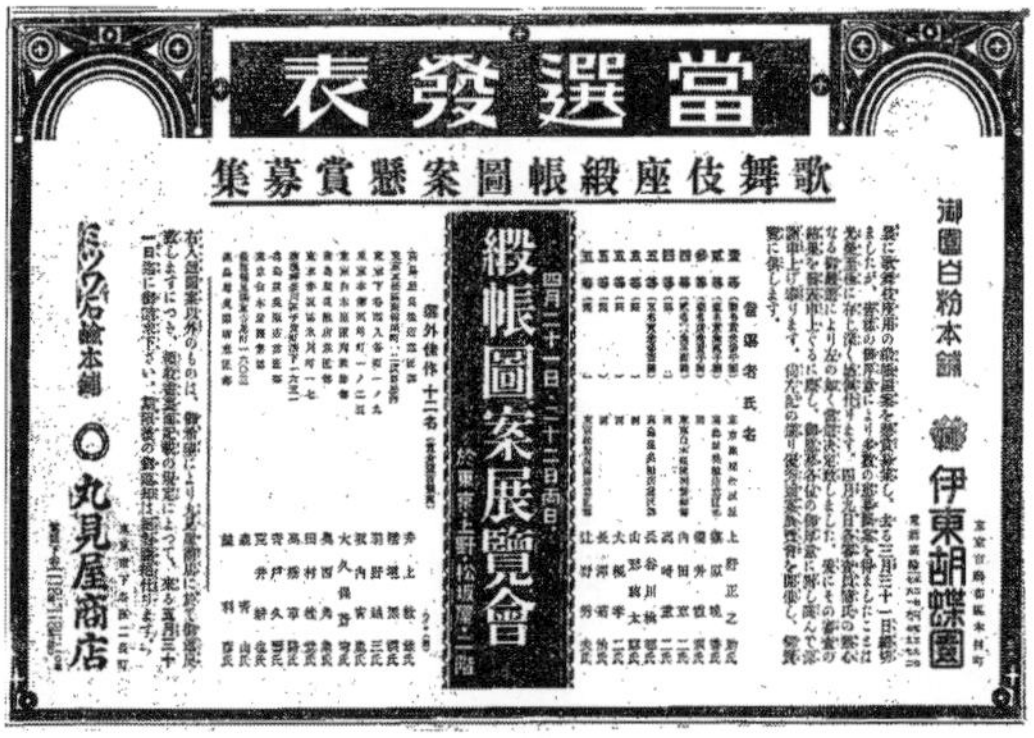


図③　『読売新聞』昭和4年（1929）4月18日広告。伊東胡蝶園による歌舞伎座緞帳図案懸賞の優秀作品展覧会実施を伝える。会場は一等に選ばれた上野正之氏が所属する松坂屋であった

味深いことに、この募集に各大手百貨店の意匠部や装飾部の社員が応募しており、『読売新聞』紙上に当選結果を見いだすことができた昭和四年の歌舞伎座の緞帳図案などは、上位五等に入賞した者は全て、松坂屋、高島屋、白木屋、松屋の社員である［図③］。おそらく彼らは勤める百貨店の名を背負って応募したのであり、これは懸賞図案募集に名を借りたコンペティションのようだ。それにしても、百貨店社員の肩書きのない者ばかりが選外佳作に名を連ねている様は、やはり寂しいものがある。[51] この事例からは、劇場の幕がすでに一般観客の手から遠く離れたことを読み取ることができる。

近代以降、日本の劇場はほぼ全てが椅子席となり、大劇場の舞台を飾る幕は、舞台と客席を厳然と遮断する緞帳となった。同じ役者を愛する者たちと膝を突き合わせる升席から、共に贈った進上幕を見上げた「贔屓」も消えた。視線と姿勢を固定され、肘掛によって左右の観客との接触が薄れた劇場で、観客たちの心の交流もまた、変化していったと言わざるを得ないだろう。

（1）千谷道雄・竹内道敬「幕」、『演劇百科大事典』第五巻、平凡社、一九六一年。しかし能の揚幕などは上に持ち上げるが緞帳ではない。例外もあるということは忘れてはならない。

（2）定式幕だけでなく、通常の引幕も大きな一枚布ではなく、数枚のはぎ合わせが普通であった。その縫い方も江戸は縦に長い布を横並びではぎ合わせたのに対し、上方は横に長い布を縦に重ねてはぎ合わせたという。
（3）『日本国語大辞典』JapanKnowledge.https://japanknowledge.com,（参照二〇一八年五月二十九日）。
（4）河竹繁俊「ひいき」、『演劇百科大事典』第四巻、平凡社、一九六一年。
（5）『日本国語大辞典』JapanKnowledge.https://japanknowledge.com,（参照二〇一八年五月二十九日）。
（6）水引幕は「劇場で、舞台の最前部の間口上方に、横に細長く張った幕。特に上方では桟敷（さじき）上部へ張る幕をもいった。また、相撲の四本柱の上に横に張る細長い幕。水引」（『日本国語大辞典』JapanKnowledge,https://japanknowledge.com,参照二〇一八年五月二十九日）。こちらは劇場内の飾りとして用いられるもので、舞台に引かれるものではないので、本章では言及しない。
（7）『朝日新聞』大阪・朝刊、一八八〇年八月二十五日。
（8）花柳章太郎「章魚随筆　引幕のこと」、『演劇界』一九五一年八月。
（9）特定の土地から座（劇場）へ贈られた引幕については、木村錦花・川尻清潭共編「日本演劇大辞典　大道具の部（11）」（『演芸画報』一九三二年八月）に詳しい。
（10）伊藤晴雨「引幕のはなし」「続・引幕のはなし」、『演劇界』一九五五年八月・九月。山岸荷葉「芝居の引幕の話」、『書道』第一巻第八号、一九三二年八月。
（11）山岸荷葉「芝居の引幕の話」。
（12）伊藤晴雨「続・引幕のはなし」。
（13）『日本国語大辞典』JapanKnowledge.https://japanknowledge.com,（参照二〇一八年五月二十九日）。
（14）「米蔵の引幕」、『朝日新聞』東京・朝刊、一八九一年四月八日には「よし町芸妓の引幕ハ縮緬にて美事に出来」とある。このような縮緬製の引幕贈呈はたびたびあったようだ。
（15）伊藤晴雨「引幕のはなし」。
（16）前掲注11に同じ。
（17）三宅三郎『小芝居の思い出』国立劇場調査養成部芸能調査室、一九八一年。
（18）長瀬稔「日本における緞帳の歴史」、『全国公文協通信』第二〇号、社団法人全国公立文化施設協会、一九九六年七月二十日。日本における緞帳のはじまりには他にも説があり、田中智学は「国性式緞帳藤井幕に就て——劇場開幕法の新様式」（『芸術殿』一九三三年三月号）において「市川団十郎が渡邊崋山を演じた時、当時の大家名士から、多くの書画を贈られ、それを「ハリマゼ」様の緞帳に造って用ひたのが始めらしく」としている。この時に贈られた引幕図案は、吉田延太郎編『新富座演劇諸大家揮毫額面引幕書画帖』（一八八六年発行、国立国会図書館デジタルコレクションで閲覧可能）にまとめられているが、緞帳に仕立てたかは定かではない。また注24も参照のこと。

(19) 書家・市河米庵（一七七九～一八五八）の養子・遂庵（一八〇四～八四）のことか。

(20) 詳細は不明だが、縫秀の名は『舞台之団十郎』（伊原青々園・安部豊編、舞台之団十郎刊行会、一九二三年）、『中車芸話』（市川中車、築地書店、一九四三年）等に九代目市川団十郎の衣裳に刺繍を施した職人として名前が挙げられている。

(21) （雑報）『歌舞伎新報』第二七号、一八七九年八月三日。

(22) 『日本国語大辞典』JapanKnowledge,https://japanknowledge.com,（参照二〇一八年五月二十九日）。

(23) 前出の書家・市河米庵の実子・万庵（一八三八～一九〇七）のことと思われる。

(24) （雑報）『歌舞伎新報』第二号、一八七九年二月十二日。歴史研究家の岡田章雄は『日本歴史』（99）九月号（吉川弘文館、一九五六年）において、本注の示す英国全権公使パークス以下三十三名の外国人が贈った幕について、『劇場新報』第三号（未確認）を典拠として「当時としては珍しい西洋風の緞帳」「引幕とは申せども日本のように傍へ引寄せるのではなく、一面の油絵に金縁を付けたるものにて、索を以て上へ引上げる」ものだったとしている。しかし、上演時に刊行された『歌舞伎新報』の記録（本注）とは明らかに意匠その他が異っているため、今後の研究のため、岡田氏の説はここに示すのみとしておく。

(25) （雑報）『歌舞伎新報』第六号、一八七九年三月三十日。

(26) 天幕は「天井に張って飾りとする幕」。『日本国語大辞典』JapanKnowledge,https://japanknowledge.com,（参照二〇一八年五月二十九日）。

(27) 前掲注24に同じ。

(28) 只好・得知「劇評歌舞伎座劇評の序」、『読売新聞』一八八九年十一月二十九日。

(29) 寺石正作『緞帳物語』染織と生活社、一九九五年。

(30) 「演芸協会に用ゆる緋緞子の引幕」、『読売新聞』一八九一年十月二十七日。

(31) 明治宮殿は旧江戸城西の丸に存在した。京都御所を模した木造建築だったが、内装は椅子・テーブルを用いた西洋式であり和洋折衷であった。落成は明治二十一年（一八八八）十月七日。戦災のため昭和二十年（一九四五）五月二十五日焼失。その実態については、中村圭介『文明開化と明治の住まい』（暮らしとインテリアの近代史・上、理工学社、二〇〇〇年）を参照した。

(32) 中村圭介『文明開化と明治の住まい』。

(33) 前掲注32に同じ。

(34) 「歌舞伎座の引幕」、『朝日新聞』東京・朝刊、一八八九年十一月二十九日。

(35) 「歌舞伎座の引幕」、『朝日新聞』東京・朝刊、一八九二年三月二十七日。

(36) 「大阪俳優の規約追加」、『朝日新聞』一八九二年五月十三日。

(37) 前掲注15に同じ。

(38) 水田健之輔『本朝商業広告史』巌松堂書店、一九二八年。

(39) 大島宝水「幟と幕と緞帳」、『流行』第一〇巻第九号、白木屋、一九一三年八月。

(40) 「歌舞伎座の新設備」、『朝日新聞』東京・朝刊、一九〇七年一月六日。

(41) この典拠は前掲注8である。

(42) 「演芸雑俎」、『読売新聞』一九〇六年十二月十九日。

(43) 末田智樹は『日本百貨店業成立史——企業家の革新と経営組織の確立』（ミネルヴァ書房、二〇一〇年）において、従来の百貨店史における各呉服店の「百貨店化」の基準が曖昧であることを指摘、株式会社化を基準とする提案を行っている。

(44) 日本の百貨店は、その多くが近世以来の呉服店を前身としているが、それらの中には江戸時代より芝居を宣伝の道具として巧みに使っていた店もあった。西山松之助によると、三越の前身である越後屋は顔見世興行の際「数日間にわたり、切落し数間を買い切って、店員・手代・小供に到るまで、芝居見物をさせた事も一種の宣伝で、当時の川柳にも、越後屋が出て切落し穴があきと詠まれたのであった」と紹介している。西山松之助『西山松之助著作集』第七巻、吉川弘文館、一九八七年。

(45) 従来の引幕屋の関係者と見られる「更巳之引幕店早川隆浩」は、「よく劇場で何々社或は何々呉服店調製などの名が入っているのを見るが之等は以上の店で製造するものも希にはあるが大抵幕製造同業者のどこかの店でこしらえて其注文を受けた店の名前を入れて何々社、又は何々呉服店調製とするのであって、多くの場合幕製造業社の手を要するのである」と、雑誌『事業と広告』七（一九二八年十月）に寄せた「都会人を魅惑するに有利な劇場引幕広告」という文中で指摘している。

(46)今川橋松屋呉服店（現・株式会社松屋〔松屋デパート〕）の沿革については、関宗二郎『松屋発展史』（デパスト社、一九三五年）および社史編集委員会編『松屋百年史』（株式会社松屋、一九六九年）による。

(47)松屋銀座公式ホームページ内「松屋銀座の歴史」には、一九〇七年の項に「今川橋松屋呉服店三階建洋風に増築、東京で初の本格的デパートメントストアに」とある。www.matsuya.com,（参照二〇一八年五月二十九日）。

(48)「懸賞緞帳記念観劇会」、『読売新聞』一九〇八年十二月二十七日。

(49)内田誠・片岡重夫『実際広告の拵え方と仕方』（春陽堂、一九三一年）には「引幕は木綿製が普通で、舞台の間口と高さに依って違うが、帝劇の舞台位の大きさで七八十円が最低、緞帳も同様の大きさの緞子に刺繍して最低四五百円、田舎の小劇場ならば百五十円位でも出来よう」とその価格が紹介されている。

(50)四回の図案募集は以下の通り。大正十二年（一九二三）歌舞伎座（震災のため中止となり翌年再募集）、同十三年（一九二四）新橋演舞場、昭和二年（一九二七）明治座、同四年（一九二九）歌舞伎座の四回である。このうち、昭和の二回に関しては、国立国会図書館に当時作成された当選図案集が所蔵されており、また、大正十三年、昭和四年の二回に際しては優秀図案の展覧会も開催されている。伊藤りさ「懸賞募集図案集実用・工芸・広告の三位一体」（『月報国会図書館』第六五〇号、国立国会図書館、二〇一五年六月）に詳しい。

(51)選外佳作十二名の中で肩書きがない者の内にも「坂内青嵐（1981—1936）福島県大沼郡会津高田町生まれ。本名は滝之助。東京美術学校日本画本科で学び、明治41年卒業。文展及び帝展に入選し、歴史画家として著名になる」（お茶の水女子大学デジタルアーカイブス、archives.cf.ocha.ac.jp/exhibition/da/da0024-3.html，参照二〇一八年九月五日）をはじめ「現代南宋画名家」として『増補古今書画名家一覧』（大阪・石塚良一発行、一九二七年）などに名を連ねている田村桂堂（東京文化財研究所「書画家人名データベース（明治大正期画家番付による）」www.tobunken.go.jp，参照二〇一八年九月五日）など、応募者の顔ぶれは多彩である。しかしだからこそ、百貨店社員が入選に集中していることが注目される。

（付記）本章執筆に当たり、犬丸治氏、神山彰氏、古井戸秀夫氏に有益な示唆を頂きました。ここに謝意を表します。

Ⅳ 近代産業とモダン文化

# 第10章 中山太陽堂と小山内薫

## 化粧品会社と近代日本演劇の一側面

熊谷知子

## はじめに

次は、大正十年（一九二一）四月、『都新聞』に載った広告の一部である〔図①〕。

判官と勘平

▽歌舞伎座の忠臣蔵は大当り

▽是非御見物の程を願ひ奉る

市村羽左衛門談

いよ〱花見月と相成まして御承知の此芝居の方が又仲々の賑はしさで都下の何《ど》の劇場も一勢に開場致ました花々しさ、ちよつと花と其美しさを競ふと云つた有様でございます。〔略〕さて勘平も判官も、そこに多少品の相違などはありながら兎も角も双方ともに、未だ若々しく而して綺麗な男に化粧《つく》らなくては成らぬわけでございますが、御承知の通り私どもは平生からいたして、身だしなみもあり又固《もと》より此舞台の為に、云ふまでもなく化粧の土台たる地肌を注意して、洗料はもう日本人の肌に最適のミツワ石鹸しか用ゐません、何しろ品質の優良なミツワ石鹸でございますから実に此肌を好く養ひ整へてくれますのに此上になほ健膚薬《はだのくすり》としては之又理想的と定評のミツワ雪の雫を欠かしませんから、いよ〱白粉のよくなづむわれながら立派

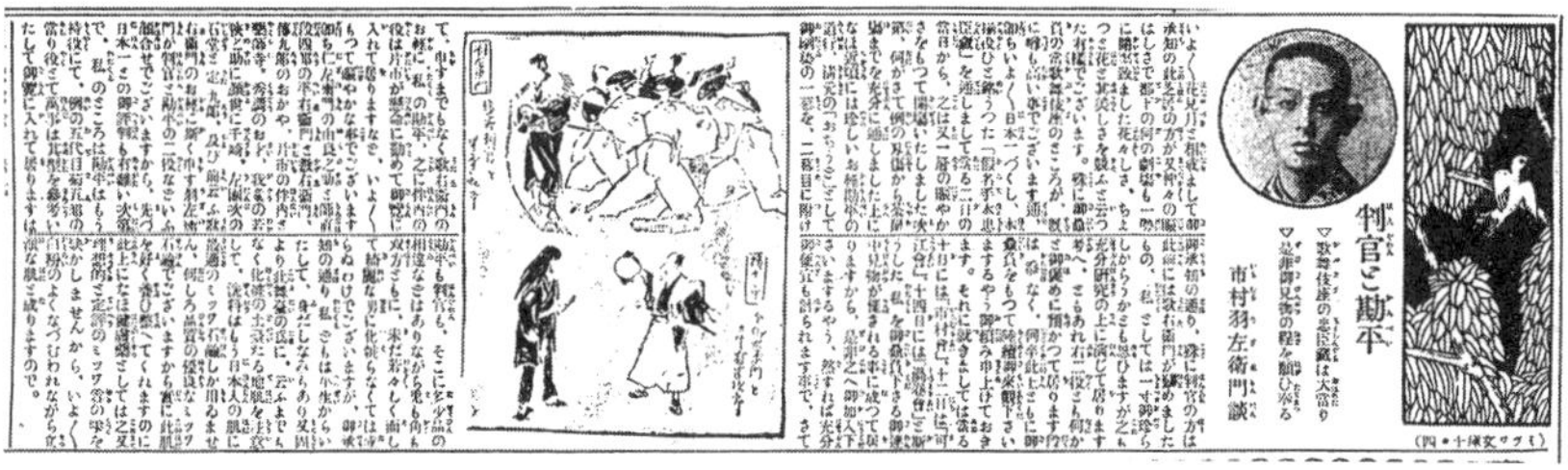


図①　十五代目市村羽左衛門談の「ミツワ文庫」（『都新聞』1921年4月11日）

な肌と成りますので(1)。

これは十五代目市村羽左衛門が、当月の歌舞伎座で演ずる『仮名手本忠臣蔵』の見どころを談話した体裁を取っているが、記事の四分の三を過ぎたあたりから唐突に「ミツワ石鹼」と「ミツワ雪の雫」の宣伝が始まる。つまり、公演の宣伝が化粧品の宣伝へとすりかわるのである。

これらは後に薬用石鹼「ミューズ」を作った化粧品会社、丸見屋商店(2)の商品である。「ミツワ文庫」と題した役者の顔と名前入りの広告は、この頃の『都新聞』には毎日のように掲載されている。同じ月だけを見ても、初代中村鴈治郎、六代目尾上梅幸、六代目尾上菊五郎、二代目市川左団次といった大歌舞伎の役者のみならず、中央劇場の尾上菊右衛門、辰巳劇場の柴田善太郎、観音劇場の曾我廼家《そがのや》五九郎《ごくろう》などの浅草の小芝居や喜劇の役者のほか、舞踊の若柳吉三郎、義太夫節の豊竹巌太夫などなど、あらゆる芸人が登場する。

彼ら自身が本当に記事にあるような文言を「談」したか否か、と考えるのは野暮であろう。『都新聞』でいえば、「ミツワ文庫」の他にも後に紹介する「御園白粉《みそのおしろい》」の「御園文庫」もある。また、芝居の筋書でも同様の体裁が取られ、役者による演目や役どころの談話は、途中から化粧品の宣伝にすりかわるのが通例である。今日から見れば不自然な「すりかわり」であるが、当時からすれば改めて疑問を抱くまでもないことであったのだろう。それほどまでに、役者と化粧品、あるいは興行と化粧品会社の関係は密接であった。化粧品会社の広告事業は、役者を巻き込んだ宣伝広告に留まらず、演劇興行とタイアップした観劇デーの開催、緞帳の提供、雑誌創刊に伴う出版社の設立など、実に多方面にわたって展開されたのである。

## 一　役者と化粧

そもそも役者が化粧をするということは、役者が衣裳を着ることと同じくらい、当たり前のことである。ここでその起源を明らかにするのは手に余るが、近代演劇と化粧に関して考える上で触れておかねばならないのが、役者の鉛中毒問題とそれに伴う無鉛白粉の発明である。

鉛を含む白粉は江戸時代に広く流通し、明治時代に入って鉛中毒の健康被害がささやかれるようになってもなお使用されていた。鉛中毒は「鉛毒」とも呼ばれるが、その症状には、⑴貧血などの血液障害、⑵食欲減退、胃部不快感、腹痛などの消化器障害、⑶筋肉痛、関節痛、筋力低下などの神経障害があり、場合によっては鉛脳症を発症することもある。特に、白粉を多用する女形の役者に見られ、川上音二郎・貞奴一座でアメリカ巡業中に絶命した丸山蔵人《くらんど》と三上繁や、新派から映画に転じ早逝した立花貞二郎の死因は鉛中毒とされている。

山村博美『化粧の日本史』によれば、鉛の代わりに亜鉛華（酸化亜鉛）を用いた無鉛白粉は、明治十一年（一八七八）より製造が着手されていたものの普及は進まなかったという。[3] そこへ、鉛を含んだ白粉の被害が重要視されるようになったのは、明治二十年（一八八七）四月に起きた四代目中村福助（後の五代目中村歌右衛門）の「鉛中毒事件」が転機であった。井上馨《かおる》邸における明治天皇を前にした「天覧歌舞伎」で、『勧進帳』の義経を務めた福助の足が震え出し、止まらなくなってしまったという事件である。かねてより腹痛や神経痛に苛まれてきた福助は、日本赤十字中央病院の橋本綱常《こうじよう》医師の診察を受け、これらの症状は鉛白粉の常用による慢性鉛中毒が原因であるとの診断が下ったのである。幸いにも福助は死に至ることなく、その後、五代目中村芝翫を経て歌右衛門を襲名する。五代目歌右衛門といえば東西随一の名女形であるが、生涯にわたって鉛中毒による身体の不自由を背負い続けることとなった。

ようやく、この「鉛中毒事件」により無鉛白粉の需要が高まり、明治三十三年（一九〇〇）に誕生したのが「御園白粉」である。そしてその四年後、発明者の長谷部仲彦は伊東栄と共に化粧品会社・胡蝶園（一九〇九年に伊東胡蝶園と商号変更、後のパピリオ）を設立した。これが雑誌や新聞の広告に広く宣伝されたことにより、無鉛白粉は一般の女性にも普及していくことになるのである。なお、伊東胡蝶園は、玄文社という出版社の母体であり、『新演芸』『花形』『新家庭』『詩聖』『劇と評論』といった雑誌を創刊し、大正期の文化を彩った(4)［図②］。この伊東胡蝶園と共に「明治化粧品界四大覇者」と並び称されるのが、「白粉の御園」「歯磨のライオン」「クリームのレート（平尾賛平《さんぺい》商店）(5)」、そして本章で取り上げる「洗粉《あらいこ》のクラブ（中山太陽堂、現・クラブコスメチックス）」の四社であった。冒頭で紹介した丸見屋の「ミツワ石鹼」もそうであるが、この頃の「化粧品」という言葉の示す範囲は、単にメイクアップに使用する道具のみならず、白粉のほか、歯磨き粉、洗顔料、香水など現在よりも随分広いものである。

そもそも、役者と化粧品のタイアップは江戸時代からさかんであったという。髙橋雅夫が、

たとえば二世瀬川菊之丞の「路考白粉」、三世瀬川菊之丞の俳名をとった前述の「仙女香」、松本幸四郎の「蘭奢水」など、歴史的なかかわりあいがありました。だから、というわけでもありませんが、明治三〇年ごろに、福助は「うら梅」、菊五郎は「音羽菊」という名のおしろいを発売し、新聞に広告をするほどの力

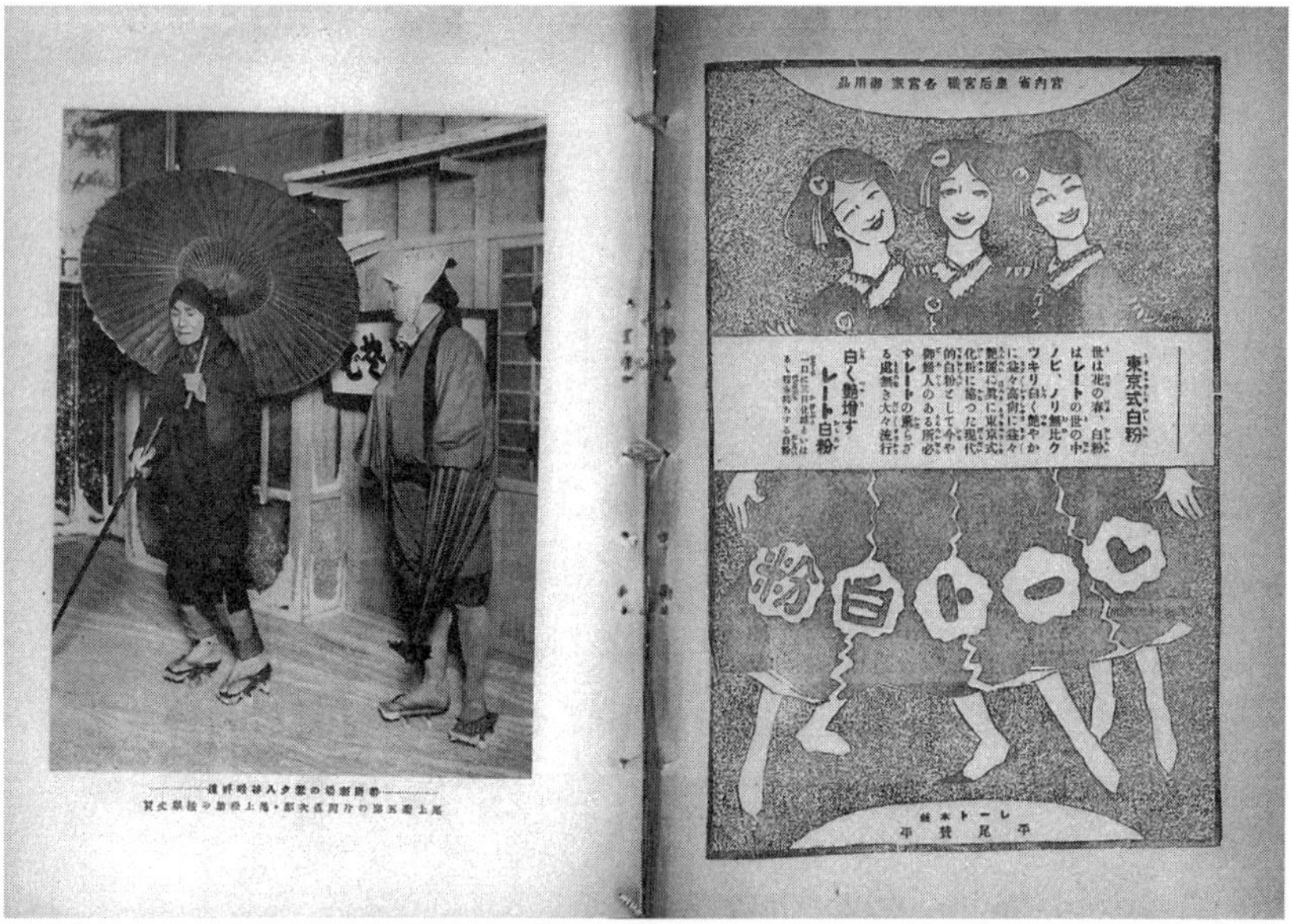


図②　玄文社の雑誌『新演芸』には、伊東胡蝶園の製品だけでなく平尾賛平商店など他社の化粧品広告も掲載された（『新演芸』1916 年 4 月）

の入れようでした。しかし、しょせんは素人商法で、いつの間にか消えてしまいました。[6]

と述べているように、役者にちなんだ化粧品はかねてより存在していたということである。しかしそれが、興行に結び付いていくのは、明治期以降に広告事業が発展するのと同時と見ていいだろう。

化粧品が明治期以降、「商品」として流通するようになる歴史に関しては、水尾順一『化粧品のブランド史――文明開化からグローバルマーケティングへ』（中央公論社、一九九八年）に詳しいが、「明治化粧品界四大覇者」に共通して言えることは、明治末期から大正期にかけてそれぞれが広告事業に重きを置き、成功を収めたという点である。「レートクリーム」で知られた平尾賛平商店の『平尾賛平商店五十年史』では、平尾賛平商店だけでなく、日本の化粧品会社の歴史を知ることができるが、広告事業に関しては「大正年間に於ける化粧品の広告は著しき発達を遂げ、各製造本舗は文案図案の専門家を以て広告部を設置し、新聞社と広告面の契約を結び、劇場と特約してお土産デーを挙行し、活動写真隊、演芸団の如きを組織して宣伝する等種々なる広告方法行はれたり」[7]とある。

神山彰が雑誌『新演芸』について述べた中で、「役者と同時に、戦前までは芝居の客層、演芸雑誌の購買層の多くを占めた花柳界の女性とも、化粧品会社は密接に関連している」[8]と指摘しているように、化粧品会社にとって重要なターゲットとなる花柳界の女性たちは同時に、芝居の客であり、演芸雑誌の読者であったという側面もある。伊東胡蝶園の玄文社や中山太陽堂のプラトン社など、化粧品会社が出版事業に携わることに疑問を抱く人もあると思うが、現在でも、資生堂の『花椿』やポーラの『ＷＥ／』など、化粧品会社より「企業文化誌」が発行されている。化粧品会社が雑誌を発行することには、それ自体が広告媒体であるということのほかに、企業や商品のイメージを他の媒体を借りずに自ら発信することができるという意義が大きいのであろう。そしてまた、化粧品会社が文化の創造に携わっていく、という姿勢の表れでもある。

化粧品会社と興行主や役者のあいだで、どのような金銭的な授受があったのか、ということまでを突き止めるのは難しいが、実際に化粧品会社はどのように演劇をはじめとした文化活動に携わり、パトロンとして機能していたのだろうか。次節からは、中山太陽堂と、その出版事業であるプラトン社を例にとって考えてみたい。その際、中山太陽堂に援助を受けていた小山内薫の存在に着目し、化粧品会社と近代日本演劇の相関関係に迫りたい。

## 二　中山太陽堂と中山太一

中山太陽堂は、後に廃業した平尾賛平商店や丸見屋商店とは異なり、現在も「株式会社クラブコスメチックス」の名で存続し、大阪に本社を構える化粧品会社である。

小山内薫は、早くも明治末期より中山太陽堂に関係しており、明治四十五年（一九一二）から翌年にかけてヨーロッパ諸国に洋行した際には中山太陽堂が援助をしたとも言われている。そして、小山内が松竹の映画事業を離れた大正十一年（一九二二）にプラトン社の顧問となり、編集や執筆に携わった。本章で扱う中山太陽堂およびプラトン社の活動と小山内の関係については、文末の「略年表」にまとめたので参照されたい。

さて、「明治化粧品界四大覇者」の一角を担った化粧品会社・中山太陽堂とはどのような会社だったのだろうか。中山太陽堂の創業は、明治三十六年（一九〇三）、当時二十一歳であった中山太一《たいち》が、神戸で始めた化粧品卸売業に遡る。その後、大阪に拠点を移した中山は、化粧品の製造にも乗り出し、明治三十九年（一九〇六）に売り出した自社製品「クラブ洗粉」の成功で世に名を知らしめることとなる。

この「クラブ」の名称は、「口にしやすく、耳にモダンな響きを与えるもの」として選ばれたといい、「クラブ」および「CLUB」の文字を含むシンボルマーク「双美人」の商標が登録されたのもこの年であった。[9]「クラブ」の名は、「クラブ歯磨」や「クラブ白粉」といった製品にも用いられている。

中山太一は、宣伝戦略の巧みさから「西のクラブ、東のレート」とも呼ばれるまでになり、「広告王」としての手腕は東西に名を轟かすこととなる。彼は新聞や雑誌の広告のみならず、輸入車フォードや飛行機を用いた「動く広告」を企画するなど、さまざまに宣伝を仕掛けていった。そして、明治四十三年（一九一〇）には、東京の京橋に東京支店を開設し、ここに広告部を設けた。小山内薫は、早くもこの頃より中山太陽堂広告部と関わりを持っていたとされている。[10]

また、中山は海外志向が強かったと見受けられ、たびたび外国人技師を招聘したほか、大阪市北区の堂島ビルヂングに開いた「中山文化研究所」に外国人の賓客を招き、人々の交流の場を提供していた。インドの詩人、ラビンドラナート・タゴールとも親交があり、タゴールの翻訳書はプラトン社からも一冊出版されている。

大正九年（一九二〇）には「クラブ洗粉」と併せて中山太陽堂の代名詞となる「カテイ石鹼」の販売も始まる。中山太陽堂は化粧品の製造・販売のほか、「プラトンインキ」で知られた文房具事業やプラトン社における出版事業など、さまざまな事業に手を広げていく。プラトン社は約六年で廃業してしまうが、化粧品会社の中山太陽堂はその後も発展を続け、今日のクラブコスメチックスに至るのである。

## 三　「クラブデー」の開催

中山太陽堂と演劇の関わりのなかで重要なのが、タイアップキャンペーンの一種である「クラブデー」の取り組みであろう〔図③〕。この「クラブデー」に関しては、中野正昭による論考があり、そのなかでは次のように説明されている。

クラブデーは自社ブランド「クラブ化粧品」を使って展開した一種の販売促進キャンペーンだった。〔略〕クラブデーの最初は明治四四（一九一一）年。販売店や顧客との「共栄共存」の関係強化を目指すイベントとして、開場したばかりの帝国劇場を一日買い切り東京の販売店を招待したことに始まる。その後クラブデーは、観劇招待や無料の映画上映会、富士山登山など様々なイベントを開催し、化粧品の販売促進というだけでなく、化粧をして外出する余暇の楽しみを共有するためのイベントという側面が強くなっていった。(11)

つまり、「クラブデー」とは、クラブの化粧品の購入者を対象に、特定の日程の観劇を貸し切りで招待したり、観劇料の割引をしたりするといった、化粧品会社と興行のタイアップイベントである。化粧品会社は自社の製品

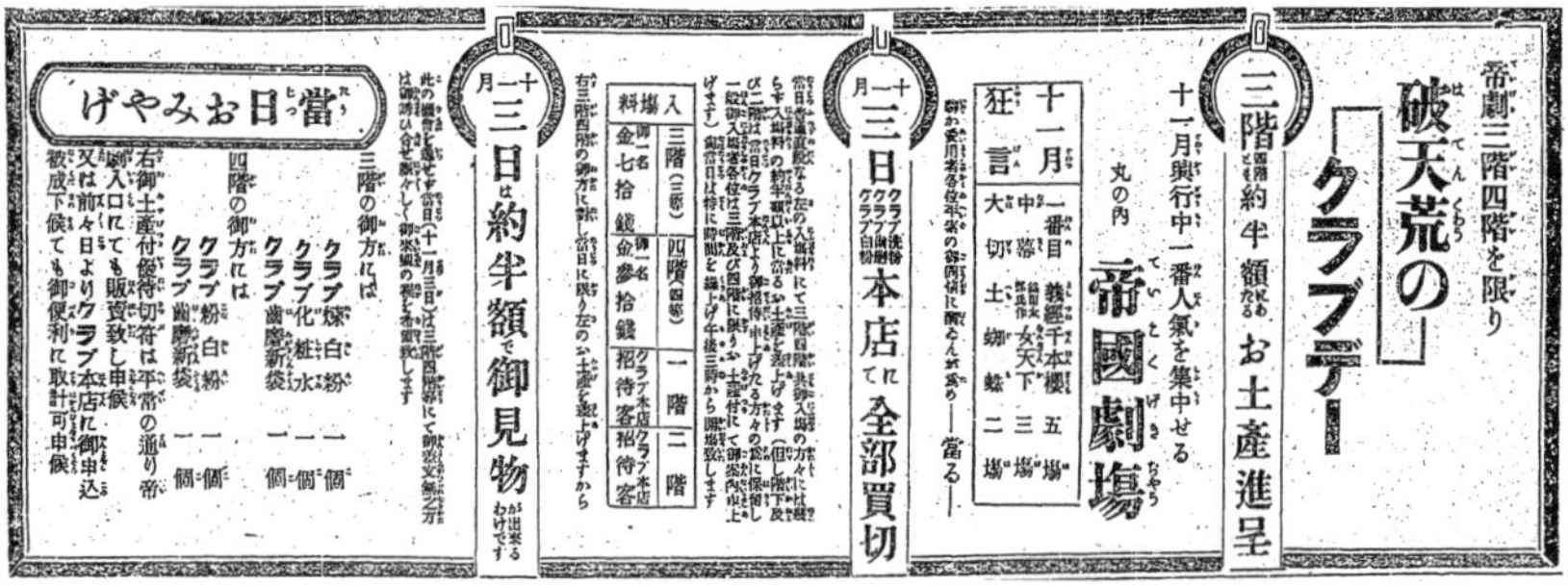

図③　帝国劇場の「クラブデー」広告（『東京朝日新聞』1913 年 11 月 1 日朝刊）

の宣伝ができ、興行主は劇場の座席を埋めることができるという両者両得の試みだ。

明治四十四年（一九一一）七月に、同年開場したばかりの帝国劇場へ顧客を招待をしたことが「クラブデー」の始まりだが、文芸協会の『ハムレット』（坪内逍遙訳）とのタイアップでは、「大阪のミナミにある大丸、高島屋、十合《そごう》などの呉服店で、どのような商品であれ購入した人に対して入場券入りクラブ化粧品の見本を進呈するというもの[12]」であったというからその実態は随分と豪勢なものである。なお、百貨店が扱う化粧品は、明治期まではフランス、イギリス、アメリカなどの海外製品に限られていたが、中山太一は三越のPR誌『時好《じこう》』に「クラブ洗粉」の広告を掲載するなど積極的に三越との関係を構築し、取引を実現させていったという[13]。「今日は三越、明日は帝劇」という、あの有名なキャッチコピーが物語るように、百貨店の客層と演劇の客層もまた、重なりが大きいのである。

明治末期から大正期における新聞紙面を見てみると、歌舞伎、新派、新劇、音楽会など、実に多彩な「クラブデー」の広告を目にすることができるが、このようなタイアップを行っていたのは「クラブ」だけではなく、先の「レートクリーム」「御園白粉」「ミツワ石鹸」なども同様で、これらの化粧品会社がこぞって観劇デーを設けた。そのような風潮のなか、人々の目に触れていたのが、冒頭で紹介したような役者の談話式の宣伝広告であり、宣伝のなかにはこのような観劇会の告知が含まれている場合も多い。

## 四　プラトン社と中山豊三

中山太陽堂の出版事業であったプラトン社は、大正十一年（一九二二）から約六年間という短命の会社であったが、『女性』『苦楽』『演劇・映画』という三つの雑誌と文芸書二十六冊を刊行した。その活動については、多彩な執筆陣による小説、戯曲、評論、エッセイといった記事の内容のみならず、山六郎《やまろくろう》や山名文夫による挿絵やレタリングなどのデザインまで、さまざまな観点から論じられている。

すでに、小野高裕・西村美香・明尾圭造『モダニズム出版社の光芒――プラトン社の一九二〇年代』における詳細な研究があるほか、『女性』復刻版第四十八巻（日本図書センター、一九九三年）の、津金澤聰廣・山本洋・小山静子による解説も詳しく、本章もこれらの先行研究に負うところが大きい。

それに加え、二〇一八年現在では、プラトン社の雑誌『女性』と『演劇・映画』は復刻版が刊行され、『苦楽』は復刻版こそないものの、マイクロフィッシュで閲覧ができるなど、格段に調査がしやすい状況になっている。津金澤聰廣は、「『女性』はこれまで、知る人ぞ知る幻の雑誌（のひとつ）といわれ、現物は全国でもごく限られた図書館などに保存されていたにすぎず、雑誌の全体を眼にし手にすることは難しかった(14)」とかつての状況を回顧しているが、復刻版の無機質な上質紙を通してでもなお、かの時代の華やかで洗練された匂いを感じ取れることに喜びをおぼえる。

さて、中山太陽堂が擁した出版社・プラトン社は、大正十一年（一九二二）にこの『女性』の創刊とともに誕生したのである。『女性』は、大阪で刊行されていた雑誌『女学生画報』を中山太陽堂が買収・改題し、編集者

はそのままにクラブ化粧品のＰＲ誌として新たに創刊した婦人文芸誌である。(15)

創刊の翌年、大正十二年（一九二三）に生じた関東大震災の影響から、東京の作家たちが関西に身を寄せたことで誌面はいっそう充実し、翌年一月には娯楽雑誌『苦楽』を、そして大正十五年（一九二六）一月には演芸雑誌『演劇・映画』を創刊する。しかし、昭和三年（一九二八）、折からの円本ブームによる経営悪化に、メインバンクであった加島銀行の破綻が追い打ちを加え、プラトン社の活動は終焉した。

プラトン社は、中山太一の実弟で、中山太陽堂の文具事業である「プラトン文具株式会社」を受け持っていた中山豊三《とよぞう》が社長を担っていた。早稲田大学政経学部を卒業した豊三は、実業家として才覚を発揮した兄の太一とは違い、文芸や演芸に造詣の深いおっとりした文化人気質であったという。(16) この、中山豊三による「旦那商売」という側面が、プラトン社の一時の隆盛の原動力となり、そしてまた六年という短命に終わった要因ともなったのであろう。

なお、関東大震災を挟んで活動したプラトン社では、一時、小山内薫のほか、直木三十五（入社当時は「三十二」）や川口松太郎が編集を担当した。彼らが退き、東京に戻った後も編集者の入れ替わりを繰り返した。(17)「プラトン」社という名称については、小野高裕が、

意外なことに、「プラトン」の呼称は出版社としてのプラトン社の設立より三年先んじて、まず文具品のブランドネームとして採用されていたのである。しかも、最初の商品がインクであったということは、太一が「プラトン」の呼称を採用するにあたって、自社に先んじて大正三年から国産インクを発売していた丸善の「アテナ・インキ」にヒントを得ていた可能性がある。(18)

と推察しているが、「プラトン」という言葉の響きに、どこか高尚で甘美な印象を受けるのは私だけではないだろう。

## 五　プラトン社の出版物

プラトン社は六年の間に、いずれも月刊誌の『女性』『苦楽』『演劇・映画』と、単行本二十六冊を刊行した。それぞれの出版物の概要は次の通りである。

（雑誌）

『女性』

刊行期間：大正十一年（一九二二）五月〜昭和三年（一九二八）五月。通巻七十二冊。キャッチフレーズ：「高級婦人雑誌」「純文芸雑誌」（日本図書センターより一九九一年〜一九九三年復刻。総目次、解説あり）

『苦楽』（昭和二年（一九二七）四月より誌名を『クラク』に改める）

刊行期間：大正十三年（一九二四）一月〜昭和三年（一九二八）五月。通巻五十三冊。キャッチフレーズ：「上品で面白い高級家庭娯楽雑誌」（早稲田大学図書館編マイクロフィッシュあり。雄松堂出版、二〇〇四年。冊子体総目次あり）

『演劇・映画』

刊行期間：大正十五年（一九二六）一月〜八月。通巻八冊（ゆまに書房より一九八九年復刻。総目次、解説あり）

（単行本、刊行順）

大正十二年（一九二三）

菊池寛『貞操』、里見弴《とん》『四葉の苜蓿《クローバ》』

大正十三年（一九二四）

宇野浩二『心つくし』、谷崎潤一郎『無明と愛染』、有島生馬『片方の心』、吉井勇『夜の心』、泉鏡花『りんだうとなでしこ』、小山内薫『足拍子』、里見弴『雨に咲く花』、水上滝太郎『勤人』、直木三十三『仇討十種』、ラビンドラナート・タゴール著・北昤吉訳『古の道』（講演集）、菊池寛『陸の人魚』、白井喬二『捕物時代相』、小山内薫『芝居入門』

大正十四年（一九二五）

鈴木泉三郎『鈴木泉三郎戯曲全集』、細田民樹『逆生』、上野陽一『能率学者の旅日記』、岡本一平『弥次喜多再興』、石巻良夫『欧米及日本の映画史』

大正十五年（一九二六）

池上正一『モスリンと其取引』

昭和二年（一九二七）

里見弴『今年竹』『四葉のクローバ』（訂再版）

昭和三年（一九二八）

山六郎・山名文夫『女性のカット』、鈴木泉三郎『火あぶり』、三上於菟吉《おときち》『首都』

まず、『女性』や『苦楽』は、ページをめくるのことが楽しくなるような、胸の高鳴る雑誌である。執筆者の面々が豪華であることはもちろん、山六郎や山名文夫、岩田専太郎らの手掛けた洗練された挿絵やレタリングは、

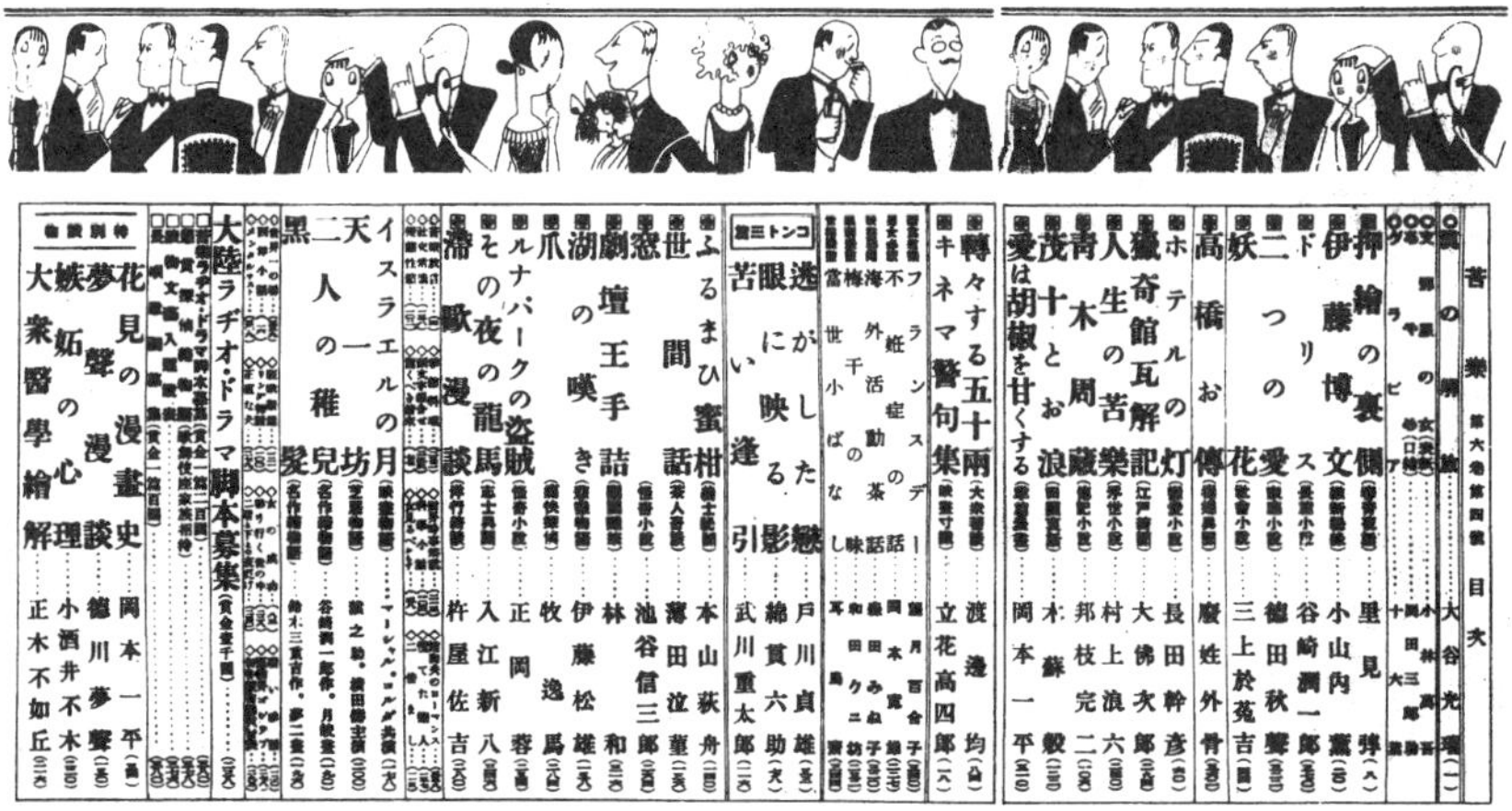

苦楽 目次
涙の解説……大谷光瑞
押絵の奇蹟……星見 弾
伊藤博文……小山内薫
ドリス……谷崎潤一郎
二つの愛……徳田秋聲
妖花……三上於菟吉
高橋お傳……賀姓外骨
ホテルの灯……長田幹彦
猟奇館瓦解記……大佛次郎
人生の苦樂……村上浪六
青木周藏……邦枝完二
茂十とお浪……木蘇 穀
愛は胡椒を甘くする……岡本一平
轉々する五十兩……渡邊 均
キネマ警句集……立花高四郎
フランスデー……
不姙症の話……
海外活動茶話……
梅干の味……
當世小ばなし……
逃がした戀……戸川貞雄
眼に映る影……綿貫六助
苦い逢引……武川重太郎
ふるまひ蜜柑……本山荻舟
世間話……薄田泣菫
戀……池谷信三郎
劇壇王手詰……林 和
湖の嘆き……伊藤松雄
爪……牧 逸馬
ルナパークの盗賊……正岡 蓉
その夜の龍馬……入江新八
滑稽歌漫談……杵屋佐吉
イスラエルの月……マーシャル・コルガ共演
天一坊……猿之助・猿田錦吉演
二人の稚兒……谷崎潤一郎作・月岡畫
黒髪……鈴木三重吉作・夢二畫
大陸ラヂオ・ドラマ脚本募集
特別讀物
花見の漫畫史……岡本一平
夢聲漫談……徳川夢聲
嫉妬の心理……小酒井不木
大衆醫學繪解……正木不如丘

図④ 『苦楽』1927年4月号目次

今日からすれば贅沢に思えるほどに美しく、つい溜息が漏れてしまう。その誌面の詳細に関しては先行研究に解説を委ねるが、一言で言えば「モダン」なのである。

小山内薫の著作に関しては、『女性』で特徴的なのは、当初の数号を除いて掲載記事の大半が外国作家の小説や戯曲の翻訳であることである。なかには、ストリンドベリやチェーホフの作品もあるが、その多くは現在では小山内の研究において顧みられることのない Stefan Zeromski、Francis Jammes、George Duhamel など、ヨーロッパの作家の紹介である。

一方、『苦楽』〔図④〕は、まずその小山内が手掛けた著作の量が多いことに驚く。「夢の浮橋」といった連載小説や、「仲蔵自叙伝」といった伝記小説が主であるが、プラトン社の挿絵画家たちによって彩られたそれらの小説が放つ「モダン」な香気は、通俗的な読みものとして掃き捨てるにはあまりにも惜しい。小説の内容も、翻訳を紹介し続けた『女性』と対照的に、そのほとんどは日本、しかも徳川の時代を舞台としたものである。いくら原稿料が高かったプラトン社への寄稿とはいえ、「お金のため」以上の動機が小山内にはあったのかもしれない。

最後に『演劇・映画』は、通巻八冊と短い命であったものの、川口松太郎の編集によるその誌面は『女性』とも『苦楽』とも異なり、演芸雑誌としての記事の充実は当時の他誌に引けを取らないものである。とくに、その誌名の如く、今日では個別に考えられがちな演劇と映画を、ゴシップ記事も含めて雑多に取り込んでいるところが非常に魅力的である。

小山内も映画に関する論考を発表しているが、たとえば『演劇・映画』創刊号の大正十五年（一九二六）一月号では喜劇役者の古川緑波が「映画界大正十四年」という論評を寄稿していたりもする。執筆陣は作家だけに留まらず、二代目市川左団次や十三代目守田勘弥、新国劇の沢田正二郎、新劇から映画に転じた畑中蓼坡《はたなかりようは》といった新旧の役者や、島津保次郎、伊藤大輔といった映画監督まで実に多彩である。この顔触れに関しても、小山内の人脈がもたらした影響はなお大きく、松竹キネマで携わった映画事業での経験が、ここに活かされたとも言えよう。

## 六　小山内薫と中山太陽堂・プラトン社

ここで改めて小山内薫と中山太陽堂の関係を遡ると、先述の通り明治末期にはすでに中山太陽堂広告部に出入りしていたとされ、小山内の明治四十五年（一九一二）から翌年におけるヨーロッパ外遊の費用を、中山太陽堂が負担したと言われている。

その証左として、大正二年（一九一三）十月、複数の新聞に掲載された「クラブ洗粉」の広告がある［図⑤］。帰朝した小山内が中山太一に宛てた直筆の書簡がそのまま広告として使われている珍しいもので、曰く、

拝啓

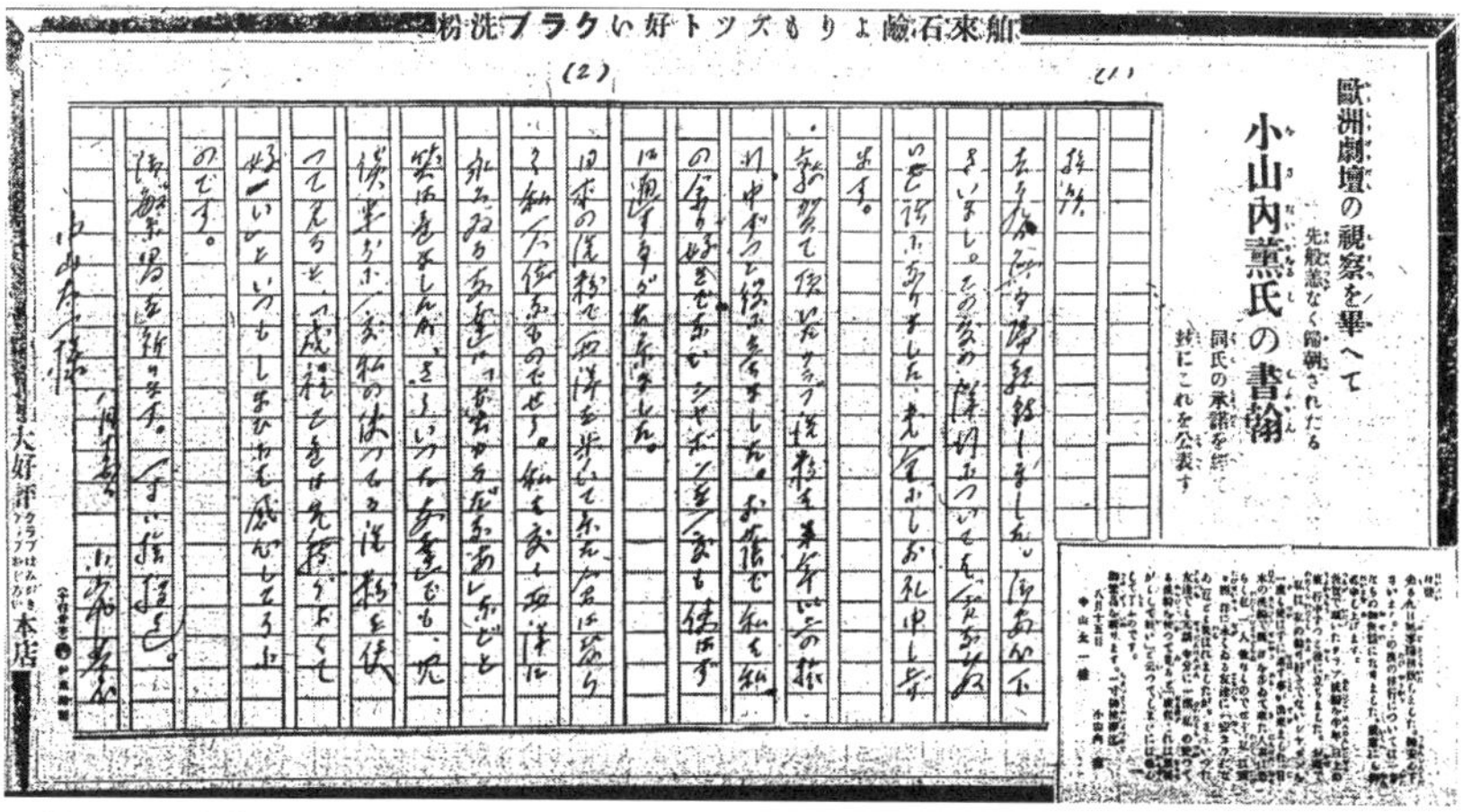


図⑤　小山内薫から中山太一へ宛てた書簡の体裁を取った広告（『読売新聞』1913年10月28日、朝刊）

去る九日無事帰朝致しました。御安心下さいまし。この度の洋行については一方ならぬ御世話になりました。幾重にもお礼申し上げます。

敦賀で頂いたクラブ洗粉は半年以上の旅行中ずつと役に立ちました。お蔭で私は私の余り好きでないシヤボンを一度も使はずに通す事が出来ました。日本の洗粉で西洋を歩ゐて来た人間は恐らく私一人位なものでせう。私は度々西洋に永くゐる友達に「蛮カラだなあ」などと笑はれましたが、さういつた友達でも、冗談半分に一度私の使つてる洗粉を使つて見ると「成程これは気持がよくて好い」といつてしまひには感心して了ふのです。

御繁昌を祈ります。一寸御挨拶迄。

八月十五日　小山内薫

中山太一様

とある。[19] 要するに、小山内は洋行中も中山太陽堂の製品である「クラブ洗粉」を使い、現地の友人にまで勧めたということである。ここでは、本当に小山内がこの製品を愛用していたかということが問題なのではなく、中山太一に「洋行については一方ならぬ御世話」になったということが重要なのである。それはもちろん、洗粉だけではなく、金銭面での援助であったのだろう。そして、その見返りの一つとして、直筆の書簡の体裁で広告に手を貸したのであろう。当時、中山太一が外国の化粧品にも劣らない商品として、百貨店に売り込みを掛けていた時期でもあり、「舶来石鹸よりもズット好いクラブ洗粉」と原稿用紙の上に記されていることからも、中山にとっても小山内の洋行に加担することで、そのイメージ戦略の点からメリットがあったと思われる。ただ、小山内には他にもそのようなパトロン的存在がいたため、外遊資金の出どころについて諸説あることは、すでに山本洋が指摘している[20]。

ところが、大正九年（一九二〇）に小山内が「松竹キネマ研究所」に入所したことで、いったんこの関係が切れる[21]。しかし、映画事業は不振に終わり二年後の大正十一年（一九二二）には松竹を辞め、再度復縁することとなるのである。そしてこの年にプラトン社ができ、その顧問となる。

この頃、小山内のもとで原稿集めなどの下働きをしていた藤澤清造によれば、震災前の小山内はプラトン社の東京支店に週に一、二度出社する約束であったというが、その後、毎日出社することを条件に、報酬が増額されたようだということである[22]。虚実は不明だが、永井荷風は小山内が中山太陽堂から「毎月千円内外」という高額の報酬を得ていたと日記に書いている[23]。

東京支社への出勤のほか、月に一度、大阪の本社に出勤する約束になっていた小山内だが、関東大震災が起きた大正十二年（一九二三）九月一日は、偶然にもその大阪出張と重なり、家族で六甲山を訪れていたため無事であった。小山内家は震災で大きな被害を受けなかったが、しばらくのあいだ、大阪天王寺の悲田院にあった中山家の別邸に転居することとなる。そうして、プラトン社の出版物の編集に携わりながら、自身も『女性』や『苦楽』に原稿を書いた。その大阪での生活は、ドイツ留学を切り上げて帰国した土方与志《よし》と、大正十三年（一九二四）六月に築地小劇場を創設するまで続いた。

関東大震災後のプラトン社では、のちに作家として大成した直木三十五と川口松太郎が編集者として働き、とくに年少の川口が後述のように小山内を助けたことはよく知られている。(24) なお、山本洋は、

雑誌『女性』に、寄せあつめであれ何であれ、これだけ多彩な文士たちの原稿を載せることができたのは、ひとえに文壇・劇壇に顔の広かった小山内の手腕によるといって差しつかえなかろう。〔略〕小山内薫が太

図⑥　築地小劇場機関誌の「プラトンインキ」「プラトン万年筆」広告（『築地小劇場』第2号、1924年7月）

図⑦　築地小劇場第32回公演パンフレット裏表紙の「クラブ白粉」「カテイ石鹸」広告（1925年7月）

陽堂を去って、昭和三年一二月二五日心臓麻痺で死亡し、それ以前からあとをついでいた編集部員・川口松太郎にはまだもうひとつ力量がなく(25)〔略〕

と記している。確かにプラトン社の誌面作りにおいて、小山内の人脈と顔利きの力は大きいものであったと思われるが、実際に編集者として奔走し小山内の公私の世話をしたのは川口松太郎である。小山内の帰京後も川口がプラトン社に残っていたためか、川口のいた大正十五年（一九二六）頃までは、プラトン社の雑誌に著作を発表し続けている。荷風は、小山内の帰京に際して、「太陽堂とは六百円の手切金を取りて関係を断ちたり(26)」と日記に書いているが、その後も築地小劇場の機関誌やパンフレットには中山太陽堂の製品の広告が掲載されているため、築地小劇場創設後の小山内と中山太陽堂の関係が完全に切れたとは考え難く、実際のところは定かではない(27)〔図⑥⑦〕。

## 七　小山内薫の大阪時代

今日、「関西モダニズム」または「阪神間モダニズム」、あるいは大正十四年（一九二五）の市域拡張後の「大大阪時代」と呼ばれるものは、関東大震災以後を対象に語られることが多いが、これまで見てきたように、小山内の場合は、偶然にも震災の一年前から大阪の出版社に関わり始めていたのである。

この小山内の大阪時代について、これまでどのように見られていたかというと、松竹退社後の、もっと言えば松竹での映画事業の「挫折」後から築地小劇場設立までの、「絶望」の日々であったと捉えられてきたと言える。それは、他でもなく小山内自身の次のような発言が根拠となっている。

私が去年の三月、松竹と手を切つた時――それは私が日本の営利的劇場の総てに対して望みを絶つた時でした。〔略〕大地震が来ました――その時、私は家族を挙げて地方にゐました――東京の殆んど総ての劇場は焼け亡びてしまひました。私の心の中で半年前に亡びてしまつてゐた総ての劇場は目に見える形の上でも亡びてしまつたのです。〔略〕そして死よりも暗い絶望を抱きながら、黙つて静に毀された東京を見てゐました。(28)

これは築地小劇場創設時に小山内が発表した文言であり、経済的にも頼っていた年少の土方与志に担ぎ出された小山内が、若い同志たちの先頭に立って旗を振らなければならない立場にあったことを思えば、それ以前の自身の生活について右のように書いたこともあながち批判できない。しかし、「新劇の父」たる小山内の姿を語る際、それを鵜呑みにした堀川寛一までもが、「大阪での生活は――演劇の実際の仕事に生甲斐を感じてゐた小山内薫にとつて寂しい生活だつた。希望のない休息の生活だつた(29)」と書くのには首肯しがたい。

なぜならば、小山内が大阪時代に「絶望」の「寂しい」生活どころか、華やかな放蕩の日々を送っていたことは、川口松太郎らの回想によって明らかになっているからである。当時の状況がよくわかるものであるため、川口自身の回想をやや長くなるがここで紹介したい。

地震で大阪へ行つて、先生の紹介でプラトン社へ入つて、苦楽を編輯しはじめた大正十二、十三年に於ける先生との交渉が何よりなつかしい思ひ出である。東京にゐた頃の先生は仕事が多すぎた。〔略〕大阪の劇場は先生を必要とするほどに進歩的ではなかつた。大阪は先生から多忙を奪ひ取つてしまつた。先生は拠《よんどこ》ろなく書斎にゐた。半日はプラトン社にすごした。訪客も少なかつたし、劇場へもあまり出かけなかつた。たまに文楽へ行くぐらゐで、行けば僕は必ずお供だつた。〔略〕放蕩方面も盛んだつた。先生は相当遊び好きだつた上に、プラトン社の中山氏がこの道での強者であり直木と云ふ放蕩児もあり、殆んど連日と云つても好いほどに、お茶屋の暖簾をくぐつてゐた。〔略〕酔ふとお得意の「夕暮れ」が出た。先生の「夕暮れ」は大阪の色町では、有名以上に有名だつた。(30)

直木三十五の大阪での放蕩生活もよく語られることであり、彼らの姿が目に浮かぶような川口の回想を見れば、一方で演劇においては働く場がなかったかもしれないが、もう一方では中山豊三らと遊び歩いた楽しい時間でもあったわけで、小山内の大阪時代のすべてが「絶望」の日々であったとは到底考えられない。また、永井荷風も、「主人の弟豊三の幇間同様の姿にて大坂の色町を飲み歩き、八重梅といふ妓を根引して東京に帰り(31)」などと当時の小山内について書いている。

中山太陽堂およびプラトン社と小山内の関係については、藤澤清造が「幾億万の金にも替へがたい貴重な時間を、毎日プラトン社のはうへ振りむけたりしたのなども、一にそれは、金のなかつた点から発してゐるのだ(32)」と述べているように、金銭的な結びつきを抜きに論じることはできないだろう。中山太陽堂にとっては、小山内の人脈と「顔」が必要であった。そして、小山内にとっては、中山太陽堂からの金銭的援助が必要であった。このことを悲観的に見ることはたやすい。しかし、この相関関係が『女性』や『苦楽』の多彩な執筆陣を引き寄せ、充実した誌面を形成したことの大きな礎であることには疑いはない。

## おわりに

本章では、中山太陽堂を例に、近代における化粧品会社と演劇の関係について述べた。明治期から戦前にかけての化粧品会社は、役者や興行を利用して自社製品の宣伝をしていただけではなく、双方向的に、より緊密な立場からそれらに関わっていたのである。役者にとって欠くことのできない化粧道具を開発、提供するという技術面のみならず、華やかなデザインで彩った広告や出版物からも、そしてあらゆるタイアップを通して文化を下支えする、きわめて重要な存在であったと言えよう。

ただ、本章で紹介した化粧品会社の多くが廃業、もしくは経営の縮小を迫られていることには、一抹の虚しさを禁じえない。近代日本における化粧品会社の華々しい発展とその凋落は、今日の我々に何を教えようとしているのだろうか。

（1）市村羽左衛門談「判官と勘平」、『都新聞』一九二一年四月十一日。

（2）万延元年（一八六〇）、初代三輪《みわ》善兵衛が創業。明治十七年（一八八四）、初代の長男・二代目三輪善兵衛が丸見屋を引き継いだ。昭和三十九年（一九六四）にミツワ石鹸株式会社と社名変更するも、昭和五十年（一九七五）倒産。なお、伊東胡蝶園の製品の販売は一時、丸見屋が担っていた。新聞の広告に俳優の談話を掲載することを考案したのも、歌舞伎座の相談役を務めるなど芝居と縁が深かった二代目善兵衛らしい（「ミツワの商標も鮮やかに五十年活躍の歴史を誇る化粧品家庭薬界の覇王　丸見屋商店　三輪善兵衛君が今日を築く迄」、『実業の世界』一九三二年一月参照）。

（3）山村博美『化粧の日本史――美意識の移りかわり』吉川弘文館、二〇一六年、一〇四―一〇七頁。

（4）伊東胡蝶園については、二代目の伊東栄が記した『父とその事業』（伊東胡蝶園、一九三四年）に演劇を含めた広告事業に関して詳述がある。初代伊東栄に対する追悼文に、松竹の大谷竹次郎や帝国劇場の山本久三郎が名を連ねていることからも、その交友関係が推察される。また、大正中期には『新演芸』の「芝居合評会」に登場した川尻清潭《せいたん》、小山内薫、吉井勇、長田幹彦、久保田万太郎、岡田八千代などに加え、喜多村緑郎《ろくろう》や花柳章太郎といった役者も集まって、市村座の田村寿二郎を中心に「句楽会」と呼ばれる俳句会が開かれたが、この背景にも『新演芸』を刊行した玄文社を有した伊東胡蝶園の存在が大きかった（戸板康二『演芸画報・人物誌』青蛙房、一九七〇年参照）。

（5）明治十一年（一八七八）創業。初代の平尾賛平は、仮名垣魯文や河竹黙阿弥とも親交があったほか、九代目市川団十郎、五代目尾上菊五郎などの俳優とも交流があったという（『平尾賛平商店五十年史』平尾賛平商店、一九二九年参照）。その証拠に、黙阿弥の『風船乗評判高楼《ふうせんのりうわさのたかどの》』（一八九一年一月歌舞伎座で五代目菊五郎により初演）には、「時事新報の広告や、平尾の歯磨の広告が、まだ残つて居りますから」と、「平尾」の名が登場する。昭和二十九年（一九五四）廃業。

（6）髙橋雅夫『化粧ものがたり――赤・白・黒の世界』雄山閣出版、一九九七年、一三九―一四〇頁。

（7）平尾賛平商店、七八七頁。

（8）神山彰「雑誌『新演芸』に見る大正演劇」、『文芸研究』明治大学文芸研究会、第一二一号、二〇一三年。

（9）クラブコスメチックス編『百花繚乱――クラブコスメチックス百年史』クラブコスメチックス、二〇〇三年、二〇頁。

（10）小野高裕「プラトン社の軌跡」、『モダニズム出版社の光芒――プラトン社の一九二〇年代』淡交社、二〇〇〇年、三一頁。

（11）中野正昭「文芸協会と中山太陽堂――タイアップする明治・大正の新文化」、『「日亜・日欧比較演劇総合研究プロジェクト」成果報告論集』早稲田大学演劇博物館、二〇〇八年。なお、中野の論考には、クラブ化粧品の広告戦略について興味深い指摘があるため、ここに紹介する。本章では公演の番組や筋書を精査することはできなかったが、各社の特色と興行との関係に関しては稿を改めて調査したい。

特に面白いのが「家庭クラブ」「演芸クラブ」「クラブ画報」など、新聞の広告枠を使って独自の読み物や読者通信欄を編集する企画広告で、これは劇場のプログラムでも展開された。明治～大正期のプログラム（番組）を見ていると気づくが、この頃は劇場毎に特定の化粧品会社が常に広告を出稿しており、帝劇は「レート化粧品」、有楽座は「クラブ化粧品」、明治座は「御園化粧品」と大体決まっていた。ほとんどの広告が公演とは無関係にただ自社商品を並べただけなのに対し、クラブの広告は先の「クラブ新聞」欄をプログラム裏一面に配して大部分を演劇情報に割いている。

また、奇術師・松旭斎天勝《しょうきょくさいてんかつ》の「クラブデー」をはじめとしたタイアップに関しては、本シリーズ『忘れられた演劇』（森話社、二〇一四年）の川添裕「天勝というスペクタクル」で触れられている。

(12) クラブコスメチックス、四二頁。

(13) クラブコスメチックス、二二頁。

(14) 津金澤聰廣「雑誌『女性』と中山太陽堂およびプラトン社」、『現代日本メディア史の研究』ミネルヴァ書房、一九九八年、一九頁。

(15) 小野高裕「プラトン社の軌跡」二六頁。

(16) 小野高裕「プラトン社の光芒」、吉川登編『近代大阪の出版』創元社、二〇一〇年、一八四頁。

(17) 本章でこれらを詳細に述べる余裕はないが、小野高裕「プラトン社の軌跡」にその経緯が詳しい。

(18) 小野高裕「プラトン社の軌跡」一八頁。

(19) 広告「クラブはみがき、クラブおしろい本店」、『読売新聞』一九一三年十月二十八日、朝刊。

(20) 山本洋「〝関西発〟文壇研究の宝庫『女性』——文学編解説」、『女性』復刻版、第四十八巻、日本図書センター、一九九三年、七二頁。

(21) 小山内はこの頃、大本教に接近し、綾部の本山に行くなどしていた時期であるが、この信仰活動と中山太陽堂との絶縁の関係には調査の余地がある。

(22) 藤澤清造「記憶を掘る」、『三田文学』一九二九年二月。

(23) 永井荷風『断腸亭日乗』二、岩波書店、一九八〇年、二七〇頁。一九二八年七月九日の日記による。

(24) 川口松太郎の著作『忘れ得ぬ人忘れ得ぬこと』（講談社、一九八三年）、『久保田万太郎と私』（講談社、一九八三年）などに大阪時代が回想されている。

(25) 山本洋、七二—七七頁。

(26) 永井荷風、二七一頁。

(27) 築地小劇場の機関誌『築地小劇場』の裏表紙には、一九二四年七月の第二号より「クラブ練歯磨」の広告が毎号掲載されるが、翌年七月の第二巻第七号を最後に掲載されなくなる。その翌号からは、「今日はお芝居　明日は三越」と謳う三越の広告に替わってしまう。パンフレットには、外国人女性の写真が用いられた「クラブ白粉」と「カテイ石鹸」の広告が創設より毎公演使用されていたが、やはり一九二五年七月の第三十二回公演を最後に、毎回の掲載は終わる。その後も何度か広告が掲載されるが、一九二五年七月頃が、中山太陽堂と小山内の関係の節目であったのかもしれない。

(28) 小山内薫「築地小劇場建設まで」、『築地小劇場』一九二四年六月、創刊号。

(29) 堀川寛一『小山内薫』桃蹊書房、一九四二年、三一九頁。

(30) 川口松太郎「先生と大阪」、『劇と評論』一九二九年三月。

(31) 永井荷風、二七一頁。なお、大阪で出会った「八重梅」は「情人を作って小山内氏を棄て、行方を晦ましてしまった」らしい(吉井勇『東京・京都・大阪』中央公論社、一九五四年、二三三頁)。

(32) 藤澤清造、前掲記事。

(付記) 本章は、拙稿「小山内薫とプラトン社序論――『女性』『苦楽』『演劇・映画』掲載記事を中心に」(明治大学文学部・文学研究科『文学部・文学研究科学術研究論集』第六号、二〇一六年)を元に、大幅に加筆・訂正したものである。当該論文には、小山内薫がプラトン社の雑誌に発表したすべての記事の題目、頁数を掲載した。

| | 中山太陽堂・プラトン社の動き | 小山内薫と中山太陽堂・プラトン社の関係 |
|---|---|---|
| 明治三十六年（一九〇三） | 神戸市花隈町で中山太一が化粧品雑貨卸業を始める。商号「中山太陽堂」 | |
| 明治三十八年（一九〇五） | 大阪市東区南御堂前に大阪支店を開設、化粧品製造業の準備を始める | |
| 明治三十九年（一九〇六） | 「クラブ洗粉」発売、大ヒット。三越呉服店にタイアップ広告を出す | |
| 明治四十三年（一九一〇） | 京橋区五郎兵衛町に東京支店を開設 | |
| 明治四十四年（一九一一） | 「クラブデー」始まる。以後、歌舞伎、新派、新劇などの観劇会や割引キャンペーンを実施 | この頃より中山太陽堂東京支店広告部に関係 |
| 明治四十五年（一九一二） | | この年から翌大正二年（一九一三）の欧州外遊の資金を中山太陽堂に援助される |
| 大正四年（一九一五） | | 宣伝キャンペーン「お手軽化粧法」懸賞募集で長谷川時雨とともに評者をつとめる |
| 大正七年（一九一八） | 文具部を新設 | |
| 大正九年（一九二〇） | | 松竹キネマ研究所入所、中山太陽堂との関係を切る |
| 大正十一年（一九二二） | 五月、プラトン社創設、雑誌『女性』創刊 | 松竹退社、中山太陽堂と復縁。プラトン社の顧問となる |
| **大正十二年（一九二三）** | **九月一日、関東大震災発生** | |

| | | |
|---|---|---|
| 大正十二年（一九二三） | 関東大震災により作家の関西移住が続く。直木三十五（当時「三十二」）と川口松太郎入社。十二月、プラトン社より雑誌『苦楽』創刊（一九二四年一月号） | 十月、関東大震災により大阪・悲田院の中山家別荘に移住。『女性』『苦楽』の編集、執筆を担当 |
| 大正十三年（一九二四） | | 六月、築地小劇場設立。東京に戻る |
| 大正十四年（一九二五） | 夏頃より、直木三十五は客員となる | 七月を境に、築地小劇場の機関誌やパンフレットで中山太陽堂製品の広告が減少 |
| 大正十五年（一九二六） | 一月、プラトン社より雑誌『演劇・映画』創刊（八月廃刊）。九月、川口松太郎退社 | |
| 昭和二年（一九二七） | 『女性』『苦楽』の編集部を東京に移す | この頃までプラトン社の雑誌に執筆 |
| 昭和三年（一九二八） | 五月、メインバンクである加島銀行の破綻によりプラトン社活動停止。『女性』『苦楽』廃刊 | 十二月二十五日、死去。享年四十七 |

（年表参考文献）

クラブコスメチックス編『クラブコスメチックス八十年史』クラブコスメチックス、一九八三年
同編『百花繚乱――クラブコスメチックス百年史』クラブコスメチックス、二〇〇三年
小野高裕・西村美香・明尾圭造『モダニズム出版社の光芒――プラトン社の一九二〇年代』淡交社、二〇〇〇年

IV 近代産業とモダン文化

# 第11章 企業が〈演出〉する渋谷の劇場文化

## 東横／東急とパルコの場合

後藤隆基

## 一　東横百貨店と小林一三の系譜

近年、東急電鉄による駅周辺の再開発事業で、大きく変貌を遂げている渋谷。二〇〇三年に閉館した東急文化会館跡につくられた駅直結の複合タワー渋谷ヒカリエの中核施設として、海外ミュージカルを専門に上演する東急シアターオーブが開場したのが二〇一二年のことである。またパルコ劇場（一九七三〜二〇一六年）が、渋谷パルコ建て替えのため四十三年の歴史に一時幕を下ろした（二〇一九年再開業予定）。二〇一五年からは、2・5次元ミュージカル専用劇場 AiiA 2.5 Theater Tokyo が一般社団法人日本2・5次元ミュージカル協会によって運営され、渋谷区観光協会や渋谷区公園通り商店街振興組合との協働も行なわれてきた（二〇一八年末で閉館）。都市空間の変化とともに、劇場文化も新しい時間を刻みはじめている。

渋谷の地域開発のみならず、劇場文化の問題を考えるうえで逸することができないのは、企業によるパトロネージ的な事業としての興行である。とくに昭和初期から渋谷で支柱的地歩を占めつづけている存在として、まずは東急に指を屈さなければなるまい。

東急の歴史を繙けば[1]、渋沢栄一がイギリスやアメリカの視察を通して学んだ、都市生活に自然をとりいれる〈田園都市〉構想実現のため、一九一八年（大正七）に設立した田園都市株式会社に端を発する。渋沢は相談役に矢野恒太（当時第一生命社長）を据え、矢野は筆頭株主となる。彼らは、荏原《えばら》郡洗足《せんぞく》村、碑衾《ひぶすま》村、玉川村にかけての多摩川一帯、約百三十八万六千平方メートルの土地を事業用地とし、住宅地・鉄道開発に乗りだした。

しかし、同社には鉄道関係の専門家がいなかった。そこで渋沢栄一と矢野恒太が社長として白羽の矢を立てたのが、小林一三《いちぞう》である。

すでに小林一三は、箕面《みのお》有馬電気軌道株式会社（現在の阪急電鉄）を創業して沿線の住宅地開発を行ない、乗客誘致のため、終着駅である宝塚で一九一一年（明治四十四）にアミューズメントセンターとしての宝塚新温泉パラダイスを開業、一九一四年（大正三）にはそこで宝塚唱歌隊（後の宝塚少女歌劇。現在の宝塚歌劇団）を誕生させていた。一九二〇年（大正九）には梅田の阪急ビルに阪急マーケット（一九二九年に阪急百貨店開業）を竣工し、それらを一体化した事業を展開していく。小林が実践した郊外ユートピアの思想は、渋沢の田園都市構想とも軌を一にする。小林の、鉄道の終点やターミナル駅に建てられた百貨店を軸とする経営戦略は他地域にも大きな影響を及ぼし、私鉄各社のひとつのモデルになったといって過言ではない。

渋沢栄一と矢野恒太からの要請を、小林一三は再三固持したが、最終的に、自分の名前を表に出さない、報酬は受けない、毎月一回日曜に上京して役員会に出るという三つの条件で社長を引き受け、さっそく経営に着手。実務担当として渋沢の四男秀雄を取締役に任じた。さらに武蔵電気鉄道、荏原電気鉄道、目黒蒲田電鉄を東京横浜電鉄（東横電鉄）に統合し、農商務省、鉄道院を経て武蔵電鉄常務に就任していた五島慶太を専務に起用する。そして一九三六年（昭和十一）に小林の後を継いで社長となった五島の手で、現在にいたる東急の基盤が形成されていくのだった。

こうした田園都市株式会社発足後の内部事情については、津金澤聰廣「東京に残した足跡」[2]（『宝塚戦略――小林一三の生活文化論』吉川弘文館、二〇一八年）が簡にして要を得た整理を行なっており、渋沢栄一――矢野恒太――小林一三――五島慶太とつながる線の重要性を指摘している。第一生命元会長の矢野一郎の口述をまとめた小冊子『田園調布の大恩人　小林一三翁』（財団法人矢野恒太記念会、一九八六年）に「もし小林さんが無かったら、田園調布も生れず、東急も出来なかった」[3]とあることも、小林一三という存在がいかに大きかったかの証左となろう。五島慶太は、小林一三を手本に事業を展開し、自伝『七十年の人生』（要書房、一九五三年）のなかで、「終始一貫自分が智恵を借りて自分の決心を固めたものは小林一三だ。百貨店も全く小林の智恵により、阪急百貨店と同じようなものをつくつた。あれは「私鉄が模範的最善の設備をするには、百貨店よりほかにしようがない。沿線の住民にサービスをしなければならん」と思つてやつた」（四〇頁）と記している。関西資本の東漸化という問題も看過できないが、五島が意図して「阪急百貨店と同じようなものをつくつた」ことに注意を払いたい。それが、一九三四年（昭和九）十一月に開店した東横百貨店（現在の東急百貨店東横店）である。

同店は東横電鉄の経営にかゝる、帝都に於て唯一のターミナル・デパートである。而してわが国に於ける凡百の百貨店は、その多くが呉服屋の転身であり、老舗の暖簾にその店歴を誇りつゝあるに反し、東横百貨店は従来の如き百貨店経営の旧態を脱し、大東横電鉄の資本と絶大なる信用とを背景とし、その諸施設にその諸制度に、悉く革新機構をもつて独特の経営に当り、今日の如き目覚しき発展と、業界稀に見るの業績を挙げつゝあることは、実に世界百貨店史上に特筆すべき異例とする。

（小松徹三「序」、同編『東横百貨店』百貨店日日新聞社、一九三九年）

小林一三という先駆があるにせよ、東京においてはきわめて「異例」の試みと目されていた。当時の東横百貨店のイメージは「東京……渋谷……東横／この三つの名詞を列べただけで、大東京の西南部に位する渋谷の大繁華街が想像せられ、其処に厳然として現代建築美を誇る東横百貨店の偉容が直ぐ思ひ浮べられる」（『東横百貨店』同前、一九頁）といった記述からもうかがえよう。銀座和光（旧服部時計店）や東京国立博物館などの設計を手がけた渡辺仁による建築も大いに衆目を集めたに違いない。
また、東横百貨店開店の二年後には、道玄坂下に東宝系の映画館、東横映画劇場がうまれる。それに先立ち、少年二十名、少女五十名（いずれも十四～十七歳）という従業員の大量募集が新聞に掲載された。男子は日給七十銭、女子は日給六十五銭。東横目蒲線の利用者は交通費全額支給という条件で、渋谷区内または東横目蒲沿線居住者が望ましいとのこと（無署名「少年少女募集／東横劇場で」、『読売新聞』一九三六年九月六日夕刊）。鉄道事業を文化事業と結びつけるための戦略の一端が垣間見えよう。

東横映画劇場は一九三六年（昭和十一）十一月一日に開館。支配人には、五島慶太の懐刀的存在だった東横本社の黒川渉三《しょうぞう》（後に東横映画、東京映画配給などの社長等を歴任）が就任すると喧伝された(4)。しかし、開業間近に、小林一三たっての要請で東宝（株式会社東京宝塚劇場。一九三二年設立）に譲渡され、東宝直営の映画封切館として運営されることになった(5)。小林一三は宝塚少女歌劇の帝国劇場公演（一九一八年）を機に東京進出を企図し、一九三四年に東京宝塚劇場を開場、日比谷のアミューズメントセンター構想を打ちだしていたが、田園都市株式会社を通じてつながりの深い渋谷、ひいては山の手地域にも手をひろげようとしていたのだろうか。ともあれ、東横と小林一三（東宝）との密接な関係がうかがえ、戦時中には東宝舞踊隊（旧日劇ダンシングチーム）など東宝傘下の公演も行なわれていたようだ。

やがて東横映画劇場は一九四四年（昭和十九）九月三日初日の古川緑波一座公演によって、演劇のための劇場として新開場することになる。このときの演目は『波止場の風』（北條秀司作、久保田万太郎演出）と『歌の宝船』（サトウハチロー作・演出）で、女優の山根寿子《ひさこ》や東宝舞踊隊が特別出演した(6)。ここから同劇場では演劇公演が立て続けに行なわれていく。当時の新聞広告をみると、緑波一座をはじめ、榎本健一一座、新生新派、市川猿之助一座、新国劇、東宝現代劇、水谷八重子、小夜福子《さよふくこ》と灰田勝彦の音楽劇など、東宝関係の興行を中心とするラインナップが並んでいる。

この劇場を語る際、演劇史においてとくに記憶されるのは、一九四五年（昭和二十）四月十一日初日、杉村春子主演による文学座『女の一生』（森本薫作、久保田万太郎演出）の初演だろう。

三月十日の東京大空襲で、築地小劇場（当時は国民新劇場と改称）が焼失した。かねて同劇場で『女の一生』の上演準備を進めていた文学座は、久保田万太郎が渋沢秀雄（当時東宝取締役会長）と懇意だった関係から東宝に話を持ちこみ(7)、東宝は杉村春子の舞台ならと承諾。舞台装置などは東宝側が用意する代わりにノーギャラ、昼夜二回公演、警戒警報が出たら中断して解除されたら再開という条件付で、東横映画劇場での上演が実現することになる。いまだ空襲がやまない最中、満足な上演はほとんどできなかったという。しかし、わずか五日間の興行は新劇史にひとつの足跡をのこし、これが戦時下における文学座の最後の舞台となった(8)。

東横映画劇場は敗戦後、東横映画などの映画館になるが、昭和十年代の渋谷において同劇場の記憶は逸することができない。

## 二　戦後の東横百貨店内につくられた劇場

敗戦後の東京では一九四七年（昭和二十二）頃から軽演劇やレビューが盛んになり、群小劇団が数多生まれ、各所に新旧の小劇場が林立した。そのなかで渋谷の代表として挙げられたのが、東横百貨店内の二つの小劇場だった。

渋谷東横デパート内に二劇場、一映画館をふくむアミューズメント・センターが出現し「雨が降っても濡れずに一日遊べます」の宣伝で客を集めたのも早かつたが、二十二年七月の第二劇場焼失以来、東横は興行を全廃してしまつた。一つにはそろそろ売場にならべる商品も出回つてきたからであろう。

（旗一兵『喜劇人回り舞台――笑うスタア五十年史』学風書院、一九五八年、二〇五〜二〇六頁）

敗戦後の物資不足なども相まって、東横百貨店では小規模の劇場や映画館を入れて興行を打ち、集客に努めていたのだろう。ターミナル駅の百貨店内に「アミューズメント・センター」をつくるという発想は、小林一三に倣った五島慶太の戦略だったろうか。東横第一劇場は水ノ江瀧子の劇団たんぽぽのメンバーとムーラン・ルージュ出身者を中心とする空気座が主に出演しており、やや規模の小さな第二劇場には東京フォリーズが本拠を構えていた。東京フォリーズには、中国から復員したばかりの田中小実昌《こみまさ》が文芸部員として入団したことでも知られている。

一九四七年一月に新宿の帝都座五階劇場で『ヴヰナスの誕生』――いわゆる〈額縁ショウ〉が初演されたのをひとつの契機として、女性の裸体を見せる舞台が過剰なまでに流行した。(9) 同年五月には、東京フォリーズも『乳房のてんぷら』なるヴァラエティ形式のショウのなかで、ラナー多坂という踊り子がヌードを披露している。その楽屋話は、田中小実昌『かぶりつき人生』（新編、河出文庫、二〇〇七年）などのエッセイに詳しいが、中野正昭は「ラナー多坂のヌードのお陰で東京フォリーズの客は一気に増え、連日大入り袋が出るようになった。そして東横第二劇場よりも規模の大きな同第一劇場へ進出を果たす。〔略〕一方、東横第一劇場に出演していた空気座はすっかり客足を奪われ、解散寸前に追い込まれた」（『ムーラン・ルージュ新宿座――軽演劇の昭和小史』森話社、二〇一一年、三四九頁）と総括している。

そうした状況の下で、前掲の引用にある劇場火災が発生。出火元は四階の第三東横劇場（映画館か）であったらしく、このあと東京フォリーズは多摩川劇場へ移る。一方の空気座は翌月に帝都座五階劇場で田村泰次郎原作『肉体の門』を劇化上演してこれが大ヒット、ロングランを記録し、同時代劇壇に一大ブームを巻き起こした。[10]

しかし、この火災を機に東横百貨店は「興行を全廃してしまった」という。旗一兵が指摘するように、敗戦から二年が経って「商品」の供給、流通が徐々に動きはじめ、強いて水物の「興行」で空間を埋める必要もなくってきたのかもしれない。

その後、ＧＨＱによる占領期（一九四五〜五二年）が終わり、公職追放されていた五島慶太が代表取締役会長に復帰。長男の五島昇が取締役、副社長を経て社長に就任した一九五四年（昭和二十九）に、ふたたび渋谷に東横傘下の劇場が誕生する。東横百貨店新館増築の際、九階から十一階部分につくられた東横ホールである。定員千二名。回り舞台や花道も兼備しており、歌舞伎、新派、新劇などの各種劇団が廉価で公演を行なう貸し劇場であった。

東横ホールの試みのなかでも、歌舞伎の中堅や若手――二番手の俳優たちを中心とする〈東横歌舞伎〉については、上村以和於『東横歌舞伎の時代』（雄山閣、二〇一六年）が委曲を尽くして論じている。上村は東横歌舞伎を、三越劇場で上演されていた三越歌舞伎などと同様の「第二軍育成のためのマイナーリーグ」といい、その上で「必ずしも若手育成の場としてのみ機能したわけでは実はなかったし、ここで「育成」された若い俳優たちが皆、すんなりと次代のメジャー的存在になり遂せたわけでも、実はない」と指摘している（前掲書六頁）。

とはいえ、東横ホールにおける東横歌舞伎の意義はけっして小さくなかった。東横百貨店の新館増築記念として、松竹と東横が提携した第一回公演（一九五四年十二月）は、市川猿之助劇団と尾上菊五郎劇団による「若手歌舞伎初興行」だった。そのパンフレットに寄せられた松竹の大谷竹次郎の文章は、こんな祝辞ではじまっている。

この近代的美観をそなえた堂々たる東横新館が目出度く落成し、しかもその一部に模範的な設計によるこの東横ホールを設けられ、山の手方面の文化センターとされるなど、東京市民の生活に大きな貢献をされる五島慶太会長の御意図に、私は深く敬意を表し御慶びを申上げるものである。(11)

（傍線引用者、以下同）

当時の渋谷は、国鉄山手線（現在のJR山手線）、東急玉川線（現在の東京メトロ半蔵門線〜田園都市線）、東急東横線、京王帝都電鉄井ノ頭線（現在の京王井の頭線）、地下鉄銀座線（現在の東京メトロ銀座線）が乗り入れるターミナル駅であり、東横百貨店の建物の三階は地下鉄と直結していた。多彩な東京の人びとが集い、目黒、世田谷、代官山、田園調布、自由が丘といった高所得者層が多い後背地を有する渋谷の立地条件は、そのまま新たな客層の獲得にも結びついていく。山の手地域の新興性を視野に入れた五島慶太の文化事業や興行方針に対する大谷竹次郎の共鳴は「山の手方面の文化センター」といった言表にくわえ、前掲の文章をこう続けているところからも判然とする。

東横松竹提携第一回の公演として歌舞伎をこの新舞台に上演することは、私の非常な喜びとするところであるが同時にまことに意義の深いものがあると思う。さきに度々歌舞伎を帝劇に上演して山の手の知識層の皆様に大きな御支援を得たのであるが、帝劇が映画に変ること丶なってこれを失った際、新しくこの舞台を通じて、知識層の観客皆様と歌舞伎がつながりを持つことは、芸術の伝統を生かして行く上に於て、これほど喜ばしいことはないと考えるのである。(12)

「知識層の観客」を殊更に意識しているところに、大谷竹次郎が渋谷でめざした歌舞伎の位置づけが看取できる。昭和初期の東横映画劇場が東宝と結び、戦後の東横ホールが松竹と提携していることもまた興味深い。

東横ホールは、前述のように百貨店の三階が地下鉄と直結していたため、騒音が問題化されており、その防音については「営団の協力により3階の銀座線のレールとまくら木との間に弾性帯を挿入して、電車の振動と騒音が伝わるのを防」（東京急行電鉄社史編纂事務局編『東京急行電鉄50年史』東京急行電鉄社史編纂委員会、一九七三年、四三五頁）ぐ工夫を施したという。しかし、東横ホールに出演を重ね、当時圧倒的な人気を博していた九代目市川海老蔵（後の十一代目団十郎）に準えられて〈渋谷の海老様〉と呼ばれた三代目河原崎権十郎は「デパートのてっぺんで、地下鉄が通るたびに家鳴《やな》り振動する劇場」（『紫扇まくあいばなし』演劇出版社、一九八七年、一一〇頁）と回顧しているから、解決は難しかったようだ。

歌舞伎や新派が主として二番手の俳優陣を軸とする座組だったのに対し、新劇ではいわゆる三大劇団（文学座、民藝、俳優座）が定期的に公演を行なっていた。たとえば文学座は、芥川比呂志主演の『ハムレット』（シェイクスピア原作、福田恆存訳・演出、一九五五年）、八代目松本幸四郎主演の『明智光秀』（福田恆存作・演出、一九五七年）などエポックメイキング的な作品を上演し、小劇団の公演としては、ぶどうの会が『長い墓標の列』（福田善之作、一九五八年）を初演するなど先進的な舞台も多かった[13]。

ほかにも東横ホールでは、市川少女歌舞伎、徳川夢声らが出演した東横落語会（東横寄席）といった企画や、戦前に結成された渋谷花街の芸妓の発表会「菊美会」が数年に一度開催されるなど[14]、花街というにぎわいの場との結節点としても機能していたと思しい。一九五六年（昭和三十一）には東急文化会館が竣工し、四つの映画館や五島プラネタリウムなどを擁して東急は渋谷地域の文化振興に大きな役割を果たしていった。

一九六七年（昭和四十二）十一月、東横百貨店は渋谷地域の発展を企図して渋谷区栄町旧大向小学校跡に新店舗（現在の本店）を開店し、従来の東横店、白木屋店（日本橋店。一九九九年閉店）を含めて〈東急百貨店〉と商号を変更した。それを機に、東横ホールも大幅に改装し、劇場名を〈東横劇場〉と一新して再出発を図った――前月の「松竹・東急提携」（傍点引用者）による東横歌舞伎第八十八回公演の筋書で、五島昇がそう記している。[15]

改称後の一九六八年（昭和四十三）には、江戸川乱歩原作の小説を三島由紀夫が脚色した『黒蜥蜴《くろとかげ》』（松浦武夫演出）に丸山明宏（後の美輪明宏）が主演し、その劇壇デビューは非常な反響を呼んだ。これを端緒に丸山明宏が東横劇場へたびたび出演するなど、同劇場の新路線を築いたことも重要だろう。[16]東横歌舞伎は一九七一年（昭和四十六）一月まで十六年余にわたって続き、公演数は六十四回を数えた。

東横劇場は一九八五年（昭和六十）七月に閉館。その前年六月には、東急文化村（一九八九年にBunkamuraとして開業）の建設がはじまっていた。

## 三　パルコ文化と堤清二／増田通二

東横百貨店が新店舗を開店し、東急百貨店となって新たな事業展開に舵を切った翌一九六八年、池袋に本拠を構えていた西武百貨店が渋谷へ進出する。

一九六四年（昭和三十九）に堤康次郎が死去した後、西武百貨店で手腕を揮っていた堤清二は、新たな出店先の候補として新宿も検討していたが、機会に恵まれなかった。一方で渋谷は、渋谷松竹映画劇場を経営していた地主がビルを建て直して借り手を探しているとの情報を偶然入手し、場所を得ることができたという。[17]結果的にこの渋谷への出店が、西武百貨店のみならず、一九七〇年代以降の渋谷の文化や興行の展開を東急とともに牽引していくことになる。

ここまで記してきたように、渋谷といえば東急の牙城である。その渋谷進出に際して堤清二は、東急側からの反対を避けるべく石坂泰三ら財界の有力者を説得してまわった。東急だけでなく西武も併存することが渋谷という地域全体にとってプラスであり、市場も拡大するだろう――。それが堤清二の理屈だった。ほどなくして堤清二は、東急の五島昇と面会することになり、出店を認められたと述懐している(18)。

堤清二もまた、東急文化の基盤形成に多大な影響を及ぼした小林一三を強く意識していた。堤清二は小林一三と直接面識はなかったというが、辻井喬名義で刊行した『叙情と闘争――辻井喬+堤清二回顧録』（中央公論新社、二〇〇九年。本章での引用は中公文庫、二〇一二年）のなかで、小林一三による「沿線の住宅地や観光娯楽センターの開発と一体になった」（五八頁）経営戦略を学びたかったと述べ、その手法や存在を「一種の聖域」（六四頁）と称している。小林一三の系譜が生きつづけていたことが、こうした逸話からも窺い知れる。

西武が渋谷の劇場文化を大きく変えたきっかけは、一九七三年（昭和四十八）に渋谷パルコが区役所通り（パルコの進出によって公園通りと改称）で開業し、その九階に西武劇場（東横劇場が閉館した一九八五年にパルコ劇場と改称）が開場したことだろう。客席数は四百七十六。東横ホール（東横劇場）に比べて半分程度の規模である。西武は一九六九年（昭和四十四）に池袋の丸物百貨店を買収して池袋パルコを開業していたが、渋谷パルコによって〈パルコ〉という存在の位置づけが確立されたといってよい。同年にＮＨＫが内幸町から渋谷へ移転したことも追い風となった。

以降、渋谷には、パルコパート２（一九七五年）、東急ハンズ（一九七八年）、渋谷１０９（一九七九年）、パルコパート３（一九八一年）が次々につくられていく。そうしたなかでも、パルコは従来のファッションビルの範疇をこえた新たな文化発信基地として、若年層の支持を集め、渋谷の〝若者文化〟を牽引することとなる。それは一九七二年（昭和四十七）に首都圏のイベント情報を網羅する雑誌『ぴあ』（二〇一一年休刊）が創刊されたタイミングとも呼応するものだった。

一九七〇〜八〇年代のパルコ文化については、高度経済成長期の大量消費社会における表層性や大衆性、渋谷という街の空間演出といった観点から数多の言説が書かれてきた。たとえば、吉見俊哉は、一九七〇年代以降の渋谷という場所に〈劇場〉的なイメージが付与されていくプロセスに言及している。吉見はその鍵言葉を「ステージ性」とし、渋谷の「街全体をひとつの巨大な劇場にしてしまうこと、そのために個々の街の装置を見る場・見せる場という状況をつくり出すためにセッティングしていくこと、そうして似た者同士の価値観を増幅させていくこと」が「パルコの空間戦略」だと指摘した（『都市のドラマトゥルギー——東京・盛り場の社会史』弘文堂、一九八七年。本章での引用は河出文庫、二〇〇八年、三〇五頁）。

本章で扱うのは、とくにその中核を担っていた劇場の問題である。ただし、後年、堤清二が「〈西武劇場／パルコ劇場で上演される演劇は〉パルコという軽佻浮薄な表層文化に合うような芝居でないと、具合が悪いわけなんです。紀伊國屋ホールへ行くと、もうちょっと芝居を勉強している若者が多い。そういう意味で、町と小屋というのは持ちつ持たれつで、切っても切り離せない」（山崎正和・岡副昭吾・田村晴也・堤清二「始めに芝居小屋ありき」、『東京人』一九八九年二月）と述べるように、渋谷という場所自体が西武劇場／パルコ劇場でつくられる作品と緊密な関係の下にあった。

そうした都市と劇場の連関のなかで、西武劇場はいかなる役割を担っていたのか。一九七三年の西武流通グループの企業案内冒頭に掲げられた「経営基本理念」には、次のように記されている。

西武流通グループは全国に、商品ばかりでなく、生活情報をもたらすコミュニティ・センターとしての店舗を積極的に展開してまいります。その一つが、わが国最大のタカツキ・ショッピング・センターであり、そして西武劇場という文化施設をもつ渋谷パルコです。これらのもつコミュニティ・センターとしての機能が提供する文化情報が、市民の生活に人間的な豊かさと便利さをもたらすことができれば、というのが、私たちの心からの念願です。(19)

西武劇場は渋谷パルコの支柱的役割を担い、そこから発信される「文化情報」を通じた市民生活の向上が促されている。こうした指針は、渋谷においては五島慶太や五島昇が東横ホール（東横劇場）でめざした志向性と重なり、企業が〈演出〉する劇場文化のありようとして共通するものである。

パルコにとって、なぜ劇場が重要だったのか。パルコ運営の中心人物で、堤清二と旧制中学時代の同級生でもあった増田通二《つうじ》（株式会社パルコ取締役専務。後に社長、会長を歴任）は、一九六九年十二月に渋谷で起きた、唐十郎の状況劇場と寺山修司の天井桟敷の劇団員による乱闘事件と、現行犯逮捕者も出たその事件に対するメディア報道から、同時代演劇のもつ熱量と話題性に着目する。当時、増田のなかにまだ渋谷パルコの構想はなく、西武流通グループが（後に渋谷パルコが建設される）土地自体は手に入れていたものの使途未定のまま駐車場になっていたらしい。そこに右の事件が起き、いずれ劇場をつくるという意志を固めた増田は「渋谷パルコの成否のカギを握っているのが劇場だと思」うまでになった(20)（『開幕ベルは鳴った――シアター・マスダへようこそ』東京新聞出版局、二〇〇五年、一一〇～一一一頁）。

そうしてうまれた西武劇場のオープニング記念公演は、武満徹企画・構成・監修の『MUSIC TODAY 今日の音楽』と、安部公房スタジオ『愛の眼鏡は色ガラス』（安部公房作・演出）だった。続けて井上ひさしによる『藪原検校』（木村光一演出、五月舎提携）、『11ぴきのネコ』（熊倉一雄演出、テアトルエコー提携）、劇団四季と提携したジャン・アヌイおよびジャン・ジロドゥの連続公演（浅利慶太演出）などをラインナップにのせていく。その後も、土方巽、寺山修司、つかこうへい、蜷川幸雄、福田陽一郎、青井陽治、美輪明宏、宮本亜門、三谷幸喜など多くの才能がここに集い、多様なジャンルの舞台作品が劇場を彩っていった(21)。

一九七八年に『サロメ』で西武劇場に初登場したつかこうへいの言葉は、劇場やパルコ文化の方向性を同時代演劇の文脈から考える上で示唆的である。

あの頃の演劇界は、演劇がなくて、演劇論ばかりだったじゃないか。そのときパルコは「演劇論はいらない。とにかく面白い芝居をやって」「商品になる芝居をやって」という言い方しかしていなかったんだよ。「売り物」というのは、つまり「この芝居を見に行くために劇場に来て、帰りにそのお客さんがものを買っていく」。それははっきりしていたわけだよ。(「時代が何かを探していた」、扇田昭彦・長谷部浩・パルコ劇場編『パルコ劇場30周年記念の本　プロデュース!』パルコエンタテインメント事業局出版部、二〇〇三年)

「あの頃の演劇界」とは、端的に一九六〇年代以降の流れを汲む小劇場演劇を指すとみてよい。しかし、いわゆるアングラ演劇や小劇場演劇は同時代演劇の全体図のなかにあって与党ではなく、主流とされていた〈新劇〉へのカウンターカルチャーであった。その点において、一九七〇~八〇年代の西武劇場/パルコ劇場が、幅広い領域をカバーすることで、一九六〇年代以降の小劇場演劇と、それらが反旗を翻した既成の〈新劇〉とを結果的につなぐ役割を果たしたという三浦雅士の指摘は傾聴すべきである(「生ける逆説——文化・芸術戦略批判」、セゾングループ史編纂委員会編『セゾンの発想』リブロポート、一九九一年)。

また増田通二は、西武劇場/パルコ劇場をそれ単体で考えるのではなく、公園通り界隈の劇場群との連関による劇場街としての渋谷のイメージ形成を構想していた。先にも述べたが、西武劇場ができた当時はまだ東横劇場があり、二千席規模の渋谷公会堂（一九六五年〜現在建て替え中）、二百人も入れば一杯になってしまう前衛的な小劇場ジァンジァン（一九六九〜二〇〇〇年）があり、西武劇場開場と同じ一九七三年にはNHKホール（約三千六百席）が運用開始された。そのなかで、増田は一九八一年（昭和五十六）開業のパルコパート3内に〈スペースパート3〉という三百席程度の小劇場をつくる（一九九九年から映画館シネクイントとして運営）。これによって大小さまざまな規模の劇場が公園通り界隈に林立することになり、バラエティに富んだ劇場街が創出される道がひらかれようとしていたのである。(22)

数年後にも、増田は「渋谷を「日本のブロードウェー」にしたい夢がある」（「街は舞台だ4　客呼ぶ磁力　劇場群に」、『朝日新聞』一九八六年十月十日朝刊）と語り、以下のように述べている。

公園通り周辺には、NHKホール、渋谷公会堂、ジァンジァン、パルコ劇場、スペース・パート3という演劇をやれる劇場群があるんです。ボクは他の新興ショッピング街と比べ、これが渋谷の優位性だと思っている。〔略〕小売業が経営する文化施設は、とかく自社のイメージアップにつとめていたのに対し、うちは早くからファッション環境づくりの「装置」として小屋（劇場）をとらえてきたんです。／一般の劇場、ホールに対し、我々が目指したのは、舞台を客の側に引っぱり込み、客に自らが主役であると感じさせるような芝居小屋にしなければならない、ということでした。そのためには、演出や場づくりが重要。あくまで土間側、客席に主役意識を芽生えさせなくてはなりません。

数年来、増田通二がもち続けていた視座が、劇場の内部にとどまらない、観客が主体的に参加する広場的空間の創出を促し、パルコ文化の総体を構築していったことは、すでに吉見俊哉の『都市のドラマトゥルギー』などでくり返し指摘されている。ただし、その軸には公園通り界隈の劇場群の存在があり、それこそが「渋谷の優位性」と増田が述べている点に、改めて注意を払いたい。パルコ傘下の劇場だけではない、他の劇場をも含めて連関する〈劇場街〉としてのありようが重要なのであり、そのプロセスにおいては、一九八五年に閉場してしまった東横劇場も増田の視界に入っていた。一九八六年時点では建設中だった東急文化村が完成した暁には「渋谷は他の盛り場に水をあけることができる」（「街は舞台だ4　客呼ぶ磁力　劇場群に」前出）というコメントからも、増田の〈渋谷ブロードウェイ化〉構想がみてとれる。そうした志向性を、小林一三が日比谷で実現したアミューズメントセンター構想[23]と重ねたら、いささか恣意が過ぎるだろうか。

〈パルコ〉という広範な文化現象を捉える上で、また企業のパトロネージ的な事業としての興行を検討する上で、いま一度、狭義の劇場や興行といった問題に立ち帰ることが必要な作業であるようにも思われる。

一九八〇年代が、そして昭和が終わりを告げた一九八九年（平成元）に、東急百貨店本店に併設される形で、大型複合文化施設としてBunkamuraが開業。そのなかにシアターコクーンが開場し、ふたたび東急の劇場が渋谷に誕生した。扇田昭彦は、シアターコクーンと既存のパルコ劇場との違いについて、前者が開場時から芸術監督制（初代芸術監督は串田和美）を敷き、芸術監督の方針で運営されたのに対し、後者は劇場のプロデューサーたち（開場以来、時代ごとにたびたび入れ替わっていた）によって運営され、時代の推移や若年層の関心の動向を敏感に反映する商業性を有した点を挙げている。[24]堤清二による西武の渋谷進出、増田通二による渋谷パルコの展開が、東急を必ず視野に入れていたことに鑑みれば、システムの異なる二つの劇場が併存することの相乗効果はきわめて大きい。平成以降の渋谷の劇場文化やシアターコクーンの位置づけなどについて、ここで深く立ち入る余裕はないが、現在にいたる渋谷の劇場文化を東急やパルコが牽引してきた（している）ことは間違いない。

## 四　新たな渋谷の劇場文化形成へ

二〇一六年、パルコ劇場（＝渋谷パルコ）が建て替えのため、四十三年の歴史に一旦幕を下ろした。その最終日（八月七日）の夜には、東京スカパラダイスオーケストラが公園通り広場でゲリラライブを行なうなど、渋谷パルコの休館が、単なる一商業施設の改装にとどまらない〈パルコ〉という文化現象とその時代の（一時的にもせよ）終わりをさえ感じさせる事態が現出していた。

そうした事例のひとつに、アイドルグループ欅坂46の「渋谷からPARCOが消えた日」[25]（秋元康作詞）という楽曲がある。タイトル自体の直截的なメッセージとともに、歌詞のなかで「PARCO」という言葉が連呼されている。

夢は
PARCO PARCO PARCO PARCO PARCO PARCO
Only
視線の先に
遮るものがないよ
ずっと
PARCO PARCO PARCO PARCO PARCO PARCO
だけ
悲しい時は涙我慢しながら

あのファッションビルをいつだって見上げてた
サヨナラじゃない
渋谷PARCO

こうした「PARCO」の反復はすべてのサビでくり返される（むろんこれはパルコ劇場のことだけを示しているわけではない）。そして、喪失感ばかりでなく、次の時間への接続性を感じさせるのが、以下の歌詞である。

いつか
思い出すでしょう
今日を…
一度
消えてしまったものが
ちゃんと
形になる日のこと…
2019
その頃私は大人

休館から三年後の二〇一九年に、渋谷パルコは――パルコ劇場は、リニューアルオープンすることになっている。そのあいだに、おそらく渋谷パルコとともに生きてきたであろう少女は「大人」になる。彼女が「いつか／

思い出す」という「今日」――つまり「一度／消えてしまったものが／ちゃんと／形になる日」とは、いつのことなのか。それが「2019」だとして、ここでは「いつか」（＝未来）と「今日」（＝現在）という時制が混線するように重なり合っている。果たして「大人」になった少女の前に「PARCO」は、どのような相貌をみせるのだろうか。

本章劈頭にも述べたが、渋谷ヒカリエのなかに東急シアターオーブがつくられ、パルコ劇場は休館を経て二〇一九年に再開場する。渋谷駅周辺の再開発によって地域全体が新たなフェーズへと入っていく今日、東急とパルコが共にあることで活性化する渋谷の劇場文化の未来図が、今まさに描かれようとしている。

（1）東急の草創期については、東京急行電鉄社史編纂事務局編『東京急行電鉄50年史』（東京急行電鉄社史編纂委員会、一九七三年）、森彰英『東急の文化戦略――総合生活情報産業への野望』（日本ソフトバンク、一九九〇年、九七～一三八頁）を参照した。
（2）同論考の初出は『東京人』一九九八年五月号。
（3）引用は、津金澤聰廣「東京に残した足跡」、『宝塚戦略――小林一三の生活文化論』吉川弘文館、二〇一八年、一八一頁に拠る。
（4）無署名「東横劇場落成／十一月から開館」、『読売新聞』一九三六年十月四日夕刊。
（5）注1前掲『東京急行電鉄50年史』二〇六頁。
（6）一九四四年八月三十日付『読売新聞』朝刊掲載の広告参照。
（7）大笹吉雄『女優杉村春子』集英社、一九九五年、一四四頁。
（8）新藤兼人『女の一生――杉村春子の生涯』岩波書店、二〇〇二年、一六五～一六八頁。
（9）拙稿「占領期東京の小劇場・軽演劇・ストリップ――秦豊吉と東郷青児の邂逅」、石川巧・井川充雄・中村秀之編『〈ヤミ市〉文化論』ひつじ書房、二〇一七年を参照されたい。

（10）無署名「第三東横焼く」、『読売新聞』一九四七年七月十二日。
（11）引用は、上村以和於『東横歌舞伎の時代』雄山閣、二〇一六年、一二頁に拠る。
（12）注11に同じ。
（13）注11前掲書、一五五～一五六頁を参照した。
（14）半戸文「渋谷の花街と芸妓」、上山和雄編著『渋谷にぎわい空間を科学する』渋谷学叢書第五巻、雄山閣、二〇一七年、二四三頁を参照した。
（15）注11前掲書、二二〇～二二一頁を参照した。
（16）注11前掲書、二二三～二二四・二二六～二二七頁を参照した。
（17）御厨貴・橋本寿朗・鷲田清一編『わが記憶、わが記録――堤清二×辻井喬オーラルヒストリー』中央公論新社、二〇一五年、一一九頁を参照した。
（18）注17前掲書、一二〇～一二一頁を参照した。
（19）引用は、三浦雅士「生ける逆説――文化・芸術戦略批判」、セゾングループ史編纂委員会編『セゾンの発想』リブロポート、一九九一年に拠る。
（20）南後由和「商業施設に埋蔵された「日本的広場」の行方――新宿西口地下広場から渋谷スクランブル交差点まで」（三浦展・藤村龍至・南後由和『商業空間は何の夢を見たか――1960～2010年代の都市と建築』平凡社、二〇一六年）も、増田通二の記述を引きながら、西武劇場の重要性について論じている。
（21）パルコ劇場編『パルコ劇場30周年記念の本　プロデュース――別冊パルコ劇場公演記録集』パルコエンタテインメント事業局出版部、二〇〇三年を参照した。
（22）石井洋清「西武劇場の場合――増田通二に聞く」、『テアトロ』一九八一年八月を参照のこと。
（23）伊井春樹「小林一三が描いたアミューズメントセンター構想」、『東京人』二〇一八年九月増刊号。
（24）扇田昭彦「あとがき」、扇田昭彦・長谷部浩・パルコ劇場編『パルコ劇場30周年記念の本　プロデュース！』パルコエンタテインメント事業局出版部、二〇〇三年。
（25）欅坂46のセカンドシングル『世界には愛しかない』（二〇一六年八月）に収録された平手友梨奈のソロ楽曲。

V「中央」と「村」と

# 第12章 パトロンとしての国家権力

## 原敬内閣における「国民文芸会」と「大日本国粋会」

木村敦夫

「パトロン」というと、たとえば、イタリア、フィレンツェのメディチ家などがすぐに思い浮かぶ。パトロン行為、「パトロネージュ」とは、必ずしも、芸術家に対する金銭面での援助だけでなく、精神面や人脈面での支援をも含む。この章では、国家権力がパトロンとして機能することを取り上げる。国家が芸術のパトロンとなる、というと、現代において文化庁が行っている、芸術の様々なジャンルを助成する資金援助や、劇場、コンサートホール、美術館などの文化施設の運営、助成といったことが想定されるだろう。が、ここでは、それとはいく分違った側面から、大正時代に国家権力がパトロンとして機能した例を見ていく。パトロネージュの対象も、芸術分野からいく分広げて見ていく。具体的には、「国民文芸会」と「大日本国粋会」という、一風変わった取り合わせだが、この二つの団体を切り口として本テーマに切りこんでいく。

## 一　「国民文芸会」の誕生

大正デモクラシーを象徴するかのような「平民宰相」という呼び名をマスコミにたてまつられた原敬《はらたかし》（一八五六—一九二一〔図①〕）が内閣を組織してから半年ほどたった一九一八年（大正七年）に、「国民文芸会」という会が誕生する。会員には、原内閣の有力閣僚の名前があり、また正宗白鳥（一八七九—一九六二）、小山内薫（一八八一—一九二八〔図②〕）、里見弴《とん》（一八八八—一九八三）らの文学者のほかに、新聞社社長、有力ビジネスマン、労働問題研究家、各政党有力者、軍人、その他様々の分野で活躍中の人々が名を列ねていた。錚々たるメンバーからなる会員の数は二百二十人を超えた。

この国民文芸会には「劇友会」という前身があった。そのメンバーには、先にあげた文学者の他に、外交官・小村欣一侯爵（一八八三―一九三〇。日露戦争講和条約締結時の全権大使・小村寿太郎の長男、貴族院議員〔図③〕）、鈴木商店[1]関東総支配人・長崎英造らが加わっていた。異色の取り合わせだが、この十一人からなる少人数グループ「劇友会」は、小村侯爵のプライヴェートな集まりだったのだろう。このグループは演劇革新を目指しているというものの、その構成員は、その会合のリベラルで、デモクラティックで、ファッショナブルな雰囲気に惹かれて集まっているに過ぎなかったようだ。政治家や官僚が、文学者と接近して意見を交換しているとなれば、その人となりがリベラルで教養あるように感じられ、柔軟な感じがするし、また、文学者にとっては、自分は、ただ文学の世界に閉じこもっているのでなく、広く政治経済上の問題についてもその専門の人々と話し合うだけの見識と余裕を持っているのだ、と示すことができるわけだ。このグループには、このような、浅薄だがゆったりとした空気が感じられる。この「劇友会」を母胎として「国民文芸会」が生まれる。

「国民文芸会」の発起人となるのは、「劇友会」のメンバー十一人に、神奈川県内務部長・大島直道、東京地方裁判所部長判事・三宅正太郎、玄文社（月刊誌『新演芸』[2]発行元の出版社）創立者の結城礼一郎という異色の顔ぶ

図①　原敬

図②　小山内薫

図③　小村欣一

図④　床次竹次郎

れの三人を加えた十四人だ。さらに、現役の内務大臣、床次《とこなみ》竹次郎（一八六六、六七—一九三五〔図④〕）という政治家が相談役についた。床次は原敬内閣（一九一八—二一）、高橋是清内閣（一九二一—二二）で内務大臣を務めたほどの実力者だ。「内務省」とは、現在は存在しないが、明治以降一九四七年末にGHQの手で解体されるまで、政府の最高権力を握っていた省であり、地方行政・土木・勧業・警察・治安一般といった内務行政全般に力をふるった。言論思想を取り締まり、労働運動を弾圧したのも内務省だ。その長であることから、床次の政界における力のほどが知れるし、彼が原敬、高橋是清（一八五四—一九三六）たち最高権力者にどれほど信頼されていたかも分かる。

## 二　「国民文芸会」に対する世間の視線

ある種ののんびりとした雰囲気に包まれていた劇友会だが、そこから生まれた「国民文芸会」となると、様相は一変する。内務官僚と司法官が、会の発起人という重要な役どころに登場している。会員には、原敬内閣の閣僚がずらりと顔を揃えているだけでなく、目をみはるべきは、原敬の懐刀とも言えそうな床次竹次郎内務大臣が相談役に腰をすえていることだろう。内務省は、警察を配下に置き、治安維持に目配りをする、つまり、いく分意地の悪い言い方をするなら、治安のためと称して「取り締まり・弾圧」を行う国家機関だ。その長、床次と新進の文学者たちとの組み合わせは、いかにも唐突な感じがするし、不自然でもあった。なにかしら、きな臭いではないか。

国民文芸会のシンボル的存在でもあった小村欣一は、会結成の趣旨を次のように話している。

文芸の振興によって国民の思想生活に、堅実と弾力を与えたい。演劇は社会的影響が最も広く深いからさしあたりこの方面の刷新に手を染めることとした。将来は他の文学芸術に及ぶ考えである。いったい社会改良の如きは、内務行政といった単純な仕事ではできない、情操陶冶の機関の完備が最も大切であるが、政治と文芸が相提携してやるという機運が生まれてきたことはまことに喜ばしい。今後、才能ある作劇家俳優の奨励養成、優れた脚本の推薦、児童ならびに労働者に適当な演劇の上演など、演劇刷新の一事でもなかなかなことである。

（『時事新報』一九一九年〔大正八年〕四月二十日）

官僚らしい硬い口ぶりだ。小村は、「文学・芸術を活気づけることによって、国民の思想を揺るぎなく、柔軟なものにしたい。文芸のさまざまなジャンルのうちで、演劇が社会的な影響力が最も強いから、演劇の刷新から始める」と言っている。彼は演劇の革新（刷新）をしたいと言っているわけではない。文芸振興・演劇革新は、あくまでも「国民の思想生活に、堅実と弾力を与え」るための手段なのだ、とはっきり述べている。彼の念頭には、米騒動をピークとするこの時期の「大衆」パワーの爆発があるのだろう。小村がここで言っていることは、国民＝一般大衆は、力によって政府に異議申し立てをするような、かたくなさに毒されているので、その思考を柔軟なものにし、国家経営にとってしっかりとした揺るぎないものとしたい、と読み取れる。「社会の改良」とは、騒擾事件などの頻発しない治安の行き届いた安定した社会にする、ということだろう。社会治安を安定させるのは、まさに、内務省の仕事だ。「社会改良の如きは、内務行政といった単純な仕事ではできない」とは、治安を安定させることが必要だが、今までのような警察権力を用いての力ずくでの押さえつけでは無理だと言いたいのだろう。

ところで、小村の右の発言に現れている「国民の思想生活に、堅実と弾力を与え」るとか「社会改良」とか「情操陶治」という文言の背後には、この時期の、ある政策の存在が強く感じられる。床次内務大臣が主導した「民力涵養運動《みんりよくかんよう》」がそれだ。この、耳慣れない「民力涵養運動」とは、一九一九年（大正八年）三月、床次内務大臣が始めた、民心安定政策のことだ。いろいろな要素が入り混じっていたが、国民に向けて、

・健全な国家観をもつようになること
・公共心を育て自己犠牲の精神をつちかうこと
・世界の大勢に順応すべく修養すること
・互いによく話し合い流言蜚語の類に惑わされないこと
・勤勉に努め生活を安定させること

を奨励した。「健全・国家観念・秩序・公共心・自己犠牲・勤勉・修養」などの押しつけがましい文言に満ち満ちたこの「民力涵養運動」を、当時の人々がどう受け止めたかは想像に難くない。大衆パワーの勃興、デモクラシー思想の高まりに対抗するために、この「民力涵養運動」の理念に沿って、政府は、地域社会秩序の改編、国民思想の普及、生活の改善、労使関係・地主小作関係の調整などの具体策を実施した。この「運動」は、米騒動後の民衆統治（民衆が政府に牙をむく騒擾を起こすことがないように統治する）、治安維持（政府に都合のよい治安状態を維持する）を目的として、国民を精神面で陶治することによって、民心を安定させ新たな秩序をうち立てようとした社会政策だった。もちろん、政策立案側の念頭にあったのは社会統治であり、そのための社会秩序の安定を目指して、国民生活に口うるさく介入したのだ。

小村欣一の趣意書によって、国民文芸会の理念は「民力涵養運動」と強く結びついていることが図らずも露呈

してしまった、と言える。社会の耳目も、国民文芸会とは政府・内務省の意を受けた御用グループなのではないのか、ということに集中し、そのことを憂えている。

国民の精神生活の自由発達に対する直接の障害物として、〔略〕為政者が時として巧妙なる手段を用いて、表面上一応有利なる動機に出ずるがごときふうを装い、実は隠微の間に国民の思想、道徳、風俗、娯楽などのごときものの上に一種の勢力を及ぼし、果ては学術、文学、芸術の方面においても、彼らが希望するとおりの傾向を作らんと腐心するにいたる危険を指して言うのである。〔略〕我らの極力反対せんとするのは、官僚の支配欲擁護のための社会政策なり、国家社会主義なりである。〔略〕国家がその権力によって、国家機関を通して、直接的行動をもって国民の思想、学術、芸術の上に干渉を加えることの非なることは言うまでもないが、その他のいま少し間接的な手段方法によって、隠微の間に種々の計策をめぐらし国民の思想とか、学問とか、芸術とかの上にある傾向を作ろうとするが如きことも多大の弊害の源泉となるべき運命を持っているものである。（大山郁夫「原内閣と思想問題」、『我等』第一巻第七号〔大正八年五月十五日〕、一九一九年、三四―三六頁。傍線引用者、以下同）

図⑤　大山郁夫

大山郁夫（一八八〇―一九五五〔図⑤〕）は、東京専門学校（早稲田大学の前身）卒業後、欧米に留学し、吉野作造（一八七八―一九三三）たちと黎明会を結成し、雑誌『我等』を創刊して民本主義を唱えた、社会運動家、政治家だ。大山は、国民文芸会の方針にきわめて懐疑的だった。政権側が国民の思想、文芸に直接手を下して干渉するのは言語道断だが、彼の懸念はそこにはない。そのような事態ならば、彼が憂えるまでもなく一目瞭然に政権側の非が認められるからというのだ。彼が懸念しているのは、「国民の思想、道徳、風俗、娯楽」に知らず知らずのうちに、しかも国民のためにそうするのだといった態度を装って国家が入りこみ、国家に望ましい流れを作り出し、思うような方向に導いていくことだ。統治者は、それを、「社会政策とか国家社会主義とか」と呼ぶかもしれないが、所詮、統治者の民衆対策であり統治政策なのだ、と看破している。

一般大衆が目にする機会の最も多かったメディア、新聞は、どのように「国民文芸会」誕生のニュースを報じていただろうか。一九一九年(大正八年)四月の国民文芸会披露の会における小村欣一の発言は次のように報じられている。

〔略〕日本が強大国として将来世界の舞台に雄飛するには従来の形式のみばかりでなく、真に日本人の精神内容を充実せしめなければならん、⑶と冒頭《まくら》を置いて今回の国民文芸会の運動もその趣旨を貫徹せしめる一助であること、而して事業としては各興行師俳優などと協議の上特別興行を催して内容の立派なる芝居を安価に下級民にも容易に見物せしめる実行方法、〔略〕脚本検閲をもっと常識あるものに任すことなどの事業を着々実施することなど〔略〕

(『読売新聞』一九一九年〔大正八年〕四月二十二日)

〔略〕〔国民文芸会の活動計画には〕才能があって世に知られぬ作家や、俳優を養成したり奨励したりすること、脚本の新作ならびに適当な脚本の推薦、子どもないし労働者のための娯楽、機関設立などを数え、文芸芸術によって日本現代の社会を指導しようというは、なかなかえらい抱負のものである。

(『朝日新聞』一九一九年〔大正八年〕四月二十二日)

それぞれ濃淡があり、いかにもこのメディアらしい皮肉が効いた表現が用いられているが、国民文芸会に対する危惧を新聞も共有している。先に見た小村欣一の会発足趣意発言とともに、この報道によって国民文芸会がどう見られていたかが、かなりはっきりと分かるのではないだろうか。「民力涵養運動」や国民思想陶冶政策を外部から支援する機能を、一見それと悟られぬようにカムフラージュしたものを「国民文芸会」はもっていると思われているのだ。

国家のためといい、芸術のためという理想から生まれ出た国民文芸会も国家のためという一枚看板におっかぶされてしまい、尊い芸術も官僚の踏み台に汚されてしまうのじゃないかと、野次連が頭痛を病んでいるのには目もくれず、発起者は順序を追って実現に努めている。帝劇や歌舞伎座を開放すると同じような格で、立派な芸術を安く下級の者にも見せてくれるというのであるから、発起者側の骨折りも並大抵ではあるまい。〔略〕「一部の人士が杞憂するように芸術が官僚の踏み台にされるなぞのことは絶対にない、〔略〕」と小山内氏は抱負を語っていた。

（『読売新聞』一九一九年〔大正八年〕四月二十八日）

この記事は、国民文芸会が俳優を招待して行われた懇談会を取り上げている。砕けた口調で書かれている引用部分前半部のことをこそ、大山郁夫も案じていたのだ。このような観測が『読売新聞』という一大メディアに登場していることは、それが単に一記者の杞憂にとどまるものでなく、ここに記されている不安を一般の人たちも共有していたと考えていいだろう。

この記事には、もう一つ注目すべき点がある。発起人の一人である小山内薫のそのような危惧に対する反論がそれだ。国民文芸会に参加している文芸関係者は、政治家や官僚といった統治者側の人間に利用されているだけなのではないかという、一般に広まっている不安に対し「それは杞憂だ」と小山内が述べたというのだ。本章でここまで見てきたように、国民文芸会と「民力涵養運動」が浅からぬ関係にあることは明らかだ。そのような状況分析を踏まえて記者はこの記事を書いている。記者は、この日小山内の述べた内容では、「芸術が政治の踏み台にされる」のではないか、という危惧を払拭できなかったのだ。だからこそ、この記者は「と小山内氏は抱負を語っていた」という冷めた目で、小山内発言があったという事実のみを伝えているのだろう。

また、記事自体はデマ報道なのだが、国民文芸会がどのように見られていたかを感じさせる記事がある。

「脚本家招待会の噂」
〔国民文芸会の〕理事諸氏は今月〔一九一九年五月〕の帝劇の古典劇「呪《のろい》」で近衛の仕官が教主の娘を刺し殺すのは弑虐《しいぎゃく》罪を教えるものだといってこれを改めさせ、侍従長の娘をその教主の娘に殺させるのは残酷だといってこれまた侍従長の姪ということに改めさせるなど、大いに忠君愛国主義をまず鼓吹したそうだ。
（『読売新聞』一九一九年〔大正八年〕五月十三日。文頭の「」内は見出し文字、以下同）

これは、いい加減な情報源から得た情報に基づくニュースだ。「噂」と記事に謳ってあるので、構わなかろうとでも思ったのか、いかにも悪意に満ちた報道だ。このでたらめ報道には、すぐに国民文芸会側から反論が出された。反論記事が、同じ『読売新聞』に二日後に出るということ自体が、先の記事のいい加減さを読売新聞社自身が認めたことになるだろう。ただここで指摘したいのは、記事のいい加減さではない。この文章が、不特定多数の読者が目にすることを前提として書かれていることを考えると、国民文芸会は、大いに忠君愛国主義を鼓吹しそうなものだ、という考えがある程度は一般に広まっていたのではないかと言えることだ。一般の人々に、国民文芸会は、「忠君愛国」といった政府の御用機関に似合いのスローガンを唱えかねないグループだという印象を持たれていたわけだ。

では、前身の「劇友会」に所属していて国民文芸会を立ち上げた小山内薫たち文学者は、このような社会の冷淡な目にもかかわらず、なぜ国民文芸会を作り、敢えてそこにとどまり続けたのだろう。小山内たち文学者にとって国民文芸会はいったいどのようなメリットがあったのだろうか。その疑問に切り込む前に、国民文芸会が具体的にどのような活動を行ったのかを見ていきたい。

## 三 「国民文芸会」の活動

国民文芸会が実際に行っていた、「脚本家、俳優、監督者、大道具などの優秀なものを毎年表彰する」活動は、いかにもこの種の団体に似つかわしいものに思える。国民文芸会は、毎年「国民文芸賞」なる「賞」を彼らが優秀と認めた演劇関係者に、のちには他のジャンルの芸術家にも授与していく。この団体の活動がそこにとどまっていれば、あまりに想定内のことで、この会について、ここでこうして取り上げることもなかったろう。国民文芸会は、「文芸の振興によって国民の思想生活に、堅実と弾力を与え[4]」るという大上段に振りかぶった目標を掲げ、その達成のために、数ある芸術ジャンルのうちから「社会的影響が最も広く深い」という理由で、まず演劇を取り上げている。自分たちは、文芸（芸術）を盛んにすることによって日本の社会を指導していくつもりだが、まず、「演劇刷新」をするのだ、という当初の宣言通りの活動を展開していく。

そして、演劇を刷新するための具体的なプランとして、公演時間の制限（短縮）、上演脚本検閲の廃止、幼児の入場制限、観覧税（観劇税）の軽減といった目標を掲げ、その実現を当局に働きかけていく。芝居などの公演全般の興行を管轄担当しているのは、警視庁だ。警視庁を傘下に置く上級官庁は、内務省だ。その内務省の大臣は、床次竹次郎だ。国民文芸会の相談役が管轄省の大臣を務めているのだから、ことはすんなり進みそうなものだが、警視庁は、当事者の利害が複雑に絡んでいるこの問題に消極的で、手をつけることを渋っていた。

公演時間・上演時間の短縮と言われても首をひねる方が多いかもしれない。国民文芸会がこのような提言をするまで、芝居の上演時間は長くなると八時間にもおよんでいたという。太陽光を照明としていた江戸時代の歌舞伎は、日の出から日没まで演じられることもあった。その伝統がこの時代にも生きていたわけだ。現代からすると信じられないほどに長い時間だ。「公衆の経済および衛生」のために「開演時間を五時間以内に制限」することに国民文芸会は専念する。大上段に振りかぶって公言した「演劇刷新」の具体策というのは、なんだ、それだけのことか、と拍子抜けして思えるかもしれない。だが、既存の利害関係が複雑にからんでいて、ことはそう簡単に運ばなかった。上演時間制限に反対したのは、劇場経営者・プロモーターだった。

国民文芸会は、一九二二年（大正十一年）、演劇公演時間を制限するよう当局に申し入れる。事態は、次のような経過をたどった。この年の五月に国民文芸会の小村欣一が、「演劇改善」を求める論文を発表する。七月に国民文芸会の話し合いがもたれ、会として「演劇公演時間短縮問題」の解決を目指すことが決められる。八月に、劇作家協会と国民文芸会の演劇改善実行委員が堀田警視総監を訪問し、公演時間短縮についての意見書を提出する。(5)

それに対する警視総監の回答は、

運動の趣旨は結構と思う。各方面の一致で実現されたら、民生活の向上もできよう。警視庁令の改正を要す

> る以上、時期、方法、手段に関しては早速研究する。笹井保安部長は旅行中だが幸い管下の各所長《〔ママ〕》が今集まって茶話会を開いているからそれぞれ意見を聴取してみよう。(『読売新聞』一九二二年〔大正十一年〕八月八日)

というものだった。いかがお読みになるだろうか。遠回しな言い方をしているが、やはりこれは、総論賛成、各論反対とは言わないまでも、協力を渋っているとしか思えない答えぶりだ。管轄下の警察署長が茶話会を開いているところだから、そこで署長たちの意見を訊いてみようというのだ……。署長会議の目的を部外者に明らかにしたくないから、「茶話会」という警察とは無縁なほのぼのとした表現を持ち出しただけなのかもしれない。だがそれにしても、国民文芸会の提案は、「茶話会」で話題にするほどに軽く見られたのか……という思いがしなくもない。

この後、小村欣一が後藤警保局長と会見し、国民文芸会の演劇改善の意見書を提出し説明する。後藤警保局長も賛同し、「まったく同感だから警視総監とも相談しよう」と即答する。なお、警保局とは内務省の部局の一つで、警視庁は東京府(東京都)の警察を管轄する内務省の地方官庁の一つだ。それぞれのトップである警保局長と警視総監は、内務次官と並んで「内務三役」と呼ばれた要職だった。内務省事務方トップの三人のうちの二人までが賛同を表明してくれたわけだが、これ以降十二月になるまで、四か月もの間この問題は進展を見せない。十二月に入って、やっと、国民文芸会、劇作家協会と興行プロモーターである劇場経営者が警視総監以下、警視庁の関係官僚と顔を合わせて、話し合いがもたれた。協議は三時間にもおよんだのだが、紛糾してしまい結論にいたらず、問題の再確認が行われ、委員が選ばれただけで散会した。それから二週間後に、選ばれた委員による演劇改善第一回分科会が開かれるが、またもや、議論が紛糾して結論にいたらない。その翌日、警視総監を交えて上演時間短縮についての委員と俳優たちの協議会が開かれ、俳優たちは時間短縮に賛成する。

その四日後、年も押し詰まった十二月二十六日に、国民文芸会、劇作家協会と興行プロモーターとの演劇改善第二回合同協議会が開かれる。この日の協議会が転換点だった。警視総監が改正案を提案するが、この改正案が国民文芸会の提案内容に沿ったものだった。翌一九二三年（大正十二年）の一月末に警視庁が「新庁令」を発令したことによって、公演時間の制限・短縮がやっと実現する。演劇公演時間は、国民文芸会が求めていた通り、五時間を上限とすることに規定されたのだった。大げさに言えば、警察権が発動され、公的強制力の手助けがあって初めて、この懸案事項が解決したのだ。国民文芸会は、劇場経営者・興行プロモーター側との利害調整に手間どり、異常なほどに時間がかかった上に、結局、話し合いによる合意を達成できなかった。国民文芸会は、劇場経営者・プロモーターの説得に失敗したのであり、両者の協議は実務レヴェルでは決裂してしまったのだ。かたくなだった劇場経営者が妥協して、この問題が一応の解決を見たわけだが、彼らが公共のために、自らの既得権益に目をつぶって妥協したわけではなかったろう。国民文芸会に内務省出身官僚が所属していて、床次内務大臣という後ろ盾がついていたからこその結果だったろう。あるいは、劇場経営者・プロモーターが妥協せざるを得ない事態を作り出したのは、床次内務大臣の下役である警視総監だった、とも考えられる。

いずれにしても、国民文芸会が、独断でというわけではなく、利害関係をもつ関係者と協議し妥協点を探るというプロセスをへつつ、当局に働きかけて、最終的に新たな政策を成立させたのだ。内務大臣・床次竹次郎が相談役という後ろ盾についていたからこそ、警視庁は、国民文芸会提案寄りの新庁令を出したのだ、と考えるのが自然ではないだろうか。妥協点を探っての協議会が繰り返し開かれたが、会議はそのたびごとに紛糾して終わっていた。つまり、国民文芸会の上演時間短縮の試みは失敗していたのだ。それにもかかわらず、警視総監の鶴の一声が国民文芸会サイドの提案を支持したから、国民文芸会案が通ったのだ。

ここで再び、前に提起しておいた問いに立ち帰ってみよう。小山内薫をはじめとする文学者にとって、政治家や官僚とともにこの国民文芸会を立ち上げ運営していくことは、かなりのリスクをともなっていた。論客も新聞も危惧していたように、政権側が、国民文芸会に所属している著名な文学者の知名度の高さを利用して、国民の思想や学問や芸術といった文化面に影響力をおよぼす、もう少し露骨に言えば、国民の文化方面を操作するというリスクだ。それは政権側の道具として利用されてしまうのではないかということだ。小山内薫をはじめとした文学者の側に立ってこの問題を眺めてみて、そのようなリスクに見合うだけのメリットはあるのだろうか。敢えて言うなら、それは国民文芸会に所属している政治家や官僚の政治的な影響力、政策決定力を利用して、自らがよかれと思ってなした提言を政策として実現させる、ということになるだろうか。まさに、今ここで取り上げているような事態こそがメリットということになるのかもしれない。ひょっとしたら政権側に利用されるかもしれない、というぎりぎりのところで、逆に自分たちの方こそが、政権を利用して、思うような提言を政策として実現させていこうという意図をもっていたのではないだろうか。

すでに取り上げた小山内薫の「一部の人士が杞憂するように芸術が官僚の踏み台にされるなぞのことは絶対にない」という発言は、そのあたりの心情を語ったものととらえることができる。「虎穴に入らずんば虎子を得ず」の心意気ということになろうか。小山内薫たち文学者は、真摯に芸術の発展を考え、演劇の刷新を目指して、決死の思いでまさに「虎穴に入った」のだ。

## 四　「国民文芸会」の文化政策的な視点

「国民文芸会」は、『国民文芸会会報』を出していた。十五ページ弱の小冊子で、一九一六年（大正十五年）一月から一九二八年（昭和三年）四月まで十七冊が定期的に刊行されていた。会員向けの非公開の冊子なのだが、

「国民文芸会」がどのような視線を世の中に向けていたかが明らかになるような記事も掲載されている。

たとえば、一九二八年（昭和三年）一月の同会報第一五号には「市内娯楽機関の現状」という記事が載っている。東京市（東京都二十三区の一部からなるこの当時の行政区分。千代田区、中央区、港区、新宿区の一部、文京区、台東区、墨田区の一部、江東区の一部から構成されていた）の統計課の調査資料に基づいて、一九一八年（大正七年）から一九二六年（昭和元年）までの、劇場と映画館の数および入場者数の変遷を眺めつつ、比較と分析を試みている。この記事が書かれた一九二八年（昭和三年）、日本は一九二〇年（大正九年）に始まる第一次世界大戦後の戦後恐慌に端を発する長期不況の真っただ中にあった。世の中はまさに不景気一色だった。「ここ数年にわたる不景気がどの程度東京市内の娯楽機関に影響しているかについて統計課が調査したところによると」という統計資料の出所を明らかにした一文で、このレジャー施設の動態分析記事は始まっている。ここにすでに、「国民文芸会」の姿勢が明らかになっている。世の中は不景気なのに劇場の数も、映画館の数もどちらも増えている。が、入場者数を見てみると、劇場への入場者数が減っているのに対して、映画館への入場者数は増えている。これは、「一般市民が入場料の高い劇場から安い娯楽に移ったためで、明らかに不景気のためであることを物語っている」と分析している（『国民文芸会会報』第一五号、昭和三年一月、一一―一二頁）。

この記事が導き出している分析結果は、しごく真っ当で、きわめて常識的な結論なのだが、ここで指摘したいのは、このような不景気状況下における一般大衆の娯楽の変遷を調査、分析するという姿勢を「国民文芸会」が持っているという事実だ。現代で言えば、まるで、総務省統計局の国民娯楽・レジャー調査のような視点からなされている分析ではないか。政府の一機関の調査報告書かと見紛うような記事を「国民文芸会」は非公開の会報で記していることになる。この記事は、国民文芸会が文化政策的な視点をもっている、あるいは、文化政策を導き出す前段階の現状分析的な視点をもっているのだということを雄弁に伝えてくれている。

## 五　原敬内閣の立ち位置

国民文芸会が結成された一九一八年（大正七年）は、後世「大正デモクラシー」と呼ばれることになる民主的な雰囲気が社会にただよっていた時代で、原敬内閣が誕生したのと同じ時期だ。その十数年前、日露戦争が終わった一九〇五年（明治三十八年）に一大騒擾事件が起こった。日露戦争終結後のポーツマス講和条約の締結条件に不満をもち、激昂した人々が、内務大臣官邸や講和賛成を表明していた新聞社を襲撃し、警官隊や軍隊と衝突した。東京に戒厳令が敷かれるほどの大事件となったこの騒擾は三日の間続き、騒擾参加者（というか暴徒）は数万人とも七、八万人とも報じられている。世に言う、「日比谷焼打ち事件」〔図⑥〕だ。この騒擾事件の原因は、「あれだけの犠牲を押しつけられて、やっとの思いで勝利を手にしたというのに、賠償金も取れないのか」という感情的な不満だけではない。日露戦時から戦後にかけては、増税が相次いだ時代だった。一九〇五年（明治三十八年）一月に「非常特別税法」が戦時時限立法として実施されたが、戦争終結後も延長して実施され続けた。一般大衆の日常生活に直結する過酷な増税政策も、人々を騒擾へと駆り立てた原因の一つだった。この後も、都市にあって騒擾事件がたびたび発生し、一九一八年（大

図⑥　日比谷焼打ち事件「巡査派出所焼打ちの実況」（『東京騒擾画報』近事画報社、1905年）

図⑦　米騒動。岡山県の例、襲撃された岡山精米所

正七年）の米騒動〔図⑦〕に至るまで頻発しているが、それは、社会状況が好転しないまま一般大衆の不満がたまりにたまっていることの反映でもあった。

　このような社会情勢を背景として起きたのが、米騒動だった。この一大騒擾事件は、米の値段が異常に高騰[6]したことが原因となって、富山県の日本海沿岸の人口一万数千人規模の中小都市に始まり日本全国に飛び火した。米騒動は、鎮静までに二ヶ月あまりを要し、時の政府、寺内正毅（一八五二—一九一九）内閣が総辞職してその責任をとらざるを得ないほどに燃え上がった。「大衆」の力が内閣を総辞職にまで追い込んだのだ。政府はこれ以降、「大衆」という一大社会勢力とどう向き合い、それをどう治めていくかということを真剣に考え始めただろう。総辞職した寺内内閣を継いで誕生したのが原敬内閣だった。

　内閣首班（首相）は、現在では、国会が国会議員の中から議決によって指名するよう憲法で定められている。つまり、選挙によって最大多数となった政党の党首が首班（首相）となって、内閣を作り上げる。だが、この当時は、明治維新の立役者である元勲などからなる「元老」たちが決めていた。元老が首相となるべき人物を天皇に推薦し、天皇からその人物に組閣の「大命が降る」という仰々《ぎょうぎょう》しい形をとっていた。時期によって異同があるが、大正時代半ばの「元老」は、山形有朋（一八三八—一九二二）、松方正義（一八三五—一九二四）、西園寺公望（一八四九—一九四〇）だった。寺内正毅内閣が総辞職した後、原敬を首班に指名したのも、彼ら元老だった。

原敬はしばしば「平民宰相」とマスコミに祭り上げられていて（原は爵位を受けることを拒んでいたのだから、なるほど「平民」に違いはなかった）、当時社会にただよっていた「大正デモクラシー」という雰囲気にいかにもぴったりの人物が首相になったかのように思える。世の人たちは、「満を持しての真打ち登場！」とでも歓迎したい気分だったかもしれない。だが、政権側から見れば、世の中は、さほど安定していたわけでもないし、安穏とした空気の中にあったわけでもなかった。大衆が立ち上がって異議申し立て行為を行うことによって、内閣が倒れてしまうほどだったのだから、政治に関わる側は、「大正デモクラシー」なる雰囲気を民衆とともに謳歌しようという気持ちでなかったことだけはたしかだ。産声を上げたばかりの原敬内閣にとって、世間にただよう「デモクラシー気分」の波に乗ってなにをしでかすか、政権にどう楯突くか分かったものではない民衆にどう対処するか、一般大衆をどうなだめすかして、牙をむかないようにうまく操縦するか……は、自らの存在を左右する喫緊の課題だったのだ。

そのように一般大衆の暴発を懸念せざるを得なかった原敬にとって、国民文芸会は「使える」、と思えたのではないだろうか。もちろん、原内閣の大衆（暴徒予備軍たる大衆）懐柔を視野に入れた文化政策面を援護する立案グループとして、という意味でだ。原が「渡りに船」とばかりに国民文芸会に乗った、というよりも、むしろ、仕掛けたのは、原敬―床次竹次郎サイドではなかっただろうか。ゆったりとした演劇ディスカッション・グループ「劇友会」に目をつけ、そのグループに働きかけ、そのちんまりとしたプライヴェートなグループを、「国民文芸会」という大所帯の、みごとな一大集団に変貌させたのは、原敬であり、床次竹次郎であったように思える。むくつけに言ってしまうなら、まさに大山郁夫や新聞メディアが懸念していたように、寺内正毅内閣倒閣の勢いを駆って、政権に楯突くかもしれない民衆を統治し宥和するための社会政策、文化政策の担い手として国民文芸会を原敬は位置づけていたのではないだろうか。むくつけついでに言うと、原敬内閣は、もう一枚、閣外カードとでも呼べそうな閣外協力団体をもっていた。いや、作っていた。

## 六　原の懐刀・床次竹次郎と「大日本国粋会」

国民文芸会が誕生してから半年後の一九一九年（大正八年）十月に、「大日本国粋会」という右翼団体が結成されている。大日本国粋会は、関東、関西の主だった土木請負業者を中心とし、全国の土建業者や博徒《ばくと》を統合した暴力的右翼団体だ。実態は、博徒、侠客《きょうかく》という言わば裏社会の人員を統合した暴力団体なのだが、党派を超えて団結した純国家主義思想団体という体裁をとり、自己を伝統ある「侠客」と認識し、行動することを根本信条とした。博徒や侠客が一致団結して統合集団を作ったというところに妙味があり、またなんらかの意図を感じる。会の綱領（自らの団体の指針を「綱領」と名づけたところに彼らの強烈な矜持を感じる）を書いたのは時の皇太子（後の昭和天皇裕仁）の教育係を務めた、杉浦重剛《じゅうごう》(7)（一八五五―一九二四〔図⑧〕）だ。彼は、皇室崇拝を核として、彼ら独特の生きざまを「仁侠道」という行動様式に昇華し表現して、それを加味して彼らの綱領を書き上げた。杉浦は東宮御所で皇太子に儒教中心の倫理教育を施した人物だ。これほどの人物がこの会の理論面を固めているのだから、大日本国粋会を単に、東西の裏社会に属する人士が大同団結して作り上げた暴力団と片づけてしまえない面がある。杉浦の書いた綱領は三項目からなる。

・大日本国粋会は意気を以て立ち、任侠を本領とする集団である
・皇室を中心とし、広く同志を糾合し、国家の緩急に応じて奉公の実を挙げることを期する
・生活問題を解決し、労資協調を目指す(8)

大日本国粋会は、杉浦作成になるこの綱領によって理論武装し、さらに、右翼の巨魁、頭山満《とうやまみつる》（一八五五—一九四四〔図⑨〕）を顧問に迎えることによって、右翼団体としての外貌を整えた。それにしても、このような団体に時の内務大臣・床次竹次郎が、どう関わっているというのだろうか。

実は、大日本国粋会には床次のみならず原敬内閣自体が大きく関わっている。まず、当の床次は会の「世話人」として会創設の根回し役を務めた。床次は絶大な権力を掌握する内務大臣でもあるのだ。さらに、原内閣の司法大臣・大木遠吉《えんきち》伯爵（一八七一—一九二六）が会の「総裁」に、原や床次の属する政党、立憲政友会の幹事長を務めたほどの老練な政治家、村野常右衛門《つねえもん》（一八五九—一九二七）が「会長」に就任した。大日本国粋会には床次が単独で関わったわけではなく、原敬も当然この会を認めていたに違いない。あるいは、後述するように、原敬はこの会の存在を黙認していたどころか、それを組織した中心人物であった可能性すら大いにある。

大日本国粋会の活動は、労働争議に暴力的に介入し、社会主義者を襲撃し、部落解放運動を襲撃するなど蛮行・暴力行為そのものだ。さらに、大日本国粋会の活動で目立つのは、選挙妨害だ。原も床次もともに、伊藤博文（一八四一—一九〇九）が自らの与党として創立した立憲政友会という政党に属する議員だった。原や床次が既存の暴力的組織である大日本国粋会に働きかけて、立憲政友会のために対立党の選挙妨害を行わせたと考えることもできる。だが、視点を逆にして、原敬や床次竹次郎が自らの政党、立憲政友会に有利になるよう他党の選挙妨害を行わせるために、大日本国粋会という暴力的右翼団体を結成させたと見る方が、あらゆることがうまく説明できる。そのような視点から眺めると、現職の閣僚が二人（床次内務大臣と大木遠吉司法大臣）、

図⑧　杉浦重剛

図⑨　頭山満

党の重職を務める政治家（村野常右衛門）がこの「大日本国粋会」なる会の設立に積極的に関わっている不思議さもすんなり納得できる。むしろ、そのように考えないと、原が自らの内閣と自らの党を挙げて、大日本国粋会にこれほど「てこ入れ」している理由が見つからない。

さらに、折からのデモクラティックな雰囲気の波に乗って生まれた民主化運動勢力への敵対勢力として、反デモクラシー組織、デモクラティック勢力破壊組織として、原は彼らを機能させたのではないだろうか。大日本国粋会は、活発に活動していた部落解放運動と「たまたま」衝突を繰り返し、各地の労働争議に執拗に暴力介入したうえに、選挙妨害までしたのだ、彼らのデモクラティック勢力への蛮行はあくまでも「偶然」の産物なのだ、というとらえ方は、皮相的に過ぎよう。彼らのデモクラティック勢力に対する暴力行為は、彼らが自ら立案、実行したとは考えにくい。大日本国粋会という暴力組織は人為的に作り上げられたのだ。原内閣は、内閣ぐるみで官製右翼団体を組織したのだ。原敬は、自らの内閣を挙げて、政権維持のため、ありとあらゆる敵対勢力に徹底的に圧力をかけるべく大日本国粋会という暴力団体を作ったのだ。大日本国粋会の生みの親は、実は、原敬その人だったのだ。だからこそ、懐刀である内務大臣・床次竹次郎を世話役に据え根回しをさせ、司法大臣・大木遠吉を総裁にし、党の幹事長まで務めた村野常右衛門を会長に就任させることによって、大日本国粋会の体面を整えたのだ。彼らに「右翼」という衣装を敢えてまとわせたのは、デモクラティック勢力と敵対してもおかしくない態に見せようとするためだったのであり、その上で普通選挙運動や労働争議や部落解放運動に暴力介入させたのだ。頭山満を顧問にかつぎだしたのも、綱領執筆者として杉浦重剛に白羽の矢を立てたのも、皇室重視を前面に押し出した（国粋主義者・杉浦が綱領を書いたということになれば、だれしも不自然さは感じない）のも、すべてがこの一点に集約される。このように考えれば、すべてがすんなりと納得できる。現に、この「官製」暴力団は、警察権力が介入できない場面で、政権の意に沿ったとしか思えない暴力行為を繰り返した。警察のトップに立つ内務大臣・床次が世話役となり、時の法務大臣がその総裁を務めている以上、大日本国粋会にとってこれほど不法暴力行為を繰り出しやすい状況はありえなかったのではなかろうか。

当時の最大報道メディアである新聞は、まだ「会」の名称も定まっていないころから、この組織の動向を注視していた。少し長く引用する。

落語家や浪花節語りと会見接触を図った床次内相は今度方面をかえて全国の侠客親分連を招くべく秘密裏に奔走したとか。その結果35名の侠客連は〔一九一九年十月〕9日朝、東京駅に着き、ひとまず烏森の吾妻屋旅館に落ち着いた。〔略〕

やがて〔略〕内相会見に対する意見をまとめるための協議会を開いたまでは至極無難であったが、「床次内相から招かれて出向かったのである」と言うに、当の内相側は「招んだんではない。侠客側から会見を申し込んだのだ」と主客が宙に迷った〔略〕「我々の上京は内相に呼ばれたのだ」ということになって、会見時の午後3時も過ぎてようやく6時半自動車を連ねて内務省に乗り込んだ。

会場の応接間に揃うと床次内相現れまず米沢秘書官が「多忙の皆様がわざわざ上京されて内相閣下に会見を申し込まれたについて…」と挨拶があると、鼻息の荒い名古屋の宇野安太郎氏は「それは話しが大変違っています」と内相に招ばれて上京したのだと力説すると、内相は濃い眉毛をビリッと動かして「自分は皆さんを招んだのでは断じてない」ときっぱり言い切ったので、流石の侠客連もあっけにとられて意見の交換どころか、たった2、3分間にらみ合っただけで烏森の吾妻旅館に引き取った。

（『読売新聞』一九一九年〔大正八年〕十月十日）

記事冒頭の「落語家や浪花節語りと会見接触を図った床次内相は今度方面をかえて全国の侠客親分連を招くべく秘密裏に奔走した」という表現に、床次竹次郎とこの「会」の深い関係を新聞メディアがつかんでいることが表れている。まさに床次は、大日本国粋会という組織を作り上げ、まとめ上げるべく、表沙汰にならぬように、だが「奔走」したのだ。「落語家や浪花節語りと会見接触を図った」は「国民文芸会」への床次の関わりのことを述べていると思われる（ずいぶんと皮肉な言いようであるが）。新聞メディアも、床次の国民文芸会へのてこ入れと、大日本国粋会への関わりを一連のものとして併置して捉えていることは、興味深い。

この記事は、「侠客親分連」が自主的に集まって床次内務大臣に会いに来たのか、それとも、床次が彼らを招いたのかを、テレビ情報番組のゴシップ・ネタよろしく面白おかしく茶化している記事に見えるかもしれない。だが、ここまで詳しく報じているからには、この記者は、事態の重大さに気づいていたのだ。事実は、床次側が彼らに声をかけて東京に呼び寄せたのだ。彼らには、東京に集まり、連合組織を作る積極的な理由が見当たらない。床次側には、そうするだけの十分すぎる理由がある。「表」の警察権力には不可能な、デモクラティック勢力を弾圧・抑圧し、物理的に打撃を与える（あわよくば、抹殺する）ことのできる尖兵組織を彼は必要としていた。デモクラティック勢力の運動は、一般大衆に引火して騒擾へと燃え広がらないうちにもみ消さなければならないのだ。

この翌日の記事が、大日本国粋会の生みの親がだれなのかを明確に示唆している。

「侠客内相の葛藤　原さんの砕けた挨拶に和らぐ〔略〕」
〔床次内務大臣が彼らを〕招んだ招ばぬの喧嘩も米田代議士が吾妻旅館に出頭しての陳謝で緩和され、侠客連はとにかく自動車で首相官邸に向かうことになった。これより先宇野、黒宮氏らの名古屋の硬派は容易に虫が納まらず、〔一九一九年十月十日〕朝8時高橋書記官長を訪《おとな》い、原首相なり床次内相の意見を訊《ただ》して何分《なにぶん》の挨拶が願いたいと申し込んだ。書記官長からは、午後3時「首相が会いたいから官邸まで来てもらいたい」という挨拶が来た。

それで一同36〔ママ〕名午後6時首相官邸に乗り込み、高橋書記官長、米田、長出両代議士も列席の上で奥繁三郎氏の紹介で一渡り顔合わせが済むと首相は、「諸君の来らるることはかねて米田君から聞いていた…」と砕けて出たので、呆気にとられた向きもあった。

（『読売新聞』一九一九年〔大正八年〕十月十一日）

複数の暴力団幹部に突如会見を申し込まれたからといって、一国の総理大臣がアポイントメントなしにすんなり会うことも不思議だが、「諸君の来らるることはかねて米田君〔自党、立憲政友会所属の国会議員〕から聞いていた…」と低姿勢で応じるのは、まさに前代未聞だろう。記者も原敬の予期せぬ親密な態度に驚いている。実は、原敬こそが彼らを東京に呼び寄せた張本人なのだ。彼こそが、彼らに全国規模の連合組織を作らせ、政権の走狗となって存分に力を発揮させるべく、彼らを手なずけようとしている人物なのだ。そうでなければ、突如会ってくれと言われたからといって、すんなり会うだけの理由がない。原が黒幕であり、彼らを全国から招き寄せたのも、大日本国粋会という暴力団体を組織させるのも、その組織に右翼団体のしつらえをさせるのも、すべて原の意思によるものなのである。そのように考えると、すべてがすんなり納得できる。

そして、いよいよ、会が創設される。新聞メディアは、その様を冷ややかに眺めている。

「50万の乾児《こぶん》で皇室中心主義の大団体の組織に着手す　関東の侠客連にも交渉中」

大挙して37〔ママ〕名の侠客親分連が上京して本舞台に入るに先立って内相との一芝居に景気を添えたが、〔略〕侠客連はこの機会を利用して全国から朝鮮、満州、台湾に散在する数万の親分と50万の乾児《こぶん》を打って一丸となす団体を組織して邦家のために貢献したらという議が起こり、〔略〕創立事務所を新橋烏森吾妻旅館に置いて中安前代議士がその衝に当たるという。しかして、この会は不偏不党皇室中心国家中心主義で起こったのだという結構な会であるが、政友会の代議士らが肝煎《きもい》りであったり、主立《おもだ》ち者が政友会系の人があるので、官製の会だという噂もある。

（『読売新聞』一九一九年〔大正八年〕十月十三日）

くどいようだが、記事には、「侠客連はこの機会を利用して〔略〕数万の親分と50万の乾児《こぶん》を打って一丸となす団体を組織して邦家のために貢献したらという議が起こり」とあるが、実態は、順序が逆だ。五十万人を超える暴力団員をまとめ上げるために、彼ら「侠客親分連」が全国から東京に呼び集められたのだ。彼らが全国組織を作ろうとして自らの意志で集まったのではない。そして「邦家のために貢献したらという議が起」きた態をしつらえた黒幕がいるのだ。新聞メディア独特の皮肉たっぷりの口調で「この会は不偏不党皇室中心国家中心主義で起こったのだという結構な会である」と褒め称える風を装い、記事は、「政友会の代議士らが肝煎《きもい》りであったり、主立《おもだ》ち者が政友会系の人があるので、官製の会だという噂もある」と真実を見抜いている。まさにこの記者の言う通り、大日本国粋会は、「官製暴力団組織」なのであり、新聞にこの記事が掲載されているほどだから、世間一般の人たちの目にもそう映っていたのだ。床次は「秘密裏に奔走した」つもりだったかもしれないが、天網恢恢、真実は知れ渡っていたのだ。

新聞はさらにもう一歩踏み込んで痛烈な意見を述べている。

「関西侠客」

「浪人」と「俠客」と「化け物」とは、とうの昔に消えてなくなったものと思っていたら、今度関西から36〔ママ〕人の俠客が、床次内相に呼ばれたとか呼ばれぬとかで、ともかくも太政大臣〔原敬総理大臣〕にまでお目通りをしておる。

俠客とか男だてとかいうものの生命は、講釈師流に言えば「弱きを扶《たす》けて強きを挫《くじ》く」で、権威に反抗していやしくも下らざるにある。呼んだか呼ばんかが疑問になるほどの話し合いで、すぐ上京するなどは、多少とも理由がなくてはかなわぬ。

その理由はこうであろうと思う。つまり〔略〕時代の強者として荒れ狂う民本家に対する内相が、時代の弱者であるという見地から、男の意地で、一つ「強きを挫い」てみようと、わざわざ36人が上京したものであろう。

内相が俠客諸君への話しの中にも、「お互いに国家のために」という言葉があったが、なるほど国家の大事業には、まだまだ浪人やら俠客やら、浪花節語りやら、ないしはとうの昔引き込んだと思われる化け物さえも、必要があるに相違ない。国家のためすべてが、鮮やかなご奉公ぶりを発揮することが肝要である。

（『読売新聞』一九一九年〔大正八年〕十月十四日）


軽妙洒脱な文体で書かれているが、この記事はみごとに核心を突いている。彼らが大挙して東京にやって来た理由をこの時事コラムは次のように説明する。「俠客」というものは、「弱きを援け強きを挫く」、つまり、長いものに巻かれず、権威や権力に反抗する存在と一般に認識されている。彼らは「弱者」を助け、「強者」に鉄槌を下すためにやって来たに相違ない。民主主義的な風潮に乗って「荒れ狂い」、力を振るっている「民本家」つまりデモクラティック勢力が「強者」であり、「弱者」は床次内務大臣なのだという観点に立って、彼らは「弱者＝床次を援け」「強者＝デモクラティック勢力を挫く」べく上京したのだ、とコラム記者は述べる。コラム記者は的確に状況を見抜いている。侠客たちが全国組織を立ち上げるべく東京に集結したのは、デモクラティック勢力や反立憲政友会勢力を「挫く」ためなのだ。この後に続く一連の大日本国粋会の活動は、まさにそのラインに沿っていたことを考えると、このコラム記者の慧眼に驚かされる。

床次が「お互い国家のために」と侠客たちに呼びかけた言葉を、「なるほど国家の大事業には、まだまだ浪人やら侠客やら、浪花節語りやら〔略〕も、必要があるに相違ない」と受け、「国家のためすべてが、鮮やかなご奉公ぶりを発揮することが肝要である」と大日本国粋会も国民文芸会も床次竹次郎と原敬の思惑通りに踊るであろう様をみごとに予想している。

## 七　大日本国粋会の活動

政権の陰の尖兵ともいうべき彼ら大日本国粋会の活動の矛先は、原内閣および床次内務大臣の思うところへと向いて行く。大正年間（一九一二―二六）は、「一般大衆」が社会の中で自己の存在を意識し、自己を、自己の利益を主張し、物理的な力を振るい始めた結果、社会勢力として認識されるようになった時代だ。そのような一般大衆パワーの爆発によって政権の座から退かされた寺内内閣の後に成立した原内閣にとって、一般大衆対策は、政権運営の基盤であり原点だった。一般大衆の労働環境における自己主張が労働争議であり、いわれなき差別をはねのけ自由と平等を求める運動が水平社などに見られる部落解放運動であり、一般大衆が政治面で自己の権利を主張し、政治面での自由と平等を求める運動が普通選挙運動だった。大日本国粋会は、これらのデモクラティックな運動に残らず暴力介入し妨害している。

原内閣、および原が拠って立つ立憲政友会は、いわゆる「普通選挙」制度の導入に反対していた。原内閣の下で、一九二〇年（大正九年）五月に総選挙が行われる。その選挙に臨んでの、床次内務大臣の地方長官会議における訓示には、床次が一般大衆勢力をどのように見ているかをうかがうことのできる発言があり、興味深い。床次は普通選挙制度導入に反対する理由をこう述べている、「普通選挙が実現されれば階級制度を打破することができ、政治全般を改善することができると考えて、普通選挙実現を声高に叫ぶ人がいるが、そのような考え方は思慮分別に欠け軽はずみで、そこには得てして危険な思想が潜んでいることが多い。そればかりか、そのような人たちは、普通選挙制度さえ実現すればなにもかもうまく行くと思い込み、他の事情を考慮する思慮に欠けている。そのような人たちの存在は国家の将来を考えると憂えざるを得ない」と。そして床次は現状（一九二〇年三月における）を次のように分析する。

現下我が国の情勢に察するに、ややもすれば外来思想のために動かされやすく民心不安を感ずる〔略〕今日のごときややもすれば国民思想の上に動揺を来たさんとするの恐れある〔略〕

（『読売新聞』一九二〇年〔大正九年〕三月十九日）

床次は、国民の「民心」は「不安」な状態にあり「国民思想」が「動揺」していると認識している。この文言が登場するのは、ここだけではなく、民力涵養《みんりよくかんよう》運動の際にも登場していた。同じ床次の発言なのだから、当たり前といえば当たり前かもしれないが、その民力涵養運動が国民文芸会にも大きく関わっていることを考えると、国民文芸会と内務省の国民統治の根本思想とが、床次を扇の要のようにしてみごとにつながっている様が見えてくるではないか。その国民統治思想の先には大日本国粋会が直結しているのだ。

その総選挙に臨んでの地方長官会議の翌日、床次は警察部長会議で同じように訓示を述べている。選挙の二か月ほど前、一九二〇年（大正九）三月二十日のことだ。その場で床次に続いて川村警保局長が訓示を述べる。警保局長による、部下である警察部長に対する発言は、床次内務大臣の意を受けているのみならず、むしろ内務省の意思そのものと言ってよい。

川村警保局長は、「言論の自由は尊重すべきで、それをむやみに抑え込むようなことをしてはならないが、言論の自由が絶対というものでもない。国本来のあり方に反し、国を破壊し、社会を乱す者は厳しく取り締まらなくてはならない」と述べる。そのように厳しく取り締まるべき対象、つまり、一九二〇年三月現在のように、「思想上経済上の大変動の時代にあって人心の不安定な状態に乗じて、危険きわまりない過激な思想を宣伝して、人心を撹乱しようとする」者とは、大正というデモクラティックな雰囲気が社会に満ちていた時代に、水を得た魚のように活動していた社会主義者、部落解放運動者、労働運動者たちを想定して言っていると思われる。彼らは、大日本国粋会が襲撃し暴力行為の的とした対象でもあるのだ。警保局長が取り締まるべきと想定している対象と、大日本国粋会が実際に襲いかかり暴力をふるった対象が奇妙な一致を見せている。

川村警保局長は、同じ訓示の中で、その大日本国粋会と思われる団体に対する「保護」を呼びかけ（なんと警察部長に対して！）、

> 政治に関する多衆の運動はみだりにこれを阻止すべきにあらず。その目的純良にして節制を保ち得べきものは適当にこれを指導して秩序あり訓練ある行動に馴れしむるを必要の措置なりと信ずるも、一面において多衆の行動不法にわたり延いて公安をみだるの恐れある場合においては必要なる制限禁止の処分を加えもって国家社会の安寧を保持するに努めざるべからず。
>
> （『読売新聞』一九二〇年〔大正九年〕三月二十日）

と驚くべきことを言っている。くどいようだが、警察部長にこのように呼びかけているのだ。「目的純良にして節制を保ち得べき」団体の民衆運動は、阻止してはならない、というのだが、その「目的」なるものが「純良」かどうか、「節制」をもって行動できるかどうかの客観的判断基準は、いっさい示されていない。多数集合した民衆が「公安」を乱しているかどうかは、現場の判断に任せるということなのだろうか。

社会主義者、部落解放運動者、労働運動者といったデモクラティック勢力を襲撃する大日本国粋会のような「御用・官製」右翼暴力集団を想定して、彼らを擁護するために敢えてこう言及したとしか思えない。それを裏づける次のような記事も掲載されている。

「民労会は認めぬが国粋会は内務省が御用団と認める
小橋次官「社会主義者に対して彼らが働いて行くのは当然だ」
しかし民労会も御用団と公言」

〔略〕神戸の国粋会は今度の労働争議に資本家側を助けるため青襷隊を作り武装して労働者の監視にあたるなど鼻息がなかなか荒い。従来民労会と国粋会とは一般から政府御用――詳しく言えば、内務省御用――のいわゆる侠客団と見られていたが、彼らもまたよくこれを公言して憚《はばか》らないのみか、暗に内務省から金銭上の保護あるごとくほのめかし、独立してはなにごとをもなさないが、内務省そのものの影のごとく局長の手足のごとく、内務省の嫌がりそうな集会などはきっと公然と出てきてその提灯《ちょうちん》と啖呵《たんか》とを見せる。まだひどいのは、〔国粋会所属員が〕公然凶器を携帯、ついには殺人をするまでになっても、なぜか出動した警察の手はこの方面ににわかに軟化してその狼藉《ろうぜき》は大目に看過されていたから自然世間もまた御用団として疑う者もなくなっている。

（『読売新聞』一九二一年〔大正十年〕七月十日）

まさにその名に恥じぬ「官製」暴力集団ではないか。ここで言及されている民労会とは、大和《やまと》民労会のことで、大日本国粋会と並ぶ暴力団グループだ。この記事は、大日本国粋会の本質を暴いている、「自らの意志で単独ではなんの行動も起こさないが、内務省の影のように、局長の手足のように、内務省が嫌がりそうな集会などには公然と現れて、自らの存在を誇示するため、会の名を記した提灯を見せ、威勢のよい啖呵を切る」のだという。そのような集会を蹴散らすのが目的なわけで、凶器を携行し殺人を犯す（！）こともあるという。その種の「狼藉」（もはや殺人犯罪行為だ）が「大目に」見られるとは開いた口がふさがらないではないか。殺人行為を取り締まらないとは、それではもはや警察とは呼びがたい。内務次官もインタビューの中で、世間のそのような見方を裏づける発言をしている。

〔大日本国粋会に〕金など一文もやりもしないし、なにごとも頼みもしない。内務省の影のごとくに出動すると言ったところで社会主義者のごとく従来の国家の状態を破壊せんとする者などに対しては彼らは彼らとして当然動くのであろう。彼らが内務省と関係あるなどと暗に言っているというが、そんなことは世間に非常に例の多いことで何も関係はない。

（『読売新聞』一九二一年〔大正十年〕七月十日）

この内務次官の発言は語るに落ちて、大日本国粋会は「内務省の影のごとく出動する」と認めているようなものだ。社会主義者はじめデモクラティック勢力に大日本国粋会のメンバーが襲いかかるのは、当然だという口ぶりだ。大日本国粋会は、内務省の陰の尖兵、内務省外郭傭兵部隊とでもいう存在だと公言している。

小山内薫たちの国民文芸会は、具体的に演劇改革の実を挙げることができたが、やはり床次竹次郎が介入して大組織に仕立て上げた感は否みようがないし、その演劇改革運動の成果にしても床次の後ろ盾があったからこそ実現したものだった。会設立時の床次の影響力は陰に陽に国民文芸会に終始つきまとったと思われる。実際には床次は一九二二年（大正十一年）六月に内務大臣を辞してしまうのだが、一般の人々の印象としては、国民文芸会が床次の主導した民力涵養運動および内務省と結びついているというイメージは、その後も長い間ついて回る。国民文芸会を、民力涵養運動の文化方面における広報組織として床次はうまく利用したと言えるだろう。

一方、杉浦重剛や頭山満までが担ぎ出され皇室中心右翼団体の衣《ころも》を着せられた大日本国粋会は、床次と、恐らくは、原敬が作り出した暴力組織なのだが、床次及び原敬内閣の陰の尖兵として存分に働いた。どちらの組織も、原内閣が誕生時から背負わされていた大衆統治政策の一環として用いられたのだ。国民文芸会には大衆を懐柔するための文化政策を担当させ、大日本国粋会には大衆の暴発を抑え治安を安定させる（大衆が具体的な異議申し立て行動に立ち上がる前に、その火種となるデモクラティック勢力の活動を暴力的に封じ込め壊滅させることによって）社会政策を担当させたのだった。その両者に関わりその生みの親となったのが、床次竹次郎であり、彼の推進した民力涵養運動だった。原敬内閣は、閣外も閣外、政治の領域外にいるこの両者を、オフィシャルでない社会政策・文化政策の両輪として機能させたのだった。

この章で述べたことは、いわゆる「パトロネージュ（パトロン行為）」という既存の概念からは、多少ずれるかもしれない。だが、原敬内閣は、国民文芸会と大日本国粋会という政治とかけ離れた分野の二組織を、陰に陽に支援しつつも十二分に利用したのだった。パトロネージュの対象を利するのみならず、自らもそのパトロンとしての行為からしっかり利益を得るという、原の示したこの行動パターンこそパトロンが本来なすべきパトロネージュ行為の本質だと言えるのかもしれない。

（1）鈴木商店は、一八七四年（明治七年）頃、鈴木岩治郎が創業し、その死後、妻や番頭らが発展させた商事会社である。後藤新平と結びついて、台湾で砂糖・樟脳生産を行って成功を収めた。日露戦争、第一次世界大戦中に投機的な経営を展開し、巨大企業に発展した。だが、一九二〇年（大正九年）、戦後恐慌で打撃を受け業績は落ち目になり、一九二七年（昭和二年）の金融恐慌で破産した。現在も存続・活動している元鈴木商店系企業は、双日（日商岩井）、帝人、神戸製鋼などである。

（2）掲載されていた演劇合評が有名な雑誌だ。東京の各劇場で行われる公演を批評した合評座談会が毎号載せられていた。この合評座談会は、一九一八年（大正七年）九月から一九二五年（大正十四年）四月までの七年（一九二三年九月の関東大震災の混乱期をはさんでいる）の間に六十二回開かれ、「国民文芸会」の理事である岡鬼太郎、小山内薫、久保田万太郎のほか、伊原青々園、永井荷風などが合評のメンバーを務めた。

（3）このあたりの「日本が強大国として将来世界の舞台に雄飛する」とか「真に日本人の精神内容を充実せしめ」という文言にも「民力涵養運動」との関連が色濃く見うけられる。

（4）一九一九年（大正八年）四月二十日の『時事新報』紙に、国民文芸会の発起人で会のシンボル的存在である小村欣一侯爵が述べた会結成に関するコメントが掲載されている（既述）。

（5）劇作家の地位と身分を保障するために一九二〇年（大正九年）に結成された。脚本料、脚本改訂料、上演料などを規定する規則をもつ。理事は、小山内薫、久米正雄、長田英雄、菊池寛、山本有三の五人。小山内、久米、長田の三人は、国民文芸会の発起人でもある。

（6）日本が産業革命の時代に入った明治末期以来、慢性的に米は不足気味だった。第一次世界大戦中の好景気により諸物価は高騰していたが、物価上昇に賃金上昇が追いつかず、実質賃金は下がっていた。米価は一九一七年（大正六年）末から上昇していて、シベリア出兵が宣言された一九一八年（大正七年）八月以降は、さらに急騰し三倍近くに跳ね上がった。米は当時投機の対象だったので、価格高騰に目をつけた投機家・米商人が米を買い占め、売り惜しみをしたことが、米価急騰の直接の原因だった。明らかに人為的に価格が操作されたために高騰したのだといえる。

（7）杉浦重剛に関する興味深いエピソードを紹介しておく。十五歳で大学南校（東京大学の前身）に入学して以来の友人の一人に、小村欣一の父親、小村寿太郎がいる。ハーバード大学に留学した小村寿太郎は、帰国後司法省に職を得るが、その後、外務省に移る際、杉浦が奔走したという。いささか美談めくが、杉浦と小村寿太郎は肝胆相照らすつき合いを生涯続けたのだ。その杉浦と寿太郎の長男・欣一が後に、このようなつながりをもつことになるとは、面白いものだ。

（8）この項目は、このような組織の綱領には唐突で不似合いに思えるが、労資協調という文言の「協調」の真の意味合いは彼らの具体的な行動の中で明らかになる。また、この項目は、彼らの労働運動への関わりの伏線として読むこともできる。

（参考文献）
有馬学『日本の近代4　「国際化」の中の帝国日本　1905～1924』中央公論新社、一九九九年
江幡亀寿編『社会教育の実際的研究』博進館、一九二一年
大笹吉雄『日本現代演劇史　明治・大正篇』白水社、一九八五年
同『日本現代演劇史　大正・昭和初期篇』白水社、一九八六年
『小山内薫全集』全八巻、臨川書店、一九七五年
『小山内薫演劇論全集』全五巻、未来社、一九六四年～一九六八年
国民文芸会『国民文芸会会報』全十七号（復刻版）、五月書房、一九九一年（原本は『國民文藝會會報』全十七号、一九二六年～一九二八年）
曽田秀彦『民衆劇場――もう一つの大正デモクラシー』象山社、一九九五年
同『小山内薫と二十世紀演劇』勉誠出版、一九九九年
大霞会内務省史編集委員会『内務省史全四巻』大霞会、一九七〇年～一九七一年
大正演劇研究会『大正の演劇と都市』武蔵野書房、一九九一年
『東京府　大正8年6月2日　郡市区長会議　注意事項』東京府、一九一九年

成田龍一『シリーズ日本近現代史4　大正デモクラシー』岩波書店、二〇〇七年
『早稲田文学』一九一九年六月号
『我等』第一巻第七号、一九一九年五月十五日

V 「中央」と「村」と

# 第13章 「相模の團十郎」たち

## 村芝居の興行

舘野太朗

## 一　相模の團十郎

かつて、梅沢富美男が「下町の玉三郎」として、あるいは若葉劇団の三兄弟が「チビ玉三兄弟」として売り出されたように、「玉三郎」ということばは、歌舞伎俳優の坂東玉三郎代々だけではなく、女方俳優全体を指す一般名詞のように使われている。それと同様に、「團十郎」は、俳優の大立者を指すことばとして使われていた。例えば、横浜のハンケチ芝居で活躍した市川荒二郎は「ハマの團十郎」と称された。この荒二郎は、二代目市川左團次との共演で知られる二代目市川荒次郎とは別人である。荒二郎は「山崎の合戦に敗れた明智光秀が自動車で逃げ、それを羽柴秀吉が飛行機で追う」(1)といった荒唐無稽な珍演出で知られた。「二銭団州」と呼ばれた坂東又三郎のように、芸風の面では團十郎を張ったというわけではない。当地の役者の大親分の意味で「團十郎」と呼ばれたのである。このような「團十郎」が日本全国にいたのであろう。本章では、「相模の團十郎」というべき、神奈川県下で名を売った大立者を手がかりとして、関東近郊で行われた村芝居興行の一側面について書いてみたいと思う。

## 二　神奈川県下の村芝居

本章で取り扱う村芝居とは、常設の劇場で上演される芝居ではなく、村落の神社等につくられた舞台や、家屋や空き地に小屋掛けして演じられる芝居を指す。

村芝居研究の先輩方は、村芝居の上演のために建てられた舞台を「農村舞台」と呼んできた。農村に限らず、山村にあっても、漁村にあっても、「農村舞台」と呼ぶことになっている。わざわざ括弧を付けたのは、この用語に納得がいっていないからである。しかし、調査、研究の経緯を考えると、現段階ではこの言葉を採用するのが合理的と言わざるを得ないため、仕方なくこの語を用いることとする。「農村舞台」の研究書『農村舞台探訪』の巻末には、「農村舞台所在地一覧表」が掲載されている。それによると、神奈川県下では、九十四件の「農村舞台」の所在が明らかとなっている。[2] この一覧表から漏れている舞台も数多くある。例えば、僕の住んでいる横浜市泉区中田の御霊《ごりょう》神社にも舞台があるが、収録されていない。葉山町一色の森戸神社〔図①〕には「一色会館」と称する階段状の客席を備えた舞台があるが、それも漏れている。とにかく言えることは、神奈川県下においては、村落に舞台のあることは珍しいことではなく、現在はほとんどなくなってしまったが、そこで芝居を上演することも普通だったのである。

図①　葉山町一色、森戸神社（2014 年／筆者撮影、以下同）

神奈川県下で村芝居がいつから始まったのかはわからない。文化・文政の頃には既に行われていたようだ。現・横浜市泉区上飯田の飯田神社では、一八〇七年の祭礼で芝居が上演されている。当地の名主飯島家の文書『大祭礼記録伝』によると、神額再興を記念して地域住民によって『三番叟』と『ひらかな盛衰記』が演じられた。同文書には、この六年前にも『姫小松子の日遊〔ママ〕』を上演したとあることから、毎年ではなく特別な祭礼で芝居をしていたようだ。芝居の上演にあたって、高座《こうざ》郡圓行《えんぎょう》村（現・藤沢市円行）から「外坐方連中」を、大住郡入野村（現・平塚市入野）から「指南方」として「野澤政八老」なる人物を招聘している。[3] 野澤というくらいだから、義太夫の三味線方だったのだろうか。詳しいことはわからない。少なくとも、このころには、圓行の「外坐方連中」や、入野の「野澤政八」のように、村落部にも芝居に通じた人物が住んでいて、村人の芝居を支えていたということがわかる。彼らは他所の村にも呼ばれていたはずで、上飯田以外でも芝居が行われていたと考えて差し支えないだろう。

村芝居には、地域住民が自分たちで演じる「地芝居」と、他所から一座を呼んできて演じさせる「買芝居」の二種類がある。これも「農村舞台」と同様に、研究者による分類であり、実際には「買芝居」を含めて村芝居全体を「地芝居」と呼ぶこともあった。村芝居というと、江戸時代から変わらずに地域住民によって芝居が上演されてきたかのように見られることもあるが、実際には担い手が変わったり、中断と復活を繰り返したりしていることも多い。神奈川県では、明治維新後に「地芝居」よりも「買芝居」が優勢となり、芝居上演を職業的に手掛ける者が現れる。これは俳優に鑑札が必要となったことと、芝居の上演に警察の興行許可が必要となったことが影響していると考えられる。

## 三　菊田伊左ェ門と市川新吾

座間の菊田伊左ェ門が中心となって結成した菊田座は、県下で村芝居を手がけた劇団としては早い事例であろう。飯島忠雄「地芝居」(4)、『座間の語り伝え芸能編』(5)をもとに、劇団の概要を見ていきたい。

菊田伊左ェ門は一八四四年に座間上宿《かみじゅく》(現・座間市座間)の農民の長男として生まれ、一八五六年に家業を継いでいる。一方で、芝居に熱中して近所の師匠に弟子入りして役者としても活動していた。その後、自分で芝居興行を行なうべく、一八八二年ごろに、横浜の賑座《にぎわいざ》の援助のもと、菊田座を旗揚げする。

このときに賑座が伊左ェ門に紹介した役者が市川新吾であった。新吾は本名伊藤悦次郎、一八六七年生まれ。資料によっては、新吾が五代目市川新蔵(一八六一年〜一八九七年)の養子であったとしているが(6)、一八六一年生まれの新蔵の養子としては年齢が近すぎる気がする。伊左ェ門は新吾に興行の段取りを任せ、座間の繭乾燥所を稽古場に借りて、新吾はそこに移り住んだ。新吾は旅役者の中から菊田座の座付役者を雇い、彼らも座間に住んだ。菊田座の役者たちは県内各地で興行をするほか、暇があれば近隣の人びとに芝居や義太夫を教えることもあったという。新吾の率いた菊田座の芸風について飯島忠雄は以下のように書いている。

役者の芸については、団十郎と義父新蔵の芸風を主として菊田座の芸の筋とした。ひらたく言えば菊田座の芸は団十郎の芸がかんばん〔看板〕だということである。抱えている役者の持芸も団十郎の芸風に自分で指導して直したという。新吾の当り役は権太、盛綱、熊谷、仁木等であった。新吾は小作の男であったので、舞台の履物は駒下駄を使ったという(7)。

伊左ェ門は一八九七年に菊田伊三郎を養子に迎え、興行を伊三郎に継がせている。一九一一年に伊左ェ門は亡くなるが、伊左ェ門の遺言によって、新吾は、夫と死別し実家に戻っていた伊左ェ門の三女ハマと結婚する。ハマには二人の連れ子がおり、そのうちの一人が帝劇女優となる菊田壽美子(一九〇四年〜一九八五年)である。新吾は一九一二年に市川市十郎の客分弟子となり、市川吉蔵に改名した。このころに壽美子は菊田座で初舞台を踏み、一九二〇年には帝劇附属技芸学校に六期生として入学している。このころの壽美子の印象を、河竹繁俊は以下のように記している。

入学したはじめの頃、みんな揃ったところで、脚本朗読をめいめいにしてみてもらった。そうすると、どうやら芝居のセリフらしく読めたのは、菊田さんだけでした。「ハハア、この人はちょっといけるナ」と思った。が、あとになって古い狂言作者から聞いたのだが、神奈川県下では、そうとうに鳴らした一座の太夫元の娘さんだというので、ほかの人たちが、まあズブの素人だったのにたいして、セリフがうまかったはずだと思いあたった。(8)

壽美子自身も寄稿している本に寄せた原稿なのでことさら悪くは書かないはずだが、少なくとも村芝居の経験は帝劇女優としてマイナスにはならなかったということが窺える。菊田座は関東大震災の翌年一九二四年に解散し、吉蔵とその一家は壽美子のいる東京に移った。その後も吉蔵は依頼さえあれば座間周辺にやってきたという。吉蔵は、一九四四年に亡くなっている。壽美子は祖父伊左ェ門と父新吾について以下のように書いている。

その父に見込みを付けました祖父伊左ェ門が傑物だったらしいです。昔、家の大黒柱を切って舞台を造り芝居をさせたような道楽がこうじて、その道で生活するようになり、そのころの木挽町歌舞伎座へ紫の風呂敷を首に巻き付け、楽屋の大いろりの前へ胡座をかき、役者を引き抜いてきたそうです。座間の太夫元に声をかけられるのが役者のバロメーターになっていたらしいのです。

〔略〕

祖父は師匠の居る方はどうにもできないので、小紅屋のなべうり弟子という立場の父に目を付け、死後を頼んだ訳なのです。祖父は父が好きで好きで、父が舞台に出ると自分はツケを打ちながら、他の見物人に向って自慢をしていたそうです。(9)

菊田座は太夫元（興行師）の伊左ェ門と座頭の新吾の双頭体制で運営されていた。惚れた役者を自分の許に住まわせ、死後のことではあるが娘と結婚させた。新吾にとって伊左ェ門は興行師であると同時にパトロンでもあったと言えるだろう。また、伊左ェ門は金を出すだけでなく、元役者だけあって芸を見る目があり、役者のスカウトも担当していたことがわかる。壽美子によると、菊田座の芝居には東京からも役者を呼び、市川海老十郎、市川團升、市川團之丞、市川介十郎などが出演したという。

近隣から菊田座に参加した役者については飯島忠雄が列記しているだけでも、中村時蔵（大歌舞伎の時蔵とは別系統であろう）、中村海老蔵、中村桐太郎、中村福之助（大歌舞伎とは別系統である。詳しくは後述する）、坂田半十郎、坂田半三郎、扇朝（扇蝶とも）、岩井繁之丞、露香、源五郎、市川柿之助、市川恵美蔵、市川又五郎という人びとがいた。(10)後に、福之助、源五郎、柿之助は自らの一座を率いることになる。

## 四　市川花十郎と中村福助

菊田座では伊左ェ門と新吾が太夫元と座頭を分担していたが、このあとの時代には太夫元と座頭を兼任する者が現れる。市川花十郎もその一人である。花十郎の本名は石川芳太郎。一八九〇年に現・横浜市泉区に生まれた。

父の石川友吉は竹本友太夫の芸名で義太夫を教えていたという。一八九五年刊行の『東京俳優名鑑』[11]の「八等之部」に、本名石川友吉、芸名市川花三郎なる人物が掲載されている。もしかすると、この人物と花十郎の父は同一人物であり、花十郎の芸名は花三郎に因んだものなのかもしれない。花十郎は尋常高等小学校卒業後、芝居に身を投じてゆく。やがて自らの一座を率いて、県内各地の祭礼で芝居の興行をして廻るようになる。花十郎一座について小林伸男は以下のように書いている。

花十郎の歌舞伎は、ふつうの地芝居とは違って役者の顔ぶれも衣装も豪華だった。俗に寝巻芝居と呼ばれる類の地芝居は最初から外題を決めていて、その外題に合った最小限の役者と衣装しか揃えない。が、花十郎の一座は先に役者と衣装とを余分に揃えておいて、どんな外題にも応じられるようにしていた。

寝巻芝居と呼ばれた他の地芝居が一夜買い切りで三十円のときに、花十郎の歌舞伎は百円から百三十円。同じ地芝居ではあっても格はずっと上だったのである。

逗子の桜山、葉山の一色、森戸、横須賀の長井などからは毎年声がかかった。買い切りだから木戸はない。三時に宿から楽屋入りして五時に開演。六幕演じて幕引きは早くても明け方三時以降であった[12]。

花十郎がいつ自らの一座を持つようになったのかははっきりとはわからない。年齢から考えて、花十郎一座の大正の中ごろであろうか。このころには県下で複数の劇団が活動しており、花十郎一座は高級さを売りにしていたということがわかる。裏返していえば、廉価で上演を請け負う劇団もあったということだ。村落でも盛んに芝居が上演されており、そこに住む人びとにとって身近なものであったのだ。葉山町堀内の森戸神社での公演には意外な人物も芝居を見に来た。ミヨというのは花十郎の養女で、当時子役として芝居に出ていた。ふたたび、小

図②　市川花十郎一座半纏（前／2017年）

図③　同（後／同）

林の記述を引用する。

　芝居は夜明け前の四時をまわって幕がおりた。宿にしている世話人の家に帰ってミヨがぐったりしていると世話人の案内でその人が入ってきた。

　花十郎は身をつくろい直すと深々と頭を下げた。

「これは早々と足をお運びくださって」

「いや、おたいらに。お疲れのところ先触れもなくこちらこそすまなく思います」

　そういう態度物腰に気品と風格があった。

　思いがけずその人を間近に見て、ミヨは胸が躍った。

「この座の人を、このように田舎まわりさせておくのはもったいない。本来ならば歌舞伎に迎えたいところだけれども、歌舞伎は血筋と伝統を重んじている世界ゆえそれもなりません。まことに残念です」

「本歌舞伎界の大御所にそうまで言っていただければ本望です」

　花十郎はそれ以上言葉がなかった。

「伝統や血筋家柄にこだわるために歌舞伎界には必ずしもよ

い役者ばかりは出ません。このままでは早晩廃れていってしまうでしょう」

その人、つまり歌舞伎界の大御所は、花十郎の芝居を見て歌舞伎界の旧弊を慨嘆し、それを言いにわざわざ花十郎をたずねて来たのだった。

だれだろう?

こんどこそその人の名を知りたい、とミヨは本気で思った。その人を送って部屋に戻ってきた花十郎にミヨはたずねた。

「だあれ?」

「中村福助だ。立派な人だよ、よく覚えときな。大場所の芝居に奢らずこんな場末にまで勉強にみえられる。その姿勢、心を、われわれも見習わなくっちゃいけねえ」(13)

この中村福助とは、「慶ちゃん福助」こと五代目成駒屋福助である。小林の連載はミヨへの取材をもとにしているため、「歌舞伎界の大御所」というのはミヨの印象であろう。よく知られている通り、福助は三十三歳の若さで亡くなっており、「歌舞伎界の大御所」とは彼の父である五代目中村歌右衛門にこそふさわしいものであろう。歌右衛門一家は葉山に別荘を所有しており、福助はしばしば療養に訪れていた。葉山滞在中に花十郎の芝居を見に来たとしても不思議はない。福助の評伝である加賀山直三『ある女形の一生』(14)には福助が葉山で芝居を見たという記述はないのだが、療養中に村芝居を見に来るというのは何となく福助らしくはないか。九代目團十郎、六代目菊五郎など、神奈川県下に別荘を持っていた俳優は少なくないが、当地の俳優と交友を持った事例は稀であろう。

花十郎は、一九三二年に『一谷嫩軍記《いちのたにふたばぐんき》』で熊谷直実を演じているときに舞台で倒れて、そのまま役者を引退。

一座は他人に譲った。その後、一九六二年に七十二歳で亡くなった。

## 五　市川柿之助と三桝源五郎

花十郎の一座には、市川柿之助、三桝源五郎、沢村国太郎といった役者が「いた」とされている。[15] このうち柿之助と源五郎は、すでに述べた通り菊田座にも名前を連ねていた。花十郎一座の活動期間にはすでに自らの劇団を率いて活動しており、花十郎一座には請われて客演していたものと考えられる。花十郎が太平洋戦争の前に役者を引退しているのに対して、柿之助と源五郎は一九六〇年ごろまで活動をしていた。そのため、二〇一八年現在も時折七十歳代以上の方の話題にあがる。ここからは柿之助と源五郎について書いてみようと思う。

市川柿之助は初代と二代目がいる。初代柿之助は本名を中里和蔵といい、一八六五年、現・愛川町三増の小野沢守蔵の二男として生まれた。のちに村内の中里家に入籍して戸主となっている。子どものころから芝居の好きだった和蔵は、九代目市川團十郎の一門に入門し、一八九七年に市川柿之助の名前を許されたという。一九〇〇年、現・静岡県下田市にいるとき、寄寓先の一人娘である中村むめとの間に長女守子を儲け、その後、現・神奈川県厚木市に定住した。初代柿之助は一九二五年に亡くなるが、養子の友蔵が翌一九二六年に二代目柿之助を継ぎ、厚木で披露興行を行なっている。[16] 二代目柿之助は、自らの劇団の興行のほか、地芝居の振付師としても活動した。笹原亮二によると、「柿之助は素人に芝居を教えるのが非常に上手で、地芝居のお師匠さんとしてもなかなか人気があった」[17] という。二代目柿之助は、大歌舞伎の女方として活躍した二代目市川升之丞（一九一四年〜二〇〇八年）を婿養子に迎えている。関容子のインタビューに対して、升之丞は「小田急線の本厚木なんてとこに住んでますから、うまく行っても歌舞伎座まで一時間半なんです」[18] と答えていることから、厚木に移り住み柿之助家の三代目を継いでいたようだ。

三桝源五郎は柿之助と並び称された大立者である。柿之助が地芝居の師匠としても知られていたのに対して、源五郎はそういった活動は行わなかったようだ。笹原亮二は源五郎の芸風について以下のように書いている。

> 三升源五朗《ママ》も柿之助同様厚木を中心に一座を組んで芝居を行っていた役者である。彼はケレン味で売っていた役者で、舞台の上に縄を十字に交差するように張り渡した上で、サーカスの曲芸よろしく宙乗りになったりトンボを切ったりして、観客の受けを欲しいままにしていた。「義経千本桜」の狐忠信の欄干の上での所作等も何の仕掛けもなく軽々とこなすなかなか見事なもので、こういう面では柿之助よりも腕が立つと評判だった。また、東京や大阪の大歌舞伎の客筋とは違って、ここらの客には、人情の機微を折り込んだ屋内の緻密な芸風よりも、ケレン味を軸に据えたおおらかな屋外でのこの類の芸風が、また非常に受けたのである。加えて、彼はなかなか太っ腹の人物で、大阪からきた旅興行の一座に気に入った役者がいるとそれを引き抜いたり、東京の大歌舞伎から役者を連れてきて一座に入れたり出来る度量を持ち、興行師としての手腕も並々ならぬ所を見せていた[19]。

源五郎のケレン芸は強烈に焼き付いているらしく、最近になっても「あの木に縄を張って宙乗りをした」という思い出話を聞くことがある。笹原は、舞台の上に縄を張ったとしているが、実際には客席の上に縄を張っていたようだ。大歌舞伎で立役として活躍した初代松本幸右衛門（一九二八年〜二〇一一年）は太平洋戦争後に源五郎に入門し、三桝京次郎を名乗っていた。幸右衛門は源五郎の印象について以下のように語っている。

「戦後、父の芝居の手伝いばかりでは修行にならないと思いまして、そのころ厚木に『相模の團十郎』と言われた三桝源五郎という人がいたので弟子になりました。師匠は京桝屋という屋号でしたが、なかなか風格のある立派な人で、今の羽左衛門さん〔十七代目市村羽左衛門〕に感じがちょっと似ています。あたしは三桝京次郎という名をいただきました。その名前で浅草のすみだ劇場で常打していたかたばみ座に出たり、父の芝居を手伝ったりしておりました。かたばみ座は全盛期を少し過ぎていたころでしたが、あたしはそこへ二年間お世話になりましたです[20]」

幸右衛門が三桝京次郎の芸名でかたばみ座に出演したという逸話からは、東京の小芝居と神奈川の村芝居との間で役者の行き来があったことがわかる。幸右衛門は一九五五年に八代目市川中車の門下に移り、大歌舞伎に入っている。東京最後の小芝居と呼ばれたかたばみ座は一九六九年八月に解散している。一九六八年刊行の永田衡吉『神奈川県民俗芸能誌』には、「厚木の三升源五郎は近年死亡[21]」「現在カブキ専門の興行師は坂東調之助〔秦野〕市川柿之助〔厚木〕蛭間〔座間、廃[22]〕」という記述があり、村芝居における歌舞伎の興行も小芝居とほぼ同時期に絶えたようだ。「蛭間」というのは、幸右衛門の実家である蛭間《ひるま》家の運営していた「蛭間座」のことである。

蛭間座は、現在も地芝居である海老名市の大谷《おおや》歌舞伎、座間市の入谷《いりや》歌舞伎の振付師匠として存続している。

蛭間座はもともと大神楽《だいかぐら》を生業とする家であった。大神楽とは、中村茂子によると「江戸時代の初期に伊勢や熱田神宮の御師などが獅子を舞わして諸国をめぐり、大神宮のお祓いと称して家ごとに悪魔払いの祈禱舞を行なった神楽。大神楽・代神楽とも書く。神札を配布、神社の境内やムラの広場などに筵を敷いて獅子舞とともに放下芸や滑稽掛け合いを演じてみせた[23]」という芸能である。蛭間座は幸右衛門の祖父蛭間松五朗によって大神楽の一座として座間で旗揚げされた。松五朗は藤川荻之丞と名乗り「大神楽芝居」と称して、大神楽と並行して歌舞

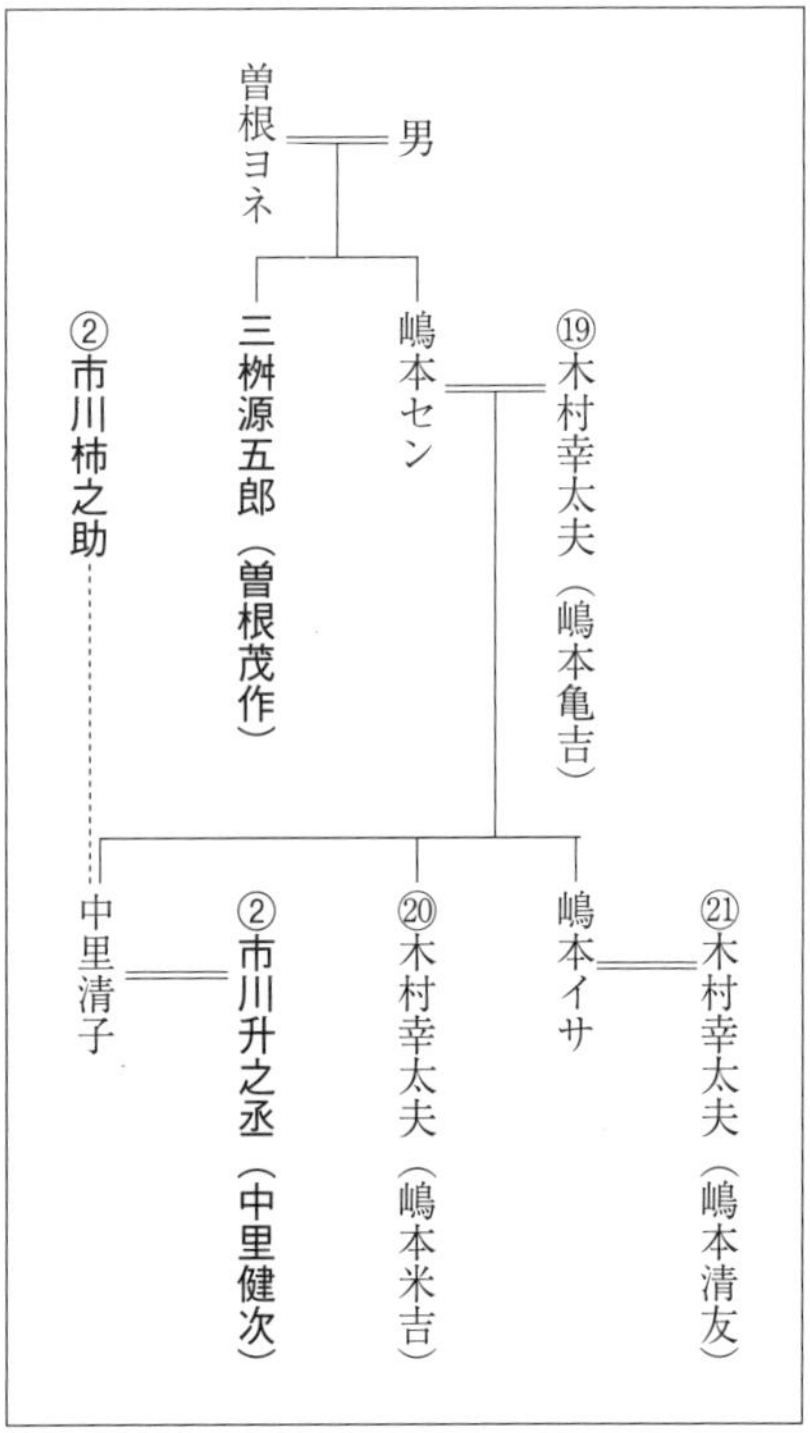


図④　厚木大神楽木村幸太夫家家系図（相模原市教育委員会編『神楽と芝居――相模原及び周辺の神楽師と芸能』1989年より作成）

伎の興行も行なっていた。のち、松五朗家に幸右衛門の父となる高橋吾助という人が婿に入る。吾助も大神楽や歌舞伎を演じ、中村福之助という芸名を持っていた。吾助の歌舞伎は「座間のゴッチャン芝居」と呼ばれて親しまれていたという。(24) 吾助の芸名中村福之助は菊田座にも見えることから、菊田座の芝居にも出演していたと考えられる。幸右衛門は蛭間座の一員として、一九三六年に座間で『伽羅先代萩《めいぼくせんだいはぎ》』の鶴千代役で初舞台を踏んでいる。このときの芸名中村福次は福之助にちなんだものであった。

大神楽と深い関係を持っていたのは幸右衛門だけでなく、柿之助と源五郎も同様である。厚木にも大神楽の家があり、現在、厚木大神楽として神奈川県選択無形民俗文化財となっている。厚木大神楽の継承者は代々木村幸太夫の名跡を名乗るが、木村幸太夫は嶋本家によって継承されている。少々ややこしいが、歌舞伎の例でいえば、市川團十郎を堀越家が、尾上菊五郎を寺島家が継承しているのと似ている。笹原亮二によると、二代目市川柿之助は十九代目木村幸太夫こと嶋本亀吉の娘清子を養子に迎えている。前述の二代目市川升之丞の妻となるのはこの人である。三桝源五郎の姉センは木村幸太夫家に嫁ぎ、嶋本亀吉の妻となっている(25)［図④］。

柿之助や源五郎のような歌舞伎の太夫元兼座頭が大神楽の家と縁戚関係を結んでいた理由ははっきりとはわか

らない。蛭間松五朗のようにもともと大神楽をしていて歌舞伎に転向した名残りなのかもしれない。あるいは、木村幸太夫家では、獅子舞と曲芸に加え、万才や俄《にわか》まで手掛けており、芸達者が揃っていたものと考えられる。芝居を請け負う際の人材供給元として機能していたのかもしれない。またあるいは、興行権の問題で大神楽の家と近いほうが有利だったのかもしれない。三桝源五郎が代表格であるが、神奈川県下の村芝居ではケレンを売り物にした者が多かった。そのケレンの基礎は大神楽にあったと考えてもよいだろう。

## 六　村芝居の興行

村芝居の興行はどのように行なわれていたのか。大野一郎が村芝居の役者であった奥脇直吉の聞き書きを行なっている[26]。ここから当時の様子を見ていきたい。奥脇は、一九一九年生まれ、市川和光という芸名で、厚木市荻野に住んでいた市川和三郎率いる弥生劇団に参加していた。弥生劇団は、一八八五年生まれの初代市川和三郎によって、大正年間に結成された。一九一九年生まれの二代目和三郎が継承するが、一九六二年に和三郎が亡くなったために解散している。奥脇は二代目和三郎の同級生という縁で二十歳過ぎの頃に初代和三郎の弟子になり、戦後は配役など劇団の運営にも携わっていた。

奥脇は劇団の請け負った芝居を「請芝居」と呼んでいる。芝居を買う村からすれば「買芝居」、芝居を請け負う劇団からすると「請芝居」ということになるのだろう。初代和三郎、二代目和三郎ともに普段は農業を営んでいて、農閑期に秋祭りや春祭りに呼ばれて歌舞伎を上演した。臨時に作った掛舞台、あるいは神社に建てられた「農村舞台」が弥生劇団の舞台であった。村から劇団への依頼は、演目（芸題）だけでなく、出演者についての注文もあったという。

請芝居は、ムラの人から芸題、役者の希望が「これこれこれを誰々でやってくれ」とくる。一応希望を聞くが、予算の関係、条件とを合せてみて最終的には太夫元が決定した。大きい芸題になるとそれだけ金もかかった。

予算が合いそうだったら役者に依頼する。弥生劇団では、国太郎、柿之助、源五郎等と興行を行うことが多かった。

また、逆に国太郎、柿之助等が興行を行うときは手伝っていた。特に、和三郎十八番の義経千本桜等の芝居がかかると声がかかった。そんなふうに劇団の太夫元同志は行ったりきたりしていた。(27)

すでに述べた通り、柿之助と源五郎は自分で劇団を率いる太夫元であったが、ひとりの役者として他の劇団に客演することもあったのである。柿之助や源五郎のような太夫元クラスの役者を出演させると予算も膨らんだことであろう。奥脇によると、客演の役者は配役の面でも特別待遇であったようだ。

ゲストで頼んだ役者は、得意な役に割り振り、その間太夫元には休んでいて貰う。ゲストはだいたい一幕演じると御役御免で帰っていった二幕も三幕も出ない。そういう人にはいい役を充ててやるわけなんだ。いい芝居は、先に見せてしまって、あとは普段の弥生劇団の芝居をみせたものだ。そこはうまくできてますよ。二宮〔神奈川県中郡二宮町〕へ行ってもそうだった。

オレが覚えているのは、川入の笹生酒店（醬油屋）で行われた請芝居のこと。二晩続けて芝居を行ったが、柿之助、源五郎等を呼んだ。オレが小学生の時分のことだったから、昭和の始めの頃だったと思う。

この時の芸題は「義経千本桜」が掛かった。この時には、狐忠信は源五郎がやっていた。この役は、太夫元〔初代和三郎〕も得意としていたが源五郎がゲストのため、源五郎を配役した。このように、ゲストを呼んだときにはその役者を得意の役につけるのが常識とされた(28)。

このように客演の場合でもその役者が得意な役を演じたのである。芝居を買う村の人びとも役者の当たり役を目当てに、出演者の注文を出していたと考えられる。源五郎は宙乗りなどのケレンを売り物にした役者であったが、源五郎に限らず、神奈川の村芝居ではケレンが好まれていたようだ。奥脇は村芝居の特徴を、東京の歌舞伎と比較して、以下のように語っている。

歌舞伎座にかかるようなマチバの芝居をこちらにもってきても受けないんだよね。田舎の太夫元の芝居の方が受けるわけだよ。オレも和三郎に連れられて歌舞伎座の舞台を見に行ったことがあるが、それは地芝居ほど面白いものでなかった。というのは、イゴカナイ（動かない）んだよね、マチバの芝居は。田舎の芝居は動かなければいけないんだよ。それでハナヤカになるわけだよ、田舎芝居の方が。

考えてみると、この辺りの役者には柿之助、源五郎などケレンを得意とする人が多かったね。

また、マチバのものはいいところにくると、台詞を役者ではなく太夫が語ってしまうんだよ。田舎では、役者が台詞を喋るわけだ。涙ぐむところなどでも太夫が語ってしまうことがある。これでは泣けないよね。つまり、歌舞伎座の方ではいいところを太夫さんが語ってしまうわけだよ。役者はその方が楽かもしれないけどね(29)。

村芝居では、ケレンをはじめとする派手な所作が好まれたということがわかる。地理的には東京に近くても、芸風の面では違いがあったようだ。しかし、二代目柿之助の婿養子である二代目升之丞や源五郎の弟子であった初代幸右衛門は、劇評等で「クサい」という評価はほとんど受けていない。彼らは「マチバ」と「田舎」それぞれで好まれる芸風を心得ていたのかもしれない。浄瑠璃の使い方にも違いがあったとの言及がある。節劇のように、クドキで役者自身が浄瑠璃を語りながら演じていたということだろうか。詳しいことは不明であるが、役者たちに義太夫節の素地のあったことがわかる。

芝居にかかる費用は、昭和戦前期、市川花十郎の時代は「寝巻芝居と呼ばれた他の地芝居が一夜買い切りで三十円のときに、花十郎の歌舞伎は百円から百三十円[30]」であった。奥脇は、「戦後まもなくの頃は、請芝居の費用は五百円程度だったと思う[31]」と語っている。花十郎の芝居について「買い切りだから木戸はない[32]」という言及があった。このことから、祭礼で上演される村芝居では観客個々人から入場料を徴収することはなかったものと考えられる。一方で、役者たちは観客や贔屓から「ハナ（祝儀）」を受け取ることもあったという。

> 地芝居の役者として出演するときは、コジンバナといって、「おれの親戚だから」「友達だから」ということで、個人でハナ（金）がかけられた。これは、十人から貰える人もいたし、そうでない人もいた。ただし、劇団を組んでするときにはあまり貰えなかった。また、それはまるまる自分のものになるわけではない。例えばね、地芝居をやるでしょ、「四六」にすると十円のハナなら、六円を劇団の方へ渡し、四円が自分のものになる。コジンバナ全部がハラへくる（役者の懐へ入る）わけではない[33]。

近年の地芝居では、岐阜県を中心に役者が見得をしたときに紙に包んだ小銭を舞台に投げ込むという光景が広く見られるが、劇団が活動していた頃の神奈川県の村芝居でそのような習慣があったという記録は見当たらない。祝儀は地元の世話人を介して、劇団や役者に届けられたのであろう。

柿之助や源五郎、和三郎の劇団が盛んに活動していた時期にも、住民自らが演じる地芝居も並行して行われていた。住民の演じる歌舞伎は、祭礼等の機会に上演され、稽古の成果発表会という意味で「稽古終まい」と呼ばれていた。柿之助や和三郎はこうした地芝居の指導者としても重宝された。振付だけでなく、劇団ぐるみで裏方から、衣裳、床山、太夫の手配までを担っていた。弥生劇団の地芝居師匠としての活動について奥脇は以下のように語っている。

> 手順としては、ムラの者がやりたい芸題、礼金等をもって依頼にくる。一回の稽古仕舞〔稽古終まい〕では、だいたい四幕ぐらいやるのが普通だったが、芸題が決まると太夫元は台本を貸してやり配役を決めさせた。太夫元は、配役までは決めない。
>
> 夕方、仕事が終わってからムラのものが迎えにきて太夫元が直接稽古をつけにいったが、忙しいときには私が代りにいったこともある。その頃はすでに車で迎えにきていたと思う。
>
> また、一月、毎晩通って稽古をしたところもあった。一月で、四幕やろうなんていうのは、相当な強行スケジュールですよ。台本だけ覚えるのでも大変だからね。稽古の時間は、普通夕方から夜遅くまでだが、場合によっては一晩中やっていることもあった。

戦後しばらくの間は進駐軍（ＧＨＱ）に台本をもっていかれた。地芝居の稽古をやるにもＧＨＱが台本の検閲をやっており、許可をまって稽古したことを覚えている[34]。

このように、神奈川県の村落部は、祭礼に歌舞伎を呼んだり、ときには自分たちが演じたりするほど、生活空間に芝居のある土地柄だったのである。村芝居を説明する際に、よく「娯楽の少ない村の楽しみ」という枕詞がつく。しかし、集落に舞台を建てて劇団を呼んだり、仕事をしながら毎晩芝居の稽古をしたりするほうが、都会人よりもよほど娯楽に時間と金を費やしていたのではないかと思う。

## 七　村芝居興行の終焉

神奈川県下における村芝居興行は一九七〇年頃まで行われていたが、現在は蛭間座のみが地芝居の振付師として存続している。歌舞伎以外に目を向けると、平塚の花柳勝太郎劇団が現在も祭礼での芝居興行を行なっていると聞くが、実際の公演や活動の詳細を確認できていない。機会があれば改めて紹介したい。

劇団による歌舞伎の興行が姿を消した後、神奈川県の村芝居は住民が自ら演じる地芝居の形式に戻った。現在、神奈川県では、海老名市大谷の大谷歌舞伎、綾瀬市の目久尻《めくじり》歌舞伎、相模原市緑区の藤野歌舞伎、横浜市泉区のいずみ歌舞伎、座間市入谷の入谷歌舞伎の五か所で歌舞伎の上演が行われている。(35) このうち、大谷歌舞伎と入谷歌舞伎が蛭間座を振付師に招聘しており、「相模の團十郎」たちの芸風はここで受け継がれていると言ってよいだろう。しかし、源五郎たちが売り物としたケレンは素人が真似できるものではなく、当時の芝居を見た人びとの記憶の中に閉じ込められたままになっている。また、大谷歌舞伎をのぞく四団体では、特別な機会を除き「農村舞台」での上演を止めて、公共ホールを上演の場としている。かつては集落を母体として地芝居が上演されていたが、現在は自治体全体を母体として市民活動的に参加者が集まっているので、そちらのほうが都合がよいのであろう。また、野外開催では天候のリスクを抱えることになる。年一回の公演を確実に開催するためにはホー

図⑤　大谷歌舞伎『一谷嫩軍記』大谷八幡宮（2015 年）

ルを会場とするほうが現実的である。そのなかで、海老名市の大谷歌舞伎のみが春と秋の祭礼で「農村舞台」を使った歌舞伎上演を続けている［図⑤］。

現在の文化財制度では、都市で職業的に演じられる歌舞伎は無形文化財、地方で非職業的に演じられる歌舞伎は無形民俗文化財として扱われている。研究の上からも、前者は演劇学、後者は民俗学で論じられることが多く、両者の交渉が言及される機会は少なかったと思う。今回は神奈川県下の事例を紹介したが、全国各地に歌舞伎を上演する独立劇団が存在し、人びとを楽しませていたことであろう。本章で触れた内容は、太平洋戦争の前後から芝居に親しんでいた方にはごくごく当たり前の話かもしれない。しかし、このようなことをあえて書くのが本シリーズの意義だ。愛知県の太夫元から歌舞伎竹本に転身した豊澤重松のように、地方の歌舞伎にルーツを持つ人びとが「戦後歌舞伎」を支えていたことなど、他にも書かなくてはならないことがたくさんあるが、ひとまずここで筆をおく。

（1）平野正裕「横浜を楽しむ――祭り・役者・封切館」、『開港のひろば』第八一号、二〇〇三年。
（2）角田一郎編『農村舞台探訪』和泉書院、一九九四年。
（3）「大祭礼記録伝」、『郷土よこはま』第五八号、一九七〇年。
（4）飯島忠雄「地芝居」、『座間むかしむかし』第四号、一九七六年。
（5）語り伝え聞き取り調査団、企画課市史編さん係編『座間の語り伝え　芸能編』一九八二年。
（6）「その役者は新吾と言い、東京大名代市川団十郎の弟子市川新蔵の養子と分って喜んだ」（飯島忠雄「地芝居」一五頁）、または「市川新吾は本名を伊藤悦次郎と言い慶応三年（一八六七）の生まれで、九代目団十郎の一番弟子市川新蔵の養子となり、新蔵の手許で子供の時から芸を仕込まれ、団十郎一門の役者の子として育った」（『座間の語り伝え　芸能編』三六頁）とあるが、娘の壽美子は「父は夭折しなければ十代目団十郎と衆目が許しておりました市川新蔵の一弟子で」（『座間の語り伝え　芸能編』三七頁）と語っている。
（7）飯島忠雄「地芝居」一七頁。
（8）河竹繁俊「菊田壽美子さん」、大竹良一郎『私と演劇』金剛出版、一九六五年、九三～九四頁。
（9）語り伝え聞き取り調査団、企画課市史編さん係編『座間の語り伝え　芸能編』三八頁。
（10）飯島忠雄「地芝居」。
（11）磯田健一郎編『東京俳優名鑑』滑稽堂、一八九五年。
（12）小林伸男「神奈川人間紀行　花十郎の思い出」六、『神奈川新聞』一九八五年九月二十九日。
（13）小林伸男「神奈川人間紀行　花十郎の思い出」七、『神奈川新聞』一九八五年十月一日。
（14）加賀山直三『ある女形の一生』東京創元社、一九五九年。
（15）泉区小史編集委員会『いずみいまむかし――泉区小史』一九九六年。
（16）飯田孝『相模人国記　厚木・愛甲の歴史を彩った百人』市民かわら版社、二〇〇〇年、二九九～三〇一頁。
（17）笹原亮二「大神楽と歌舞伎」、相模原市教育委員会『神楽と芝居――相模原及び周辺の神楽師と芸能』一九八九年、八四頁。
（18）関容子『花の脇役』新潮文庫、二〇〇二年、七四頁。
（19）笹原亮二「大神楽と歌舞伎」八四頁。
（20）関容子『花の脇役』一四八頁。

(21)永田衡吉『神奈川県民俗芸能誌』錦正社、一九六八年、八六四頁。
(22)永田衡吉『神奈川県民俗芸能誌』八六五頁。
(23)中村茂子「太神楽」、神田より子・俵木悟編『民俗小事典　神事と芸能』吉川弘文館、二〇一〇年、三二五頁。
(24)大野一郎「座間の素人歌舞伎」、『神奈川県の民俗芸能　神奈川県民俗芸能緊急調査報告書』二〇〇六年。
(25)笹原亮二「大神楽と歌舞伎」八五～八七頁。
(26)大野一郎「《資料報告》厚木の地芝居――荻野の太夫元・市川和三郎について」、『県央史談』第三四号、一九九五年。
(27)大野一郎「《資料報告》厚木の地芝居――荻野の太夫元・市川和三郎について」一七頁。
(28)大野一郎「《資料報告》厚木の地芝居――荻野の太夫元・市川和三郎について」一八頁。
(29)大野一郎「《資料報告》厚木の地芝居――荻野の太夫元・市川和三郎について」一〇頁。
(30)小林伸男「神奈川人間紀行　花十郎の思い出」六。
(31)大野一郎「《資料報告》厚木の地芝居――荻野の太夫元・市川和三郎について」一〇頁。
(32)小林伸男「神奈川人間紀行　花十郎の思い出」六。
(33)大野一郎「《資料報告》厚木の地芝居――荻野の太夫元・市川和三郎について」一九頁。
(34)大野一郎「《資料報告》厚木の地芝居――荻野の太夫元・市川和三郎について」二〇頁～二一頁。
(35)近年の神奈川県下の地芝居については、舘野太朗「地芝居の現在とその課題」（『筑波大学地域研究』第三四号、二〇一三年）と、舘野太朗「神奈川県における地芝居の「復活」について」（『まつり』第七五号、二〇一三年）で詳しく取り上げた。

熊谷知子（くまがい ともこ）
明治大学兼任講師　専攻＝近代日本演劇
「小山内薫と晩年の偉人劇――『森有礼』『戦艦三笠』『ムッソリニ』」（神山彰編『交差する歌舞伎と新劇』森話社、2016年）、「小山内薫『第一の世界』論――宗教信仰と心霊主義をめぐって」（『演劇学論集』第62号、2016年5月）

後藤隆基（ごとう りゅうき）
立教大学兼任講師・社会学部特定課題研究員　専攻＝近現代日本演劇・文学・文化
『高安月郊研究――明治期京阪演劇の革新者』（晃洋書房、2018年）、井川充雄・石川巧・中村秀之編『〈ヤミ市〉文化論』（共著、ひつじ書房、2017年）

木村敦夫（きむら あつお）
東京藝術大学音楽学部講師　専攻＝ロシア文学
『新訳かもめ』（翻訳、スラヴァ書房、2015年）、「トルストイの『復活』と島村抱月の『復活』」（『東京藝術大学音楽学部 紀要』第39集、2014年3月）

舘野太朗（たちの たろう）
横浜いずみ歌舞伎保存会会員、民俗芸能学会理事　専攻＝日本芸能史、民俗芸能
「地芝居の現在とその課題」（『筑波大学地域研究』第34号、2013年）、「地芝居と学生歌舞伎」（『まつり』第77号、2015年）

［編者］
神山　彰（かみやま あきら）
明治大学文学部教授　専攻＝近代日本演劇
『近代演劇の水脈——歌舞伎と新劇の間』（森話社、2009年）、『日本戯曲大事典』（共編、白水社、2016年）

［執筆者］（掲載順）
佐藤かつら（さとう かつら）
青山学院大学文学部教授　専攻＝日本芸能史、日本近世演劇
『歌舞伎の幕末・明治——小芝居の時代』（ぺりかん社、2010年）、『円朝全集』第一巻（共著、岩波書店、2012年）

寺田詩麻（てらだ しま）
龍谷大学文学部講師　専攻＝近代以降の歌舞伎
『歌舞伎登場人物事典』（共著、白水社、2006年）、「明治の座元——中村座と千歳座の問題を中心に」（『歌舞伎　研究と批評』第58号、2017年4月）

岩下尚史（いわした ひさふみ）
作家
『芸者論——花柳界の記憶』（文春文庫、2009年）、『直面（ヒタメン）——三島由紀夫若き日の恋』（同、2016年）

河内厚郎（かわうち あつろう）
阪急文化財団理事、兵庫県立芸術文化センター特別参与　専攻＝近代演劇、観光芸能論
『わたしの風姿花伝』（沖積舎、2006年）、『淀川ものがたり』（廣済堂出版、2007年）

原健太郎（はら けんたろう）
大衆演劇研究家　専攻＝軽演劇史、喜劇評論
『東京喜劇——〈アチャラカ〉の歴史』（NTT出版、1994年）、矢野誠一編『落語登場人物事典』（共著、白水社、2018年）

村島彩加（むらしま あやか）
明治大学兼任講師、青山学院大学非常勤講師　専攻＝近代日本演劇（歌舞伎、宝塚歌劇）
「近代歌舞伎と宝塚歌劇の交流」（『歌舞伎と宝塚歌劇——相反する、密なる百年』開成出版、2014年）、「表情をめぐる冒険」（神山彰編『交差する歌舞伎と新劇』森話社、2016年）

興行とパトロン
近代日本演劇の記憶と文化 7
［監修＝神山 彰］

発行日……………………………2018 年 12 月 18 日・初版第 1 刷発行

編者………………………………神山　彰
発行者……………………………大石良則
発行所……………………………株式会社森話社
〒 101-0064 東京都千代田区神田猿楽町 1-2-3
Tel 03-3292-2636
Fax 03-3292-2638
振替 00130-2-149068
印刷………………………………株式会社シナノ
製本………………………………榎本製本株式会社

ISBN 978-4-86405-135-4 C1374